文物に現れた北朝隋唐の仏教

礪波　護

法蔵館文庫

目次

文物に現れた北朝隋唐の仏教

I

文物に現れた北朝隋唐の仏教

はじめに

礪波護でございます。西暦一九三七（昭和十二）年生まれとご紹介いただきましたが、一九三七年に、じつはこの大谷大学と縁の深いと言いましょうか、真宗大谷派の末寺に生まれたものでございます。

本日は、仏教史学会という伝統ある学会の公開講演にご指名いただきまして、非常に光栄に思っております。

私はもともと、卒業論文で唐代の仏教のことをしようとしたのですけれども、主任教授の宮崎市定先生にご相談したら、仏教史はおもしろいからやめておけと、もっとほかのことをして、あとから仏教のことをしたらどうか、仏教のことをはじめにやるとおもしろくなって、ほかのことが何も見えなくなるからと言われて、あっさり引き下がったようなことだったのです。

これが、仏教史はおもしろくないと言われたら、やってみたかもしれないですけれども、非常におもしろいから、ほかのことを先にやってからあとでしたらどうと言われて、結果的に仏教関係の論文を書くようになりましたのは、卒業してから二十年という歳月がたってからだったのです。

こちらの大学の『大谷大学広報』に、数年前に文章を求められたときに、そのへんの仔細を書いたのですが、隋唐仏教史の研究をするについて、準備期間に、非常に時間がかかったということです。

結果的には、中公文庫に『隋唐の仏教と国家』という本を出させてもらったわけですけれども、私の研究の手法は、仏教の教理史から入っているわけではなく、むしろ制度史的な、あるいは研究の手法としては、テキストクリティックとか、そういうところから入り込んだかたちで、これまでの研究とは違うので、ある意味では新鮮な印象を与えたものもあったらしく、じつはこの文庫本を上編として、下編に文物関係の仏教のもの三篇を追加しまして、『隋唐仏教文化』という書名で、上海古籍出版社から中国語訳を出しました。

本日の題をどういう題にしようかというときに、『ミネルヴァ通信』という、ミネルヴァ書房の通信のなかで、「私の忘れえぬ一冊」という本を何か挙げよということで、そのときに私は、塚本善隆先生の『大石仏』という書物を、「私の忘れえぬ一冊」として持ち出したわけです。それはどういう本かと申しますと、ご存じの方は案外少ないかもしれないですが、弘文堂から出ておりましたシリーズ、アテネ新書ですけれども、そのなかの『大石仏』でございます。

私は大学院に入りましてから、京都大学の人文科学研究所で開かれておりました、仏教関係の二つの研究班に毎週参加させていただきました。それ以外には、大学院の授業としてのものがいくつかあったのですけれども、その授業とは無関係なかたちで二つの研究班に出席させてもらいました。その一つが、塚本善隆先生が主宰された『弘明集』の研究でありました。もう一つが、藤枝晃先生が主宰されました敦煌写本の研究です。

この二つの研究班に、その後かなりの年月、参加することによって、北朝から隋唐にかけての仏教史についてのいろいろな基礎知識というものを学ぶ機会があったわけです。塚本先生の場合は、まもなくご退官ということで退官記念論文集をつくられる一方、ご自身の著作として『魏書』釈老志の翻訳をなさいました。それは今では平凡社の「東洋文庫」のなかに入っているわけですけれども、もともとは研究論文もつけ加えたかたちでの『魏書釈老志の研究』というものを、停年の個人的な記念として出されたわけです。

そのときは、牧田諦亮先生が編集に携わっておられて、論文のところの校正を、有無を言わさずするようにというかたちで持ってこられました。その結果、私は塚本先生の本の附編といたしまして、「北周の廃仏」という論文と、「北周の宗教廃毀政策の崩壊」という二つの論文、前の方は長編で、しかも、かつて『東方学報　京都』に二回にわたって連載されたものに、新しい原稿を二章分つけ加えられて出されたものだったのですが、それと「北周の宗教廃毀政策の崩壊」という論文の校正を手伝ったのです。

数年後、博士課程に在学中のときに『東方学報　京都』の特集号で「敦煌研究」というものすごく厖大な論文集が出たのですが、その校正も藤枝先生から押しつけられまして、その結果、塚本先生の論文と、藤枝晃先生が主宰された敦煌研究班の論文集の校正をする、そして原文にあたって、史料にあたってということによって、非常に鍛えられたという感がするわけです。

「北周の廃仏」の方は、人文科学研究所の機関誌でありました、『東方学報　京都』に載ったもので、二つ目の方は、これがじつは、『仏教史学』の創刊号、つまり第一号の巻頭論文として載ったものでした。その頃から仏教史学会の論文については関心をもってきたというわけです。

私が持っております『仏教史学』の創刊号は、単なる創刊号という以上におもしろく、

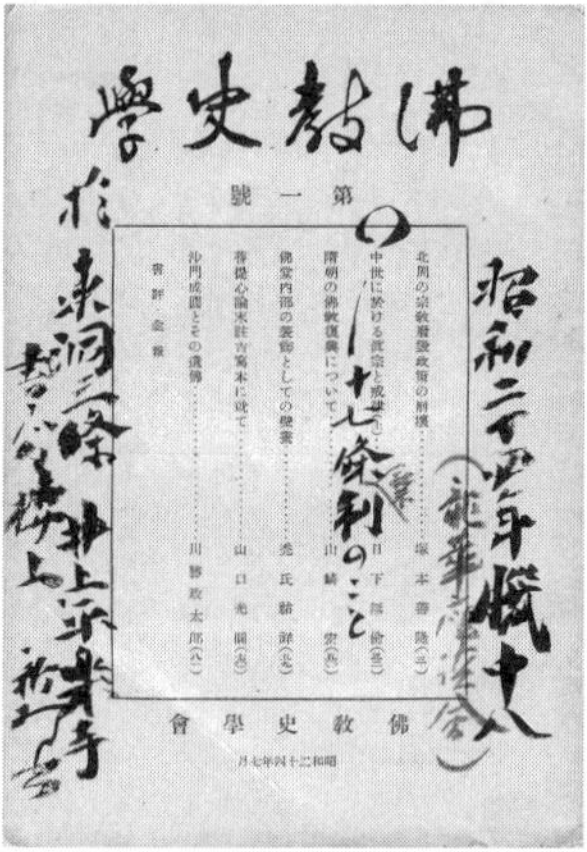

図1　『仏教史学』第一号

表紙に墨筆で書き込まれていますが、これは新村出先生の字なのです（図1）。このときに仏教史学会で発表があったら、平楽寺書店の二階で、座談会なのか合評会なのかわかりませんけれども、そういうものが催されていたということがわかる貴重な雑誌で、古本で手に入れたものですけれども、これも今となれば文物ということになるかもしれません。

書評というものを私が初めて書いたのは、じつは塚本先生の『魏書釈老志の研究』なのでして、『史林』に掲載されました。考えてみれば、自分で校正して書評を書くなんて、ちょっとおかしなことですけれども、そういう仕事をいたしました。

この書評を執筆するにあたり、理解を深めるために併読したのが塚本先生既刊の二冊の単行本でありまして、一つが「龍門石窟に現れたる北魏仏教」などの重厚な論考を集成した博士論文『支那仏教史研究　北魏篇』で、二つ目が、弘文堂のアテネ新書の一冊である、概説風の軽快な『大石仏』なのです。

この場合の大石仏というのは、雲岡の大石窟のことで、それまで多くの人びとによって、美術史考古学の対象として研究され、紹介されてきた雲岡の大石窟を、千五百年前の信者が精魂を注ぎこんだ仏教の聖域、信仰の結晶として解明し、その宗教史的意味を考えようとされていたもので、一気に読み終えて感動いたしました。

『塚本善隆著作集』全七巻が出ているわけですけれども、そのなかには『魏書釈老志の研究』や「龍門石窟に現れたる北魏仏教」が収録されております。しかし、この『大石仏』は、残念ながら収録されていない状況です。

全集となれば、全部が網羅されるのでしょうけれども、著作集というかたちの場合には、ある程度の取捨選択はやむをえない面があります。私の目から見ますと、当然入っていてしかるべきと思われる塚本先生の貴重な論考が入っていないという感がするわけです。この『大石仏』などの場合も、概説的なものではありますが、塚本先生の学問というものを非常によく表していると思いまして、残念なことでございます。

本日の題を、「文物に現れた北朝隋唐の仏教」としたのは、明らかに塚本善隆先生の論文、「龍門石窟に現れたる北魏仏教」をもじった題です。ほんとうだったら、「文物に現れたる北朝隋唐の仏教」としたいところなのですけれども、「る」を入れるか入れないかで迷ったのですが、最終的には「る」を省いたということでございます。気持ちの上では

「る」があると思って読みこんでいただけたらと思うわけです。

一　近年の中国仏教史研究

中国本土における仏教研究というものは、私が申すまでもなく、中華人民共和国になりましてから、いろいろな紆余曲折を経て、特に文化大革命の前後にあたる動乱の時期、そういうところをかいくぐったかたちで、今や中国本土における研究は非常に進んできているわけです。

特に私の印象では、唐代の仏教についても、これまで制度史的な研究をしておられた張弓といった方や、張国剛という、これまで制度史、政治史のことをしておられた方が、最近になって隋唐仏教関係の論文集を出してこられました。これは、私などが二十年ほど仏教史関係のものを書かなかったというような意味とはずいぶん違って、政治的な、書きたくてもいろいろなことを考えて書かれなかったのだろうということで、これまでは政治史、あるいは制度史的なことをなさってきた方々の研究も入ってくるということで、活気が予想されるわけですけれども、なかでも中国の仏教史の研究にとって画期的なものは『中華大蔵経』全百六巻の刊行だろうと思います。

日本の仏教史研究が世界で認められることの一つは、『大正新脩大蔵経』という厖大な、入念なかたちのものが出されて、それが今もいろいろなかたちで世界中から一目置かれているところがあると思うのですけれども、中国が今度新たに『中華大蔵経』を出されました。

『書品』という雑誌といいましょうか、中華書局のPR誌的な面もあるものなのですけれども、その一九八八年の第二期に、「『中華大蔵経』を編集する意義に関して」という題で、中国国家図書館の館長である仏教史家の任継愈先生が、その意義を書いておられ、そして裏表紙のところには、『中華大蔵経』の写真が載っています。この場合ですと、『中華大蔵経』の漢文部分は、全部で二百余冊になるだろうということが書いてあるのですが、実際完成したものは百六冊で終わっています。その百六冊が終わりましてから数年たちまして、全体の「総目」というものが出版されました。ここに、奥付だけを掲げているわけですけれども、二〇〇四年一月に出版されて、ようやく日本にも渡ってきましたが、これは『中華大蔵経』というものがどういう方針で、どういう人が協力したかということを述べた詳しい序文がついているのです。

『大正新脩大蔵経』をお使いの方が多いと思うのですけれども、あの書物の場合には、各頁とはいいませんけれども、何頁かに一つは、明らかなる誤植があります。『大正新脩大蔵経』で誤植が起こりますと、みながそれを使ってしまうとか、あるいは片方で版本がいいという『高麗大蔵経』の場合には、消えかかっているところは勝手に活字で補っているというようなことで、その点から言えば、古い姿のままでテキストを読もうというものにとっては、今度の『中華大蔵経』は、よいものです。金代の大蔵経を底本として、欠けている場合には『高麗大蔵経』を採用し、しかも方針として、各巻の終わりに十数種類のテキストの異同表を全部入れてあるのです。

どれを正しいかと認定するには問題があるからという方針、これは見識なのかもしれませんし、使う側から言えば、むしろ変な判断をされるよりは、あるがままの元の姿で出されて、そしてそれについての、ここところがほかのテキストとは違うということを書いていただいたら、それはそれでありがたいということでございます。

中国における仏教研究というものは、最近において、日本と中国との交流史といいましょうか、遣唐使的なものについてもかなり興味のある書物が出ております。たとえば『行歴抄校注』というものが出されましたが、「『日本入華求法僧人行記校註』叢刊之二」と書いてあります。一は円仁の『入唐求法巡礼行記校註』です。これは小野勝年先生のものの翻訳だったのですが、叢刊之二の本の場合も、小野勝年先生の成果を十分使っています。

こういうものが何冊つづくのかわかりませんが、日本の入華、中国へ行った人ですから唐だけではなくて、おそらく宋代以後のものも入ってくると思うのですけれども、こういうシリーズがいろいろな、綿密な注釈をともなって出てきています。ご関心のある方は、中国関係の本屋さんで見ていただけたらと思います。最近の中国の書物は輸入部数が少ないので、注意しておかないとすぐに品切れになってしまうというケースが起こります。

全般的な印象としましては、中国における仏教史研究というものは、この十数年のあいだでどんどん様変わりしてきて、非常に堅実な研究が増えてきたという印象が強いわけでございます。

二　北朝の仏教文物

本日のテーマといたしまして、北朝隋唐の仏教ということで、まず北朝時代についてのところからお話を進めさせていただこうと思います。北朝時代の仏教で、これまで私たちが知らなかったような新しい文物が、仏像が地下からたくさん、各地で発掘されてきたことです。

そのうちの最初といいましょうか、関心をもたれましたのは、『埋もれた中国石仏の研究――河北省曲陽出土の白玉像と編年銘文』という書物が出されたのが大きいかと思います。カラーのものも含めて、たくさんの仏像が一括したかたちで、河北省の曲陽県から出たのでした。日本語の翻訳が、東洋美術という出版社から刊行されています。松原三郎先生によって翻訳され、注が附けられ、解題がなされたものです。こういう書物が出たことで、中国における北朝時代の仏像についての新しい局面が出てくると思います。

それ以前の中国における石仏につきましては、今では大阪市立美術館の所蔵になっております山口コレクションというのが、中国の石仏のコレクションとして名品を集めていて、こういうところから私なども、北朝時代、隋唐時代にかけての仏教美術というものに関心をもってきたわけですけれども、何といいましても驚きの面をもちましたのは、山東省の青州龍興寺から出土いたしました多数の仏教美術品だったわけです。

これにつきましては、中国ではもちろん山東美術出版社から一九九九年に非常に豪華な本が出ましたけれども、それだけではなくて、東京の国立博物館で中国国宝展という展覧会が催されたわけです。

そのときの図録がこの『中国国宝展』ということで、国宝展のなかで何分の一かがこの山東省青州の仏さまが紹介されたわけです。これはどうも、日本における中国美術に関する大規模な展覧会の二回目だったようで、最初の一九七三年の日中国交正常化記念出土文物展の場合は京都にも来たのですけれども、出土文物の展覧会ということで、この時期の展覧会では仏教関係のものについての言及はなかったのです。

その点で、二〇〇〇年に挙行されました中国国宝展は、全体の文物のなかに占める仏教関係のパーセンテージが非常に高くなったという点で、画期的な展覧会だったと思います。

じつはその直前に、講談社から出ております、『日本の歴史』という二十六冊のシリーズで、早い時期の月報を書けということで、その月報は、なるべく日本と中国との関係についてのことをテーマにしたものを書くようにという依頼を受けました。そのときに私が選びましたテーマは、半跏思惟像でした。右手を頬にあてて、右足を折っている像です。その像がどういうかたちで、中国で行なわれていたかということについての文章を寄稿したわけでございます。

半跏思惟像の変遷につきましては、水野清一先生がていねいな論文を書いておられたりしたのですけれども、中国の文物出版社と日本の平凡社から『中国石窟シリーズ』というものが出されて、キジールの石窟とか、敦煌の石窟についての、非常に大判の図版が出たものですから、私はそれを元にして半跏思惟像についての変遷を跡づけしたわけです。

水野清一先生が「半跏思惟像について」という論文を『東洋史研究』の第五巻第四号（一九四〇年）に書かれたのですけれども、雲岡の石窟では、半跏思惟像は交脚弥勒菩薩の左右脇侍として現れるのが普通ですが、第六洞の明窓の左右一対の像は、仏伝中の一節の太子像で、愛馬のカンタカに別れを告げる場面、そういうところに半跏思惟像が出ているということを指摘されたわけです。

半跏思惟像は北魏の最初から流行の最後たる隋代に至るまで、もっぱら太子思惟像であったこと、つまり弥勒菩薩という形ではなくて、悉達太子の姿であったということを、水野先生は唐の道宣の『集神州三宝感通録』を参照しつつ論証されたわけです。

そのときに、山中商会に蔵されていると紹介された、太子思惟像という刻銘が明記された太和十六（四九二）年の石像は、その後山口コレクションのなかに入って、今では大阪市立美術館に入っております。それらを展示した特別展が行なわれて、私はそれを観にまいりました。

水野清一、長広敏雄のお二人によって進められた『雲岡石窟』だったわけですけれども、その後に、今度は長広敏雄先生と、その助手を務められた岡崎敬先生などを編集委員とする『中国石窟シリーズ』全十七巻というものが平凡社から出たわけですけれども、敦煌莫高窟に納められた北涼時代の、つまり五世紀前半の第二七五窟の一対の樹形龕のなかに、瞑想する半跏思惟の弥勒像が見えるわけです。

北魏時代の第二五七窟、第二五九窟の建物のかたちをした窟にも、それぞれ宝冠をいただいた弥勒と目される半跏思惟の彩塑、色づけされた塑像があることがわかるわけです。

またそのシリーズによりまして、キジールの石窟にもやはりそういうかたちでの、一対の半跏思惟像の壁画が左右対称の形で残されているのがあったわけですけれども、北魏から隋にかけて盛んになった半跏思惟像が、朝鮮半島を経て日本にやってきた場合に、日本で一対の左右対称の形の弥勒菩薩の像というものはないのです。後には密教系、真言系の仏像のなかに、如意輪観音として右手を頬にあてたかたちで真ん中に納まるわけですけれども、そういう状況のもとで、月報に載ってから直後に展覧会が開かれて、私がそれを参観したら、驚いたことに中国の河北省から出土した、左右対称のペアの形の半跏思惟像というものが陳列されていたのです。

この二つの像を見ると、右頬に指をつけるというのは、みなさんよくご覧になる図だと思うのですけれども、反対の左の頬に指をあてて、足の組み方もちょうど逆になっているものです。

この『中国国宝展』は全部カラー版で紹介されましたので、非常にほほえましいかたちの、同時に非常に美しいので感心いたしまして、自分の回想録や月報の類などを、京都大学を停年退官するときに集めました『京洛の学風』というエッセイ集のなかに、その月報を再録すると同時に、附記のかたちで、その展覧会のことについてつけ加えたわけです。

中国で流行した左右対称の像が、その展覧会だけではなくて、『埋もれた中国石仏の研究』のなかにも、これは痛々しいかたちなのですけれども、こういうかたちで、やはりペアの弥勒菩薩というものがあって、片一方だけの場合は右手なのですけれども、ペアの場合にはおそらく左手を頰にあてておられるのだろうということなのです。

そういうことで、半跏思惟像の変遷については関心をもってきたわけですが、その後、全く同じ名前の「中国国宝展」というのが東京の国立博物館で、また始まったのです。

中国国宝展という名前でありながら、前回もいろいろなほかの文物があるなかで、青州の仏像を表紙にするという試みがなされたのですが、今回の中国国宝展は、また同じようなかたちで、同じ青州のものを出しています。

じつは今度の展覧会（二〇〇四年九月二十八日―十一月二十八日開催）は、来年一月に大阪にも来るので、そのときにゆっくり観ればいいと思っていたのですが、足利市立美術館の十周年記念の特別展へ行きました帰りに、大急ぎで東京国立博物館へ行って、前と同じような半跏思惟像がないものかと思って回りましたら、あったのです。それは、「釈迦・弥勒像龕」というもので、上がお釈迦さまで、下が弥勒さまなのです（図2）。

それを解説で、「この作品で目をひくのは、釈迦の両脇、外側で膝を曲げて立ちながら合掌するインドのバラモン風の人物である」ということで、上から二段目の左右、左足と右足がインドの修行僧のような形だということで、これについて関心がいっておりまして、解説なさった方は注目されていないのですが、一番上の段の右端、これがやはり半跏思惟像です。しかも上の段の左端は少し欠けているのですが、これもやはり半跏思惟像で、前回のときと同じ左右対称の半跏思惟像の形をしているだろうと思います。

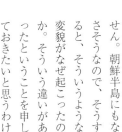

つまりこうなってきますと、お釈迦さまと弥勒さまが上と下とにあって、そのお釈迦さまを取り囲む脇侍のようなかたちの端に、一番上段ですけれども、ペアの半跏思惟像が出てくるわけです。

図２　釈迦・弥勒像龕（東京国立博物館・朝日新聞社編『中国国宝展』朝日新聞社より）

これは、水野先生が注目されていた、敦煌やキジールの石窟の壁画にあるのと同じ形のものがちゃんとあるのに、なぜか日本には、私の知る限り、日本でペアの弥勒菩薩的なものは観たことがありません。朝鮮半島にもなさそうなので、そうすると、そういうような変貌がなぜ起こったのか。そういう違いがあったということを申しておきたいと思うわけです。

先ほど申し遅れましたが、今回の国宝展のおよそ六割が仏像なのです、仏教関係なのです。これは三回にわたる、最初の出土文物展のときには、ほとんど歯牙にもかけられなくて、四年前のときには、かなりの程度のものが出てきたのですが、今回は六割ほどまでが仏教美術の作品で、今東京の国立博物館で陳列されていて、来年一月には大阪に来るという状況です。

その苦労話を、東京国立博物館の副館長の方が『人民中国』（二〇〇四年十月号）という日本人向けの雑誌の特集記事「歴史のロマンがよみがえる「中国国宝展」の文物と仏たち」のなかで語っておられます。仏教美術の展覧会だけをしたいと言ったら、そんな展覧会は中国で開いたことがないということで、それだけで展覧会を開いてもらうのは、ちょっと困るということなのでしょう。しかし、最大限の配慮をして、各地からの名品を集めた仏教美術展が現在、東京で開かれているということです。

私が若いころは、『人民中国』に仏教のことなどというものは、悪口は書かれてあっても、褒めるものとしては出てこなかったのですけれども、特集で、「歴史のロマンがよみがえる」などと、真っ先に紹介されるというのは、そういう状況に今やなってきているということでございまして、「中国仏教美術史を彩る仏たち」とか、国宝展はここがおもしろいとか、紹介されています。

北朝についてはそれぐらいで、焦点を半跏思惟像の変遷というところで押さえました。

三　遣隋使と海西の菩薩天子

隋のところについては、遣隋使についての問題と、聖徳太子が憧れた海西の菩薩天子とは誰であったのかということについて、少し話をしたいと思います。

これは、『大谷学報』第八三巻第二号に載ることになった論文についてです。

NHKが歴史ドキュメント「隠された聖徳太子の世界――復元・幻の「天寿国」」という特集をするにあたって、大谷大学の私の研究室へNHKの方が来られて、こういうことをしたいので意見を聞きたいということだったのです。

その主眼は、中宮寺の天寿国繡帳に関しまして、三井文庫にあります敦煌写経の『華厳経』の奥書を使って、そしてそれを中心としたかたちでテレビ番組を制作したいということだったのです。

これはなかなか言いにくいことなのですけれども、あの敦煌写経は本物とはとうてい思えないから、そんなものを中心に据えたものはやめておいた方がよろしいと申しましたら、それから連絡がなくて、突然速達がまいりました。来られた方の上司のデスクの方ですが、その方とは何年か前に、隋の煬帝と聖徳太子の関係のことで資料提供をしたことがあるのですが、こういう番組があるから観てくれということでした。

結局、その番組は放映され、その翌年（二〇〇二年）にＮＨＫ出版から、ＮＨＫ歴史ドキュメント『隠された聖徳太子の世界――復元・幻の天寿国』という本が出版されました。今でも本屋さんにあるような本です。

じつは日本にあります、敦煌将来と称されている文献のなかに、どの程度の本物があり、どの程度が偽物なのかということについては非常に難しい、デリケートな問題で、特にコレクションをお持ちであるところの方に対しては、なかなか言いにくい面があります。

その点に関しまして、東京の三井文庫はたいへんな英断を下し、自分のところにある百点あまりの敦煌写経が本物であるかどうかということについての調査を研究者に委ねたのです。

その結果として出てきた結論は、「天寿国」の傍証によく使われていた『華厳経』は、二十世紀になって作られた手の込んだ偽物であるという結論を出されまして、今年の正月に東京の三井文庫の別館で展示会がありました。

私もさっそく参観いたしました。そうしましたら、三十四点の敦煌写経がずらっと並んでいるなかで、一点だけ「参考展示」というかたちで出されたのが、この『華厳経』でした。

このお経につきましては、『第三十六回史学会大会　三井家主催展覧会図録』というものに掲載されておりまして、三井家が、昭和十（一九三五）年五月に東京の史学会の行事の一環としてなされたものが、三井家に収蔵された敦煌写経も含めての展覧だったのです。今となってみますと、じつは三井家に入った敦煌写経の流入の経路が非常によくて、およそ三割程度が本物だったのです。これは、日本にある敦煌写経コレクションとしては画期的なものなのですけれども、そういうこともあって公開に踏み切られたのだと思います。その蔵品目録『三井文庫別館蔵品図録　敦煌写経』というのも同時に出されました。

詳しいいきさつは『大谷学報』に書きましたので省略いたしますけれども、隋から唐にかけてということでの仏教史、「文物に現れたる」となりますと、やはり房山の石窟寺の研究だろうと思います。

四　房山石窟

房山の石窟についての研究は、つまり石に彫られた仏典、大蔵経、一切経がずっと眠っていたのが掘り出されて、全部拓本に取られて研究者のところに、いわば便宜が提供される時代に、今やなっているということです。

この点に関しまして、一つ注意を喚起しておきたいと思いますのは、中国における仏教文物、遺物の調査につきましては、常盤大定先生と関野貞先生の、お二人の共同事業として出されたものが最も有名であり、法藏館で復刻も出されたわけですから、一番役に立つことは申すまでもないのですが、忘れてはならないのは、松本文三郎先生の『支那仏教遺物』という書物です。

松本文三郎先生は、京都大学の文学部をつくるときの開設委員でもあり、インド哲学史から仏教史についての非常に視野の広い先生で、この先生の最初の教え子が羽溪了諦です。その羽溪了諦さんを連れて中国の仏教遺跡を回られたのです。

これが大正六（一九一七）年の八月一日から十月十六日まで、二カ月半にわたって中国各地を回られまして、そのとき通訳をされたのが、鈴木虎雄という中国文学の先生です。

この中国の石に彫られた仏典、石経についても、さっそく帰られて『宗教研究』という雑誌に、二回にわたって「支那の石経」という論文をお書きになりました。

ただし、この『宗教研究』のときには、仏教だけではなくて、道教の石碑に掘られた教典、また儒教の石経についてもお書きになったのですけれども、単行本に収める段階では、仏教の部分だけを取り出して、少し増補されて出ております。だから、もとの『宗教研究』には大正九年ですけれども、九号から十号にかけて、「支那の石経」というものを書かれて、それのうちの、最初の仏教関係のものだけを『支那仏教遺物』という書物に収められたわけです。

松本先生のは百年以上前の研究ですから、現在において仏教をなさっている方々にどの程度の影響を与えているのか知りませんけれども、私個人に関して申せば、この先生の『仏教史雑考』に載せられた論文とか、そういうものについて、非常に学恩をこうむっています。

松本先生は、常盤大定先生と比べて一年早く生まれて、一年早く亡くなられた。だから全く一年ずつの先輩というかたちなのです。松本先生の、そういう踏査の数年後から常盤大定先生の研究が始まって、そしてこれはほんとうに見事なものです。

房山の雲居寺の石経というものに関心をもつときに、一番問題になりますのは、最初、誰がつくったかといえば、隋の時代に静琬という人の発願でつくったということが書いてあります。

房山の雲居寺に対しても、松本先生はちゃんと行っておられて、その数年後に、真っ先に行かれたのが常盤先生であり、それからまた、東方文化学院の京都研究所が総力を挙げたかたちでなされた調査が、『東方学報　京都』第五冊の副刊というかたちで「房山雲居寺研究」という副題をつけました。

このなかで一番主役を演じておられるのは、もちろん塚本善隆先生ですけれども、しかし、塚本善隆先生が大学を卒業されたあと、コーチ役をされたのが松本文三郎先生ですから、房山雲居寺研究について、全体を見通しておられたのは松本先生だと思います。

それは別としまして、塚本善隆先生の房山雲居寺の研究については、『東方学報』そのものは少し珍しくなっているので図書館にないかもしれませんが、『塚本善隆著作集』のなかに収められて圧倒される思いがするわけです。

玄宗皇帝の開元十八（七三〇）年に『開元釈教録』を編纂したものが、大蔵経の原本といいましょうか、石に彫るもとのものを提供したのが、じつは金仙公主という、その頃は長公主ですけれども、玄宗皇帝の妹にあたる方です。

それはしかし、単に玄宗皇帝の妹にあたるというだけではなくて、道教の道観に入って、金仙公主と妹の玉真公主のために建てた道観が、国家的財力をすごく使うということで、非難囂々で、たくさんの意見が正史のなかに出てくる。あるいは『唐会要』などの書物にも出てくるという状況です。

この道教に凝ったはずの金仙長公主が、仏教の一切経四千余巻を送って石に彫るように勧めたということになるわけです。そのことが彫られているのが石刻であって、大唐の開元十八年、金仙長公主が皇帝のために新しく翻訳されたり、古い訳を合わせて四千余巻を送ったのです。

四千余巻というのはおかしな数字でありまして、『開元釈教録』から申せば、普通の五千四十八巻というのが固定したのが、ちょうどこの時期なのですけれども、しかしここで石に彫られているのは、四千余巻なのです。

重複してすでに彫られていたものもあったからかもしれません。このへんの事情はわかりませんが、いずれにしましても、こういう貴重な史実が石に彫られていたということで、それ以前からも有名ですし、松本先生の書物のなかにもこの文章を全部引いてあります。ただし、それらの文章はすべて『金石萃編』にもとづいて移録されていますので、清朝の皇帝の諱は避けて書かれてあります。ですから、もとの石に即したかたちで移録されたものは、じつはこの『東方学報』に載っている塚本論文と、小川茂樹、のちの貝塚茂樹ですけれども、その方の研究が非常に詳しくて、「房山雲居寺石浮屠記銘考」という長大な論文を書いておられます。この金仙長公主についての論文は、松本文三郎先生の論文からの引用も参考として、小川茂樹先生は書いておられるのです。

ところが、なぜかそれから以後の研究をされる方は、『塚本善隆著作集』第五巻の方に、増補された論文について注意を喚起して、そこから頁数を指摘されたりするのですけれども、この論文が、『貝塚茂樹著作集』第六巻のなかにちゃんと入っていて、そこに拓本の写真までがちゃんと収まっているということは誰も気がつかないのです。

貝塚茂樹というと、古い時代のこととか、あるいは現代のことであって、房山雲居寺の研究が著作集のなかに入っているとは思わないのでしょうけれども、しかし、これは非常に読み応えのある論文なのです。

もうひとつ気になりますのは、石刻の上の部分が房山の金仙公主の塔のなかに嵌め込まれているということで、もとの図版でいくと、最後の五行が前の方とは書き手のトーンが違うから、『金石萃編』までは全部同じだけれども、塚本善隆、貝塚茂樹は、このうしろの五行分は時代が違うということで区別されています。

偽物の敦煌写経を使っての研究というものが困ったものであると言いましたが、それほどのことではないのですけれども、往々にして石刻の拓本の場合、あとからの模刻というのがあって、もとの拓本を石に貼りつけて、それで彫り直すということが起こるわけです。

このことに関して私から言いますと、中国仏教協会編『房山雲居寺研究』というかなり豪華な本が出たのですが、そこに載っている拓本は、もとの拓本ではなくて、模刻にもとづく拓本だろうと思うのです。そればかりでなく、北京図書館から歴代の石刻についての拓本集が百巻本として出ましたけれども、そこに出ているのも、やはり上の部分だけの、非常にきれいな拓本です。

きれいな拓本というのは、じつは怪しいということなのですが、論文につきましては、日本で『立正史学』に手島一真さんが書かれた、二号にわたる詳細な金仙公主についての論文。それから、京都大学学術出版会から出ました、氣賀澤保規氏が編集された『中国仏教石経の研究』など、全部このあとのものは、今拓本で紹介されているものが、もとのものとは違うのだということを注意していない。

手島さんなどは、こちらは鮮明であると書いてある。鮮明であると怪しいのですけれども、読みやすいとか、鮮明であるということのほうで重点を置かれてしまうと困るのです。そのことに関しまして、昔、池田温先生の『中国古代籍帳研究』という著書について、『東洋史研究』第三九巻第一号（一九八〇年）で書評を書いたことがあるのですが、そのときに私が書いた根拠をご紹介しておきたいと思います。

中国で盧溝橋事件の直前ぐらいのときに、『中国経済史料叢編』という「唐代篇」だけで八冊出すという厖大な企画が起こりました。そのうちの『唐代之交通』と『土地問題』と『寺院経済』という、三冊が出版された段階で、戦争の結果、あとはつづかなかったという状況なのです。

編集全体の責任者は陶希聖という方で、蔣介石のある意味ではブレーンでもあったわけですけれども、台湾で「食貨史学叢書」というシリーズがあったときは、陶希聖主編の『唐代之交通』と『土地問題』とのリプリントが出されました。リプリントということは、もとの頁のままで出るのです。

『唐代寺院経済』も出されたのですが、もともとの題は『寺院経済』という題だったのですけれども、出された段階では、『唐代寺院経済』というかたちになったのです。しかもこの書物は、前の『唐代之交通』、あるいは『土地問題』と違って、影印版ではなくて、新しく活字に起こしているのです。

なぜ活字に起こしたのかといえば、陶希聖先生ご自身が使っておられた本は、民国時代のもので、ぱらぱらと外れてしまうのです。その結果、もとの本の一三四頁の段階でうしろがなくなってしまった。北京から台湾へ逃れているわけですから、総責任者の陶希聖先生が持っておられたのが、うしろがないものなのです。だから、そのままでは影印ができないので組み直されたたと。そればかりではなくて、そこには厖大な拓本の附録が入っていて、折りたたんで、まだこれよりも大きなものが頁に入り込んでいました。

私の知る限り、京都でこの本を持っておられたのは、塚本善隆先生と森鹿三先生のお二人であって（図3）、宮崎市定先生なども含めて、ほかの先生方がこの本を持っておられたということは聞いておりません。

そして、出た直後に『東洋史研究』第二巻第六号（一九三七年）に書評が載ったのですが、『唐代之交通』に関しては森鹿三先生が、『土地問題』に関しては宇都宮清吉先生が書評を書いておられるのですが、『寺院経済』は書評も現れなかったのです。

台湾で陶希聖先生が複製された段階では、もとの本は出版されなかったと紹介されているのです。そこでおもしろいのは、一番勉強されたのは陶希聖先生ご自身なのでしょうか、前の方に入っていた図版がなくなってしまって、うしろの方も途中ちぎれてしまったものですから、出来上がった複製本は、もととは似ても似つかない格好になっているのです。しかし、氣賀澤さんなども含めて、どうもこの複製本を利用されているので、危ないですね。

私は塚本善隆先生から本をお借りして、マイクロフィルムとしてコピーを取らせてもらったのですが、塚本先生の書き込みがあちこちに入っていまして、非常に熱心に勉強されていたのがよくわかります。問題のありそうなところに

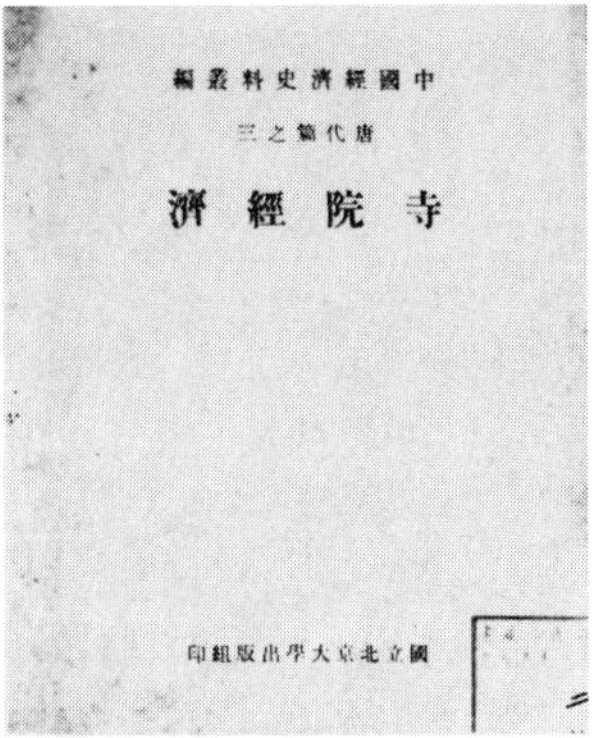

図 3『寺院経済』（森鹿三旧蔵）

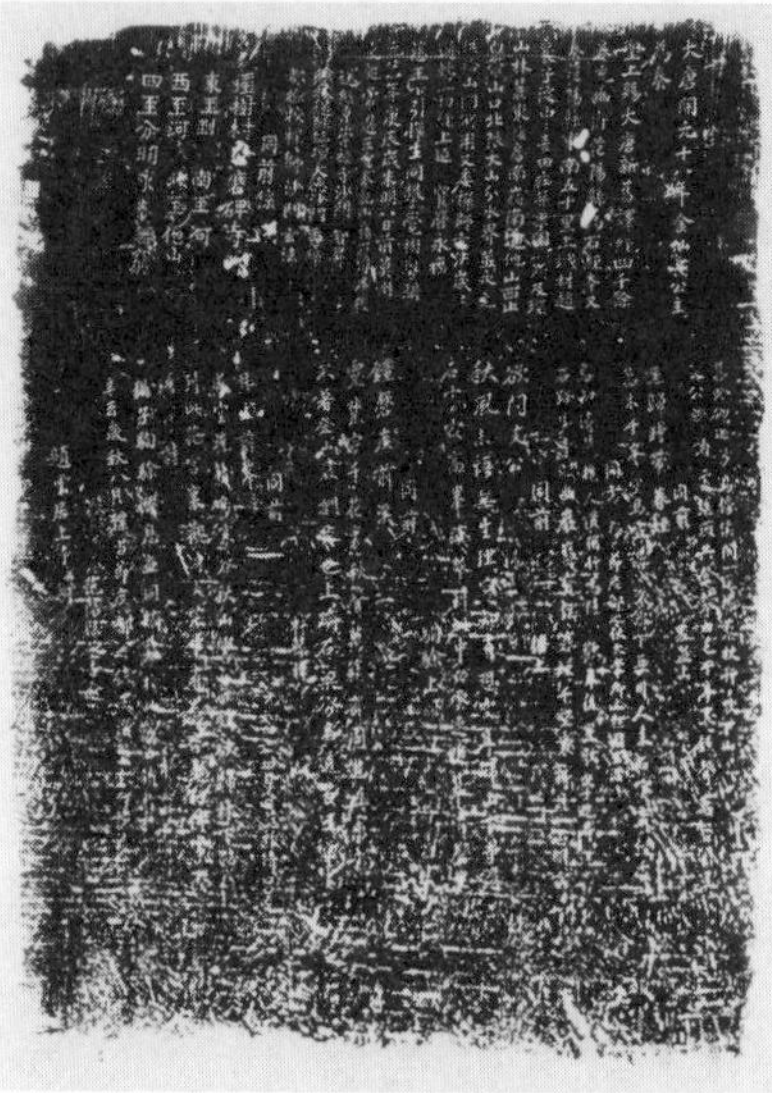

図4　房山　山頂石浮屠後記（『寺院経済』より）

つきましては、欄外にいろいろな書き込みがされている。しかし塚本先生の本には、前の方の図版の部分はなかったのです。一番きれいな本で全部そろっているのは森鹿三先生の本だけであって、たぶんこの本は仏教大学に入っていると思います。

　そうしますと、もとの本そのものは、北京大学研究院芸風堂の拓本であると書いてあるのですが、これはつまり、繆荃孫という著名な学者が持っていた拓本が北京大学にあったということです（図4）。

　北京図書館にあったのだったら、北京図書館編の、先ほどの厖大な百巻本のなかに収めればいいものを、現在でも取れるかたちの模刻が載っているという状況だろうと思うのです。

金仙長公主につきましてはお墓の、これは玄宗皇帝の父親の睿宗皇帝の陵墓であります橋陵というものの陪葬墓としてあって、それの地上の方に残されてあった神道碑は非常に傷んでいたのだけれども、上の方三分の一ぐらいが残されていたので、今まで残っていたのですが、この房山の石経の原本を提供するお金を寄進した金仙長公主の墓誌銘が出土したのです。

これは一九七四年に陝西省の、蒲城県の金仙長公主のお墓から出土したのであって、現在は蒲城県の博物館の石刻室に納まっています。開元二十（七三二）年に亡くなるのですが、洛陽で亡くなりまして、数年後に移し替えられて、開元二十四（七三六）年に、新しくつくられたお墓で、墓誌の一辺は一〇六センチと一〇八センチということですから、非常に立派な、墓誌としては最大級のものです。

ほぼ同時期のものが、遣唐使の石刻ということで井真成の墓誌が西安で出ましたが、あれは三九センチですから、三九センチ四方と、一〇六センチ、一〇八センチとでは格が違うのは当然です。

この金仙長公主につきましては、これまで『立正史学』に書かれた手島さんの論文、非常にていねいな研究の積み重ねなのですが、それと氣賀澤さんが、ご自分の編集された本だけではなくて、あとで明治大学から出された『明大アジア史論集』の創刊号に、金仙長公主のお墓について書いておられます。

この墓誌のちょうど真ん中あたりに、亡くなった月について書いてあるのが、終わりから十行目のところに「建午之月十日」とあります。この「建午之月」について、単行本の方では、十一月のことかとクエスチョンマークがつけてあって、別の新しい論文の方を見ると、「建午之月」はいつのことかわからないと書いてあるのですが、これは「午をざすの月」である旧暦五月のことに間違いがないのであって、そうすると、正史の『新唐書』の「公主伝」に、五月に亡くなったと書いてあることとちゃんと合うのです。

氣賀澤さんは状況判断で進めて行かれるものですから、墓誌が出土しても、墓誌の方が悪いようなことになってしまったりするのですけれども、やはり墓誌銘というのは、何といっても第一級の史料ですし、虚心坦懐に文字に即して読んでいくということをしなければならない。これは自戒の念を含めてですけれども……。

もうひとつ、影響を与えていると思いますのは、亡くなった場所です。先ほどの文章の四行前、「加」という字があって、「一千四百戸」という数字のあるところがあります。要するに一千四百戸の実封を与えたということなのです。

これが、玄宗皇帝治世の初期なのですけれども、このときは、金仙長公主だけではなくてほかの姉妹の方々にも一千四百戸にしたという記載があちこちに出てまいりますから、それは間違いないのです。問題はそのあとです。

五　京と都

京都《けいと》において、二つながら「道観を双建す」という言葉があります。この文字の解釈を、氣賀澤さんは『中国仏教石経の研究』で、京都というのは、長安ではなくて洛陽のことであるというふうに書かれています。

しかしその翌年ぐらいに出された明治大学の雑誌（『明大アジア史論集』）の方では、これは長安のことであると書かれるのです。同じ文章を解釈しているのに、一年あいだを置かずに書くのに、京都《けいと》というのが洛陽なのか、長安なのかというかたちで解釈を変えてしまう。あとで書かれた方が長安の説ですけれども、一般の人は『明大アジア史論集』というのはなかなか読まなくて、単行本の方を利用すると思うのです。

そうすると、なぜそういう乱れが生じたのかということになるのですが、金仙長公主が玄宗皇帝の開元五年段階までは長安にいて、それからあと、洛陽に移って、そして洛陽で十五年間住んで亡くなるわけです。

これはしかし、私に言わせれば、ほかの時代の文献ではなくて、唐代の文献に即して言えば、京都《けいと》というのは、一つの都市のことではなくて、「京《けい》」および「都《と》」と読まなければならない。

つまり「京」というのは西の「京」、長安であり、「都」というのは東の「都」、洛陽と読むのです。もちろん漢文というのは、その時点における制度的な取り決めがあっても、それを離れたかたちで文章だけが一人歩きをするということがありますから、すべての「京都」という言葉が出てきたら、これは長安プラス洛陽というふうに読まなければならないとは言いませんけれども、しかしかなりきちんとした書物の場合には、特にこの時期が開元二十四年という時期であるならば、まさに『唐六典』の時代になるわけです。

「京都」という文字を唐代ではどのように使っていたかという実例を出してみます。『唐六典』巻第三・「戸部」の条ですが、その最後のところで、「およそ都の東の租は都の含嘉倉に納める（凡都之東租納于都之含嘉倉）」。洛陽から東の租・庸・調の租は、洛陽の含嘉倉に納める。

「含嘉倉から転運して京の太倉を実たす（自含嘉倉転運以実京之太倉）」。西の京、長安の太倉を実たす。つまり、長安の太倉と洛陽の含嘉倉が対応していることは明らかなのです。「洛より陝に至るは陸を運び（自洛至陜運於陸）」、「陜より京に至るは水を運ぶ（自陜至京運於水)」。陸運と水運との違いということです。これは租・庸・調の租を納める、米倉の話なのです。

つぎの巻第四は「礼部」で、元日の式典のときに大陳設、非常にきちっとした儀礼が行なわれるのはどこで行なわれるかというと、太極殿で行なわれると書いてあるのですが、じつは、この則天の時代から後に、大明宮というのが長安でつくられて、そちらで全部の儀式が行なわれるようになりますから、「註」のなかで、今の大明宮では含元殿で行なうのだと。そのつぎ、「在都則於乾元殿」。都にありては、つまり、東の都、洛陽にありては、乾元殿で行なうのだと。これから見ても、京というのと、都というのとではたいへんな違いがあるということがおわかりいただけるかと思うのです。

しかも、巻第五の「兵部」のところをご覧いただきますと、およそ「車駕」というのは皇帝ということですけれども、車駕が京にある場合には、洛陽の、東都の方の、「南北の衙(近衛軍)はみな左右屯営を置く(南北衙皆置左右屯営)」。「別に使を立てて以て之を統ぶ(別立使以統之)」とありますし、もし車駕、皇帝が都すなわち洛陽にいる場合には、すなわち、今度は逆に長安の方が、京城側が同じようなことをする。「京城またかくのごとし(京城亦如之)」。

後には、唐の王朝の発祥の地である太原が北都となるわけですけれども、「北都もこれに準ず（北都准此）」と註に書いてあるわけです。つまり「京」と「都」はぜんぜん違うというわけなのです。

今度は巻七・「工部」です。都の建築ですけれども、ここは洛陽の方、都の方の状況なのですけれども、「皇城は都城（洛陽城）の西北隅にあり（皇城在都城之西北隅）」、南面に三つの門があって、と書いてあります。

最後の段階で、「皇城は東城の内にあり、百僚の廨署は、京城の制のごとし（皇城在東城之内、百僚廨署、如京城之制）」。「都城」というのと、「京城」というのが対になっているわけです。

日本では「都城制」という言葉があたりまえになっていますし、私も都城というシリーズで二種類ほど文章を書いているわけですけれども、しかし、都城というのは、唐ではじつは長安ではないのです。東都洛陽の城なのであって、長安の方は「京城」と書くのです。「京都」とあれば、「京」と「都」という二種類のものである。そのことがはっきりするのは、今度は『唐六典』を離れまして、杜佑の『通典』選挙典のところですが、ここはちょうど、道教が大事にされたこともありまして、老子を学ぶことによって科挙に合格するということにも関係してくるのですけれども、これも開元年間（七一三―七四一年）なのです。「玄宗方めて道化（道教の教化）を弘《ひろ》め（玄宗方弘道化）」。仏典などに出ていますと、道化というのは仏教の道化なのですけれども、この場合は道教の道化なのです。道教の化を弘め、「二十九年に至りて、始めて京師に崇玄館を置き、諸州に道学を置く、生徒に差有り（至二十九年、始於京師置崇玄館、諸州置道学、生徒有差）」。

その註釈ですが、標点本に「京、都各百人」とありまして、京《けい》と都《と》はおのおの百人なのです。この「各」に意味があって、「各」の字がなければ京都《きょうと》と読んで、上の「京師」と同じことであろうと読まれがちですけれども、京と都はおのおの百人。だから長安だけではなくて、そういう勉強の場所を、崇玄館を置くのは長安だけれども、洛陽においてもやはり、定員は百人である。それ以外の諸州では同額置くけれども、定員がないのだということを書いてあるわけです。

この『通典』の文章は、後に『通志』という書物のなかに受け継がれてきますけれども、この『通志』二十略の標点本には、京と都のあいだに点が入っていないのです。入っていないから、その人は読み間違えたとは言いませんけれども、こういうふうにちゃんと点が入っていれば、京と都、おのおのなのです。

これは晋代の話であって、司馬師の諱を避けて京師の師を都に代えるという、だから諸橋轍次の『大漢和辞典』も含めて、そういうことがみな書いてありますし、『漢語大詞典』十二巻なども、みな書いてありますけれども、「京都」という二字が、じつは「京」と

「都」の両方を指すのだということはどこにも書いていないのです。

先ほどの墓誌銘の文章はどうなるかといいますと、京と都において二つの道観を建てた。長安においても道観を建てて、開元五年以後の段階で洛陽の方にも道観を建てたと読むべきであって、このことは、じつは神道碑にも、ここの銘にあたるところを見れば、二つの京、二京において、「道観」とは書いていませんが、難しい字で、「蕊観」という字で書いてあるのですけれども、長安と洛陽の二つの京、二京に置いたということが書いてある。

その神道碑と、あとから出てきた墓誌銘とはきちっと合うわけであって、それを、これは長安ではなくて洛陽であると言ってみたり、これは洛陽ではなくて長安であると言ってみたり、そこから持ってきて墓誌銘の文章は悪いと書かれると、これはやはり書いた人には悪いなということになるでしょう。

だいぶ、取り急ぎましたけれども、このあたりで、私の話を終わらせていただきます。

どうも、ご清聴ありがとうございました。

天寿国と重興仏法の菩薩天子と

はじめに

一九九九(平成十一)年一月、拙著『唐代政治社会史研究』の第Ⅳ部「仏教と国家」に「唐初の仏教・道教と国家——法琳の事蹟にみる」を加えた、『隋唐の仏教と国家』(中公文庫)の刊行に際し、その二年前に執筆の「隋唐時代の中国と日本の文化」[1]と題し、「日出づる国からの使節」「隋の文帝、仏教を復興」と「遣隋使・遣唐使が将来した文化」の三節からなる概論を巻頭に冠した。その「隋の文帝、仏教を復興」で、仏教が中国社会で勢力を拡大させるにつれ、四王朝の四皇帝による四大廃仏、いわゆる「三武一宗の法難」の直後に、つぎの王朝または皇帝によって、人心収攬をも意図した仏教復興政策がとられた史実を強調した。

まず、第一回目の北魏の太武帝による廃仏の直後に行なわれた仏教復興事業の一環として開削されたのが雲岡石窟であることに言及した後に、つぎのように書いた（以下、『隋唐の仏教と国家』の掲載頁を記す）。

第二回目の廃仏は、儒教の聖典『周礼』を尊んだ北周の武帝により、五七四年と五七七年の二度にわたって断行され、仏教のみならず、道教も廃されました。仏像などがこわされ、沙門たちは還俗させられました。まもなく北周王朝は滅び、外戚の楊堅が隋王朝を開きます。この楊堅こそ、小野妹子が「海西の菩薩天子」と呼んだ、隋の文帝そのひとなのです。（一七頁）

ついで、長安で即位した隋の文帝が打ち出した新政策、『周礼』にもとづく官制を廃止して漢魏の旧制を復活させ、仏教と道教に対する禁圧を撤回し、無宗教政治の下に潜伏していた人びとの不満を解消したことに触れた上で、

文帝は、仏教と道教に対して大弾圧を断行した北周の武帝を反面教師とみなし、当初は仏教と道教を平等に再興する宗教政策をとっていました。しかし幼名を仏教の保護者を意味する那羅延といい、般若尼寺で養育されたという誕生説話をもつ文帝は、しだいに仏教に熱中しだし、宮中で菩薩戒をうけさえし、晩年には国内各地に舎利塔を建造しました。文帝が在位した二十四年間に、得度した僧尼は二十三万、建立した仏

寺は三七九二もありました。（一八頁）

と総括した。また文帝の没後に即位した煬帝については、

煬帝は、皇太子になる前、江南統治の責任をになったとき、天台宗の開祖智者大師から菩薩戒を受けていました。そのせいか、文帝ほどには仏教に偏重した宗教政策をとりはしなかったものの、〈三韓〉すなわち朝鮮三国と倭からの留学生を指導し教授するために、特別の高僧を勅命で任用し、鴻臚館に外国僧教習所ともいうべき施設を設けたのです。それらの隋の高僧として、浄業・静蔵・霊潤らの事績が『続高僧伝』に載っています。（一九―二〇頁）

と論じたのである。

「隋唐時代の中国と日本の文化」を執筆するに当たり、大橋一章の大著『天寿国繡帳の研究』（吉川弘文館、一九九五年）を繙き、とりわけ「第六章　天寿国の解釈」の綿密な学説史に感銘をうけ、また「西方天寿国」の唯一の文献とされる敦煌写経、三井文庫蔵の『華厳経』巻第四六の巻首と巻尾のカラーの写真図版に瞠目したにもかかわらず、「西方天寿国」について全く言及しなかったのは、写経の真偽について疑惑を抱いていたからで、偽写経にもとづいての立論を論評することに気が進まなかった。

ところが、二〇〇〇年八月に奈良国立博物館の特別展観「国宝中宮寺菩薩像」に三井文

庫蔵の『華厳経』が出陳され、翌年十一月には、大橋一章の業績を中核に据えた、NHKのテレビ番組、歴史ドキュメント「隠された聖徳太子の世界——復元・幻の「天寿国」」が放映された。まもなく大橋一章・谷口雅一『隠された聖徳太子の世界——復元・幻の天寿国』（NHK出版、二〇〇二年）が刊行され、天寿国は阿弥陀浄土であって、聖徳太子が憧れた中国の菩薩天子は隋の煬帝である、という説が喧伝されるに至った。そこで、三井文庫蔵の『華厳経』は偽写経であって「西方天寿国」は存在せず、仏法を重興した海西の菩薩天子は隋の文帝であるという私見と論拠を述べることにしたのである。

一　天寿国研究小史——天寿国か无寿国か

一九三五（昭和十）年五月十二日、第三十六回史学会大会の第二日目、三井家が珍襲してきたもののうち、史学の資料となるべき三十八点を出陳する三井家什宝展観が、麻布区（現港区）笄町集会所において開かれ、史学会編『第三十六回史学会大会　三井家主催展覧会図録』が刊行され、同時に「船首王後墓志銅版拓影」と「唐銀鋌影印」との二枚が紙筒に入れて配布された。第一室には、国宝の元永本『古今和歌集』をはじめ、「船首王後墓志銅版」「唐銀鋌」や敦煌出土と銘打った仏典八点が並べられた。仏典の二番目が「八

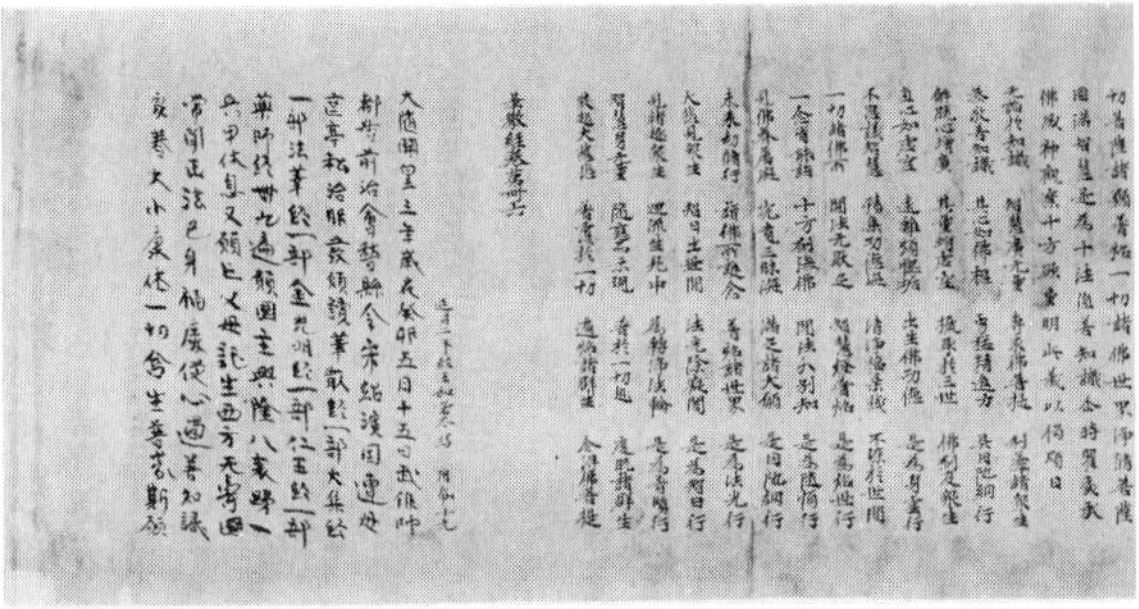

図１　大方広仏華厳経巻第四六　巻末（『敦煌写経――北三井家』財団法人三井文庫より）

華厳経　巻第四十六　北魏延昌二年写　一巻」であり、図版に巻末八行と奥書の写真が掲載された。その解説文には、

　首部欠損。発端「利海微塵等」。黄紙墨罫墨字。紙数現在十六張。巻末に、「延昌二年経生和常太写　用紙十九」とあり、更に別筆にて「大随（隋）開皇三年歳在癸卯五月十五日」納経発願の奥書がある。延昌二年は北魏宣武帝即位十五年（五一三）わが継体天皇七年。一千四百二十三年前。開皇三年は隋楊堅帝を称して三年（五八三）。我が敏達天皇十二年。千三百五十三年前に当る。

と書かれていた。行文の都合上、写真（図1）に即して奥書の部分を移録しておこう。

　大随開皇三年歳在癸卯五月十五日。武候帥／都督・前治会稽県令宋紹演、因遭母／

喪、亭私治服、発願読華厳経一部・大集経／一部・法華経一部・金光明経一部・仁王経一部・／薬師経卌九遍。願国主興隆、八表帰一、／兵甲休息。又願亡父母託生西方天寿国、／常聞正法。己身福慶従心、遇善知識。／家眷大小康休。一切含生、普蒙斯願。

この『華厳経』写経が紹介されるや、北魏延昌二年の古写経という点よりも、隋開皇三年五月の宋紹演の納経発願のなかの「又願亡父母託生西方天寿国、常聞正法」とある文面により、学界の注目を浴びることになった。すなわち、願文の「託生西方天寿国」が、奈良斑鳩の中宮寺伝来の天寿国繡帳にかかわる『上宮聖徳法王帝説』に「応生於天寿国之中」とあった文言との類似に関心が寄せられたのである。

三井文庫蔵の『華厳経』写経の奥書に最初に言及したのは、常盤大定であった。常盤はまず、一九三六（昭和十一）年刊の『仏教考古学講座』（雄山閣）第一巻経典篇に収める、「大蔵経概説」の単行本の条で取り上げ奥書を移録し、一九三八年には、三月刊の『後漢より宋斉に至る訳経総録』（東方文化学院東京研究所）の図版として、この『華厳経』巻第四六の奥書の写真を掲載し、六月に『支那仏教の研究　第一』（春秋社）を出版した際も、巻頭に奥書の写真を玻璃版として掲げるとともに、「天寿国について」と題する章を設けてほぼ同じ趣旨を述べた。

常盤『支那仏教の研究 第二』によると、「或は无寿国でないかの説もあるとの事であるが、この奥書のものは判然天寿国である」と断った後、「この託生西方天寿国は、西方とある以上西方浄土である事が、容易に想定せられる。予は一層之をたしかめんが為に、北魏より北斉・北周・隋に亙る間の造像銘文を取調べて見て、其中に於て、明白に往生信仰の表はれて居るものを選び出して、少くも五十六個を得た」（二〇二頁）と述べ、開皇三年の奥書と頗るその文句の類似しているものは、つぎの二個であるとして、東魏天平四（五三七）年の「託生西方妙楽世界、不遥三塗、値仏聞法、一切衆生、咸同斯福」と、東魏武定元（五四三）年の「託生西方妙楽国土、生生世世、値仏聞法。……」を引用した。出典は明示されていないが、大村西崖『支那美術史彫塑篇』（仏書刊行会図像部、一九一五年）本篇の二五五頁と二六四頁に著録された石刻銘文に該当する。

常盤は「以上の五十六例を以て、往生信仰の明白なものは尽きる。之を通観するに、西方の信仰は断然優位を占めて居る。是等多数の類例を掲げ来る時は、天寿国の曼荼羅は、開皇三年の奥書に見られる西方天寿国のそれであり、而して西方天寿国は西方妙楽国土であるに相違ない」（二〇四頁）、と結論したのである。

これに反駁したのが大屋徳城で、まず『寧楽仏教史論』（東方文献刊行会、一九三七年）一二二―一二三頁で疑問点を指摘し、つぎに「最近の天寿国問題に就いて」（『密教研究』七〇、一九三九年。のち『日本仏教史論攷』〈大屋徳城著作選集〉、国書刊行会、一九八九年に再録）を書き、常盤の言う「西方天寿国」は「西方无寿国」と読むべく、「西方无量寿国」の量の字を落としたものである、と述べつつ、持論の天寿国霊山浄土説を確認している。

一九三九（昭和十四）年十二月三日に三井家の笄町集会所を会場として開催された第二十五回の東京大蔵会に、『華厳経』巻第四六を含む三井文庫襲蔵の敦煌出土、六朝・隋・唐の写経三十三点が展観され、十点の図版を含む、B6判の展観目録が作成された。参加した横超慧日は、当日の拝見記を昭和十四年十二月七日付『教学新聞』（教学新聞社発行）に寄稿し、問題の『華厳経』巻第四六の奥書を特に取り上げ、

常盤博士は嘗てこの奥書に基いて、従来定説を見なかつた聖徳太子の天寿国なる信仰が確に西方浄土なるべきを論証せられたが、吾人の見る所では天寿国の天の字がどうしても无の字のやうに思はれてならぬ。従つて常盤博士の説に一歩を進め无寿国は无量寿仏国の略と解して「願はくは亡父母西方浄土に託生せん」と読みたいが、西方天寿国と読まねばならぬ理由が別にあるか知らん。

と述べていた。

「西方无寿国」と読むべしとした大屋と横超の説に対して、否定したのが岡部長章で、新たに写真撮影そして赤外線感光の乾板を用意しての撮影を行なった上で「三井家蔵華厳経奥書の即物的考察」（『日本歴史』一二〇、一九五八年）と「天寿国問題の真相と開皇の清信士宋紹演の願文」（『書品』九一、一九五八年）を発表し、「西方天寿国」と読むべきであると論じた。

先に言及した大橋一章『天寿国繡帳の研究』の「第六章　天寿国の解釈」は、鎌倉時代以降に提案された数多の解釈をていねいに跡づけ、無量寿国説と弥勒の兜率天説の二説が有力とした上で、最終的に無量寿国説に左袒している。しかし、三井文庫蔵の『華厳経』奥書が紹介されて以後、常盤をはじめ大屋・横超・岡部、そして大橋に至るまで、誰も問題の『華厳経』奥書が贋物、すなわち近代作成の偽写本であるとの疑問を抱きはしなかったのである。

敦煌出土とされる三井家蔵『華厳経』の真贋については次節以下で検討するとして、奥書に記された文言が「西方天寿国」なのか「西方无寿国」なのかに関しては、近年、三井文庫の全面的な協力体制のもと、写本の現物に即して筆跡鑑定した専門家の石塚晴通と赤尾栄慶は、「西方无寿国」と判定した。お二人の鑑定結果を私は尊重する。

二　宋紹願経の七部経に『華厳経』は含まれない

一九五六（昭和三十一）年に、大英博物館所蔵のスタイン将来敦煌文献の焼き付け写真が京都大学人文科学研究所に届き、藤枝晃が関西一円の研究者を鳩合した共同研究班を組織した。翌年には、ジャイルズ編『大英博物館所蔵敦煌写本解説目録』(2)が刊行され、三井家蔵『華厳経』の奥書「大随開皇三年。歳在癸卯。五月十五日。武候師都督前治会稽県令宋紹演」をもつ願経と密接に関連するものとして、すでに矢吹慶輝の『鳴沙余韻』（岩波書店、一九三三年）に図版09―Ⅳとして紹介されていた、奥書に隋の開皇三年の武候帥都督宋紹の名の見える願経『大集経』巻第一八が、目録番号一五八九（いわゆるスタイン本三九三五号）として解説されたばかりか、仏弟子宋紹の願経『大集経』巻第二五が、目録番号一五九二（スタイン本五八二号）として解説された。ジャイルズの解説目録には、『大集経』二点に附された宋紹の奥書が移録されたのである。

二つの願経の奥書を写真に即して移録しておこう。

※大集経巻第一八の奥書（スタイン本三九三五号）

開皇三年歳在癸卯五月廿八日。武候帥都督／

宋紹、遭難在家、為亡考妣、発願読／
大集経・涅槃経・法華経・仁王経・金光／
明経・勝縵《ママ》経・薬師経各一部。願亡者／
神遊浄土、永離三塗八難、恒聞仏法。／
又願家眷大小、福慶従心、諸善日臻、／
諸悪雲消。王路開通、賊寇退散、疫／
気不仟、風雨順時。受苦衆生、速蒙／
解脱、所願従心。

※大集経巻第二五の奥書（スタイン本五八二号）

仏弟子宋紹読七部経、所願／
従心。

前者には武候師都督の宋紹が亡くなった考妣つまり父母のために『大集経』をはじめ『涅槃経』『法華経』『仁王経』『金光明経』『勝鬘経』『薬師経』の合わせて七経を読み、亡父母の神が浄土に遊んで、つねに仏法を聞くことを願い、最後に受苦の衆生が速やかに解脱を蒙り、所願従心ならん、と書かれている。後者の奥書に仏弟子の宋紹が七部経を読み、所願従心ならん、とあるのは、前者の要点を記したものであろう。開皇三年五月二十八日の前後に、宋紹が亡父母のために読んだのは七部経、すなわち『大集経』『涅槃経』『法華経』『仁王経』『金光明経』『勝鬘経』『薬師経』の七経であり、『涅槃経』と『勝鬘経』はあるが、三井文庫蔵のような『華厳経』は含まれていなかったし、六経でもなかったのである。

ちなみに、藤枝晃は無紀年の敦煌写経の年代鑑定に役立てるべく、『墨美』九七（一九六〇年）〈敦煌写経〉特集を編集した。本文「敦煌写経の字すがた」に続いて、図版「スタイン収集中の紀年敦煌写経三三例」を選択した際、十三例目として三九三五号『大集経』巻第一八を選択したのみならず、その奥書を巻末の「図三四　奥付選影」の一つとして選んだ。この宋紹の願経を藤枝が解説した時、三井文庫蔵の宋紹演の願経『華厳経』に言及しなかったのは、真偽の判断に躊躇していたからであろう(3)。

ところで、一九六〇（昭和三十五）年春から藤枝主宰の敦煌写本研究班に出席していた私は、二十年ばかり後に、唐の高宗朝から玄宗朝にかけての、中国社会における仏教の受容の実態を考察する論考「唐中期の仏教と国家」（福永光司編『中国中世の宗教と文化』京都大学人文科学研究所、一九八二年、所収。のち礪波護『唐代政治社会史研究』〈東洋史研究叢刊40〉同朋舎出版、一九八六年、および『隋唐の仏教と国家』中公文庫、一九九九年に再録）を執筆して、第一次史料である当時の写経の跋文奥書と造像銘文を検討し、学界の通説に再吟味を加えた。

その際、隋唐初の紀年をもつ敦煌将来の写経跋で、無量寿仏や阿弥陀仏に言及するのは浄土教経典のみには限らないことや、中国撰述経であるスタイン本四五六三号『大通方広経』巻上の隋・仁寿三年の奥書に「命過ぎし已後は、西方无量寿国に託生し（命過已後、託生西方无量寿国）」とあり、スタイン本二一三一号『大般涅槃経』巻第三九の巻末に、本文とは別筆で加えられた唐・貞観元年の奥書に「読誦して一切衆生の、耳に聞声する者をして、永く三途八難に落ちず、阿弥陀仏に見えんことを願うが為にす（読誦為一切衆生耳聞声者、永不落三途八難、願見阿弥陀仏）」とあるのを引用した上で、
ここでは、隋の仁寿三年、西暦六〇三年の写経跋に無量寿国の名がみえたのに対し、唐の貞観元年、西暦六二七年の奥書に阿弥陀仏の名が挙げられていることに注目しておきたい。七世紀初頭、隋から唐初にかけての中国社会で、無量寿仏の名が阿弥陀仏の名におきかえられていく様相の一端が、これらスタイン本敦煌写経跋から、うかがえるわけである。

と結論したのであった（『唐代政治社会史研究』四〇九頁、『隋唐の仏教と国家』九八―九九頁）。

そして唐の高宗・武后期に『観音経』が西方阿弥陀浄土思想と結びついていた一端を、スタイン本敦煌写本の検討を通じて示した際、『守屋孝雄氏蒐集古経図録』（京都国立博物

館、一九六四年）の二二一『観世音経』の奥書に「伏願已亡之父、託生西方妙楽浄土」とあり、亡くなった父が西方妙楽浄土に託生せんことを願っている次第が読みとれる、と書きはしたが、

本章では、各地の収蔵家の蒐集にかかる敦煌写本にはなるべく言及しない方針をとりたいので、これはあくまでも参考文献として引用するにとどめておきたい。

と特に断った（『唐代政治社会史研究』四一五頁、『隋唐の仏教と国家』一〇七頁）のは、長年にわたる藤枝の教訓を実践したからであるが、とりわけ三井文庫蔵の『華厳経』巻第四六の奥書、「又願亡父母託生西方天寿国、常聞正法」の文言を意識してのことなのであった。なお北京図書館蔵の敦煌写経のなかに、開皇三年の宋紹の願経、『大集経』巻第二六がある。すなわち、

※大方等大集経巻第二六の奥書（北京図書館本一一二五）

開皇三年歳在癸卯五月廿八日。仏／
弟子武候帥都督宋紹、遭難在家、／
為亡考妣、読大集経・涅槃経・法／
華経・仁王経・金光明経・勝縵《ママ》／
経・薬師経各一部。願亡考妣、神／

遊浄土、不経三塗八難、恒聞仏／
法。又願家眷大小康住、諸善日／
臻、諸悪雲消、福慶従心。王路開／
通、賊寇退散。受苦衆生、悉／
蒙脱解、所願従心、一時成仏。

である。しかし、これは、北京図書館善本部『敦煌劫余録続編』（線装油印、一九八一年）の第二葉裏に、

尾題　開皇三年歳在癸卯五月廿八日仏弟子武候……等字十行　疑偽

と注記されているように、所蔵機関である北京図書館自体が偽写本と判定したもので、贋物であることに疑問を差し挟む余地はなかろう。

三　敦煌写経の偽写本――三井文庫蔵の『華厳経』奥書

一九九〇（平成二）年に池田温は『中国古代写本識語集録』（東京大学東洋文化研究所）を刊行し、五節からなる解説の文章を執筆した。その「五　存疑の問題」で、敦煌写本の真偽の鑑別に関して、日本国内にある敦煌蒐集とされる写本の九五パーセント以上が偽物、

とする藤枝の所見を紹介した池田は、日本にある敦煌写本の真偽比率についていえば、藤枝の判定ほど偽が圧倒的ではなく、真品が相当存在すると述べた。そして真偽に問題を含むとみられる百余件の写本には表題の下に「疑」を加えつつ移録し、

本書では既に学界に知られた資料は真偽を問わず蒐録する方針で臨んだ。現在中国古写本の研究はなお草創の段階にあり、基礎的整理が甚だ不充分な状態にある。真偽の鑑別についても今後なさるべき作業が少なからず、その為には関係資料を見やすい形で提供することが有益と判断した結果である。（二七頁）

との見解を示した。池田はみずから編纂した『敦煌漢文文献』（〈講座敦煌5〉大東出版社、一九九二年）の「敦煌漢文写本の価値——写本の真偽問題によせて」[4]の章で、敦煌写本の偽物、真偽鑑別について、その見解を敷延する。

ちなみに、三井家蔵『華厳経』の宋紹演願経と、スタイン本三九三五号および北京図書館一一二五の『大集経』の宋紹願経の願文の個所は、黄徴・呉偉編校『敦煌願文集』（岳麓書社、一九九五年）八四七—八四九頁に著録される。三井家蔵『華厳経』の宋紹演願経の奥書を移録するに際しては、「又願亡父母託生西方無〔量〕寿国、常聞正法」として、「量」原脱、という校記を附し、「西方天寿国」という説を無視している。また北京図書館一一二五の『大方等大集経』については、『敦煌劫余録続編』と『中国古代写本識語集録』

が偽と判定していたという校記を附している。

ついで劉長東『晋唐弥陀浄土信仰研究』(巴蜀書社、二〇〇〇年)の「第三章　弥陀浄土信仰的興隆期——隋代」の「第三節　隋代弥陀浄土的信仰表現」では、隋朝皇室と弥陀浄土信仰の関係を論述し、ついで隋朝官僚階層のなかで弥陀信仰に関係のあった者として、宋紹演(或宋紹)の項を掲げて考察した際も、『敦煌願文集』に依って、「又願亡父母託生西方無〔量〕寿国、常聞正法」と移録している。

敦煌発見の古写本の真偽問題にやや冷淡だった中国の学界、出版界も、二十一世紀が幕を開くやいなや、関心を示しはじめた。まず敦煌蔵経洞発見一百年を紀念する国際学術研討会論文集である郝春文主編『敦煌文献論集』(遼寧人民出版社、二〇〇一年)が刊行されたが、その巻頭の栄新江「敦煌蔵経洞文物的早期流散」の「1．廷棟旧蔵」に、三井家に敦煌経巻が購入される経緯が、明らかにされた。栄新江によると、敦煌蔵経洞を発見した王道士は、早い時期に一箱の経巻を安粛道道台である満人の廷棟に献上したが、廷棟はあまり興味を示さず、彼の側近の人たちの間に分散した。廷棟旧蔵の敦煌写経数百巻を入手した人物の筆頭が張広建(一八六七—?)で、遅くとも一九二九年以前に白堅(一八八三—?)の手を経て、三井家に売却された。したがって、三井文庫所蔵の写経百十二件の大多数は佳良なのである、と。本書には敦煌文献の真偽に関する日本人の論文二篇、すなわち赤尾栄慶「関于偽写本的存在問題」と石塚晴通「敦煌写本的問題点」が掲載されている。

また栄新江『敦煌学十八講』（北京大学出版社、二〇〇一年）の「第十八講　敦煌写本的真偽弁別」では、藤枝の所説の行きすぎに注意を喚起し、特に李盛鐸（一八五八―一九三七）の旧蔵にかかる敦煌写本について、生前に所蔵していたものは真品で、李自身は偽造に関与しなかったこと、死後に旧蔵の善本は北京大学図書館に購入されたが、その際に印章を購入せず、古書店の手に入り、店主が高値をつけるために古書や敦煌写本に捺印した結果、李盛鐸の蔵書印の捺された大量の偽造品が出現した、と述べた。

二〇〇三（平成十五）年に、三井文庫蔵の『華厳経』に関する研究史上、画期的な成果が公表された。赤尾栄慶の編著である『敦煌写本の書誌に関する調査研究――三井文庫所蔵本を中心として』（京都国立博物館、科学研究費成果報告書）[5]と赤尾「書誌学的観点から見た敦煌写本と偽写本をめぐる問題」（『仏教芸術』二七一〈特集　敦煌学の百年〉）である。

前者巻頭の赤尾「調査概要」によれば、二〇〇〇年度から三カ年にわたり、敦煌写本百十二件の書誌学的調査を実施し、偽写本を除く写本について、一紙ごとの法量・一紙の行数・界高・簀目の数・奥書などの書誌学的データを詳しく採録した成果を纏めたものである。全体を通して、三井文庫所蔵本には、唐時代七・八世紀に書写された写本に、「長安宮廷写経」と見られる写経など、優品が数多いが、偽写本と判断された写本のなかに、

『大方広仏華厳経』巻第四六も含まれている、と特記されている。

「三井文庫所蔵敦煌写経の伝来と調査の経緯」は、三井文庫学芸員の清水実と樋口一貴による報告である。藤枝晃の研究により、敦煌写経として伝世しているもののなかに偽物が多く含まれていることが明らかにされ、世界的な見直しが求められるようになった。そのような時流のなかで、赤尾栄慶（京都国立博物館）・石塚晴通（北海道大学）・富田淳（東京国立博物館）から、タイミングよく科学研究費による調査研究の依頼があったので、館蔵の敦煌写経に徹底的な検討を加えるべく依頼を受け入れた、と述べる。

「三井文庫所蔵敦煌写経目録」によれば、全部で百十二点の敦煌写経のうち、「存疑」と判定されたのが七十八点、『華厳経』巻第四六も「存疑」と判定されている。すなわち三十四点は真品であると鑑定されたことになる。「存疑」と判定した写本については書誌学的データを示さない方針にもかかわらず、「参考図版」として『華厳経』も巻末の個所と拡大部分の写真を掲げるばかりか、石塚「華厳経巻第四十六の問題点」が特別の扱いで掲載され、中文訳が載っているのである。石塚の小論文のうち、前半の書誌学的データの部分などは省略して、要点を移録しておこう。

手の込んだ近代の偽写本の一である。奥書にある延昌二年（五一三）の写本とするには、料紙が隋風の薄手漉樹皮紙であり北魏写本と異り、書体も北魏写本と異る（用筆ガ軟毛筆デアリ北魏ノ剛毛筆ト異ル）ので具合が悪く、問題外である。延昌奥書は本奥書であり、隋の開皇三年（五八三）の写本とすると、一見書体や字体及び料紙は隋風であるが、料紙の古色が不自然である。また同様に開皇三年宋紹演の奥書を有つ大英図書館S・三九三五大方等大集経巻第十八の書式（一紙長三七・五㎝、二三行取）と違い過ぎるのも気懸りである。（三二一頁）

『仏教芸術』の赤尾「書誌学的観点から見た敦煌写本と偽写本をめぐる問題」の本体は、「料紙と書写の形式の変遷」「真偽問題に関連した学界の動向」「偽写本と見られる具体的な例」から構成されている。そして「偽写本と見られる具体的な例」として取り上げた二点の写本の内の一点が、三井文庫所蔵の『華厳経』巻第四六なのである。赤尾は、この写経の紙色がスタインやペリオコレクションの写本とは明らかに違う不自然な濃い褐色系の紙色であること、料紙の法量が縦は二六・五センチ、横は四五・一センチから四七・四センチであり、一紙に書写されている行数は基本的には二十八行で、このような形式は一般的には七世紀以降に見られることなどを指摘した上で、これは六世紀の写本ではなく、二十世紀初頭に造られた偽写本と判定せざるをえない状況である、と判定している。

石塚と赤尾による鑑定の文章は、ともに説得力がある。この三井文庫蔵の『華厳経』は、一九三五年に初めて識者に公開されてから足掛け七十年。その間、奥書の文言の判読と解釈を巡って論争が繰り返されてきた。しかし手の込んだ近代の偽写経と判明したからには、今後は中宮寺の天寿国繡帳の解釈に援用されるべきではあるまい。

ところで、大橋一章・谷口雅一『隠された聖徳太子の世界――復元・幻の天寿国』の「第四章　謎の「天寿国」を探せ！」（谷口雅一執筆）では、三井文庫蔵の『華厳経』の奥書を天寿国＝阿弥陀浄土説を強力に裏づける史料として用いるに先立ち、「阿弥陀浄土に往生して天寿を得る――中国山東省での発見」の節で、実見した千仏山の阿弥陀像の造像銘を移録している。これは清・陸増祥撰『八瓊室金石補正』巻二四に「大像主呉題記」として著録、顧千里旧蔵の拓本が北京図書館金石組編『北京図書館蔵中国歴代石刻拓本匯編』第九冊（中州古籍出版社、一九八九年）八三頁に収録されているものである。阿弥陀像一軀を造って、衆生が天寿を保つことを願ってはいるが、ありふれた「天寿」という文言があるからとて、この造像銘で天寿国＝阿弥陀浄土説を裏づけるのは強引すぎるであろう。

四　重興仏法の菩薩天子は隋文帝である

大橋一章と谷口雅一の共著『隠された聖徳太子の世界――復元・幻の天寿国』は、お二人によるプロローグ対話とエピローグ対話のほか、本体は全九章からなり、大橋が四章分を、谷口が五章分を分担執筆していて、「第八章　聖徳太子にとって天寿国とは何か」は第四章と同じく、谷口が執筆している。その冒頭の「聖徳太子が憧れた中国の菩薩天子」で、聖徳太子が六〇七（推古十五・大業三）年に国書を送った中国の皇帝、「海西の菩薩天子」とは誰のことなのかにつき、研究者によって、隋の初代皇帝文帝を指す人もいれば、二代煬帝を指すという人もいるが、今は断然、煬帝説をとると書いた上で、つぎのような議論を展開している。

たとえば、こんなデータがある。仏教経典の整備・写本九十万三千五百八十巻、古像の修理十万千体、新像の鋳刻三千八百五十体。これは煬帝が、その治世十四年の間に行った仏道実践の数である。ちなみに、経典の写本に関しては文帝二十四年間の治世でも、煬帝の七分の一の数でしかない。

文帝が篤い仏教信者だったことは確かだが、煬帝はそれ以上に篤い信者だった。云々。（二六五頁）

谷口はデータの論拠となる原典を提示してはいないが、「護法菩薩」の再来と称された隋唐初の法琳撰『弁正論』巻三・十代奉仏篇上の隋の記事であり、煬帝の条には、

平陳之後、於揚州、装補故経、幷写新本。合六百一十二蔵、二万九千一百七十三部、九十万三千五百八十巻。修治故像一十万一千軀。鋳刻新像三千八百五十軀。所度僧尼

一万六千二百人。（『大正蔵経』五二巻五〇九頁下段）

とある。しかし、文帝の条には、

自開皇之初、終於仁寿之末、所度僧尼二十三万人。海内諸寺三千七百九十二所。凡写経論四十六蔵、一十三万二千八十六巻。修治故経三千八百五十三部。造金銅檀香夾紵牙石像等、大小一十万六千五百八十躯。修治故像一百五十万八千九百四十許躯。宮内常造刺繍織成像及画像、五色珠旛、五彩画旛等、不可称計。（『大正蔵経』五二巻五〇九頁中段）

と書かれ、文帝と煬帝の二代合計で、「寺有三千九百八十五所、度僧尼二十三万六千二百人」（『大正蔵経』五二巻五〇九頁下段）と記されている。

いかにも「経典の整備・写本」に限れば、文帝治世では「一十三万二千八十六巻」、煬帝治世の「九十万三千五百八十巻」の七分の一の数でしかない。しかし国家の仏教復興政策の観点から最も肝要な「寺院の創設」と「度僧尼」の数に注目して言えば、文帝の治世の方が圧倒的に多い。また、「古像の修理」は文帝治世の「一百五十万八千九百四十許軀」に対し、煬帝治世は「一十万一千軀」であり、「新像の鋳刻」は文帝が「大小一十万六千五百八十軀」であったのに対し、煬帝は「三千八百五十軀」である。同時代人の法琳（五七二―六四〇）による、この統計を目にし「文帝が篤い仏教信者だったことは確かだが、煬帝はそれ以上に篤い信者だった」と結論するのは、首肯しがたい。

この機会に、東洋史学を専攻して中国仏教史学の分野で輝かしい業績をあげた二人の先学、塚本善隆（一八九八―一九七六）と山崎宏（一九〇三―九二）の論考に依拠して隋の文帝と煬帝の仏教観、仏教政策の素描をしておこう。[6]

まず煬帝については、山崎『隋唐仏教史の研究』（法藏館、一九六七年）の「第五章　煬帝（晋王広）の四道場」「第七章　隋の高句麗遠征と仏教」の論旨を紹介する。

煬帝は仏教と道教の信者であった。晋王広の時期に揚州に僧と尼のための慧日道場と法雲道場、道士と女冠（女道士）のための玉清玄壇と金洞玄壇、いわゆる四道場を置き、『資治通鑑』巻一八一・大業六年正月の条に、帝は「その両都に在り及び巡遊するに、常に僧・尼・道士・女官を以て自随し、これを四道場と謂う（其在両都及巡遊、常以僧・尼・道士・女官自随、謂之四道場）」とあるように、即位後は地方巡遊の際さえも、僧・尼と道士・女道士に頼っていた。

晋王広が、五九一（開皇十一）年に兵乱を避けて廬山にいた天台智顗（五三八―五九七）を揚州に招き、菩薩戒と総持という法名を授けられ、智顗に智者大師の号を贈ったことは有名である。しかし、六〇四（仁寿四）年に即位した煬帝は、高句麗遠征に先立ち、戦費捻出を意図してであろう、道世撰『法苑珠林』巻一八に引く、唐臨『冥報記』（『大正蔵経』五三巻四一〇頁中段）に「大業五年、奉勅、融併寺塔」と記録するように、六〇八年に寺院融併令を発して、僧五十人未満の小寺を廃して附近の大寺に融併するとともに、僧侶の沙汰、すなわち徳業なき僧侶の還俗を命じたのである。ただし寺院融併令は六〇八年に発布されながら、緩やかに行なわれ、高句麗討伐の詔を発した六一〇年になって大規模に断行されたが、僧侶の沙汰は大規模には強行されなかったらしい。

つぎに文帝については、『塚本善隆著作集』第六巻〈日中仏教交渉史研究〉（大東出版社、一九七四年）の「第一　国分寺と隋唐の仏教政策並びに官寺」、および第三巻〈中国中世仏教史論攷〉（一九七五年）の「第五　隋仏教史序説——隋文帝誕生説話の仏教化と宣布」の論旨を紹介する。(7)

前者では、『隋書』倭国伝の「聞海西菩薩天子、重興仏法」と密接に関連する文言が、仁寿と改元した六〇一年の六月十三日、文帝還暦の誕生日の当日に、朝廷から舎利を諸州に分布し、三十所に舎利塔を建立させた詔（『広弘明集』巻一七所引。『大正蔵経』五二巻二一三頁中段）の冒頭に「朕帰依三宝、重興聖教」とあるのを紹介、「重興仏法」は文帝一代の治世そのものを指す言辞であって、文帝の詔勅などの文中に、しばしば見られる、と述べた。

後者では、道宣『集古今仏道論衡』乙に引く王劭述『隋祖起居注』（『大正蔵経』五二巻三七九頁上段）に、智仙尼により般若尼寺で養育された帝が、後にはたして山東より入りて天子となり、「重ねて仏法を興す。みな尼の言のごとし（重興仏法、皆如尼言）」とある文を紹介する。

塚本は引用しないが、王劭「舎利感応記」（『広弘明集』巻一七所引。『大正蔵経』五二巻二一三頁下段）に、智仙尼は北周武帝の廃仏を予想し、幼い文帝に「児《そなた》は当に普天の慈父となり、重ねて仏法を興すべし（児当為普天慈父、重興仏法）」と言った、と記録しているのである。

中国で仏教を受容する過程で、国家権力と仏教教団との緊張関係を象徴する、王法と仏法をめぐる論争、いわゆる「礼敬問題」は隋ではいかに推移したのか。文帝の治世では僧に拝君親を強いるような動きは全くなかったが、煬帝は大業三（六〇七）年四月、大業律令を頒下した際、雑令のなかに、沙門に帝および諸官長らを拝させる条を入れたのである。ただし大興善寺の明贍らの猛烈な反対運動が功を奏し、帝に対して致拝せよとの令文は、ついに空文化する。(8)

おわりに

およそ偽書や疑経といった、「偽」や「疑」という文字を含む題目を掲げた論考は、魅惑的である。中国古典籍に関する姚際恒『古今偽書考』や張心澂『偽書通考』、中国仏教史の分野における牧田諦亮の『疑経研究』、日本仏教史分野での藤枝晃の『勝鬘経義疏』偽撰説や、河内昭円の『三教指帰』偽撰説、また千本英史らによる日本古典文学における偽書の系譜の研究は、私には興味深くかつ有益である。(9) だが、本稿のような、二十世紀に中国で造られた、敦煌写本の贋物・偽物を話題にするのは、気が重かった。

しかし、NHKテレビの教養番組の影響は甚だ大きく、二〇〇一(平成十三)年十一月に歴史ドキュメント「隠された聖徳太子の世界――復元・幻の「天寿国」」が放映されると、数人の方から、聖徳太子が憧れた中国の菩薩天子は隋の煬帝であるという説などについて、私見を求められた。思案を重ねた末、この機会に、三井文庫蔵の『華厳経』は偽写経なので、天寿国曼荼羅の解釈に援用すべきではなく、(10)「重ねて仏法を興した海西の菩薩天子」は隋の文帝である、という私の論拠を示そうと、本稿を書き上げたのである。

注

（1）拙稿の初出は、*NEXTAGE* No. 50〈特集　悠久の中国1〉（住友商事株式会社広報室、一九九七年五月）。

（2）Lionel Giles, *Descriptive Catalogue of the Chinese Manuscripts from Tunhuang in the British Museum*. The Trustees of the British Museum. London, 1957, p. 39.

（3）藤枝晃は、敦煌写本の真贋問題について、具体的に贋物を指摘しなかった。ただ敦煌写本研究者には関心を持ってもらうべきであるが、広く一般の人びとにまで知らせるべき問題でもないと考え、京都大学人文科学研究所の欧文紀要に掲載の英文「敦煌写本総論」（*Zinbun* No. 9、一四—一五頁）で発表。藤枝『敦煌学とその周辺』（なにわ塾叢書51、ブレーンセンター、一九九九年）四六—五六頁および一八三—一八五頁参照。

（4）池田温『敦煌文書の世界』（名著刊行会、二〇〇三年）に「敦煌漢文写本の価値」のほか、予報とも言うべき「「敦煌文献」について」（『書道研究』五、一九八八年）も収載。

（5）本書は、先行の国際学術研究・学術調査の成果、赤尾編著『敦煌写本の書法と料紙に関する調査研究』（科学研究費成果報告書。京都国立博物館、一九九九年）を継承する。

（6）拙稿「日出づる国からの使節と留学生」（〈世界の歴史6〉『隋唐帝国と古代朝鮮』中央公論社、一九九七年）一一—一九頁は、多くを塚本善隆と山崎宏の業績に依拠している。

（7）塚本は「隋文帝の宗教復興特に大乗仏教振興」（『南都仏教』三二、一九七四年）においても、同じような見解を披露するが、『塚本善隆著作集』には収録されていない。

(8) 拙稿「唐代における僧尼拝君親の断行と撤回」(『東洋史研究』四〇―二、一九八一年。のち『唐代政治社会史研究』同朋舎出版、および『隋唐の仏教と国家』中公文庫に再録)。

(9) 小南一郎「偽書〔中国〕」(『大百科事典』平凡社、一九八四年)。牧田諦亮『疑経研究』(京都大学人文科学研究所、一九七六年)。前掲注(3)藤枝晃『敦煌学とその周辺』〈第三回/聖徳太子〉一〇七―一三六頁。河内昭円「『三教指帰』偽撰説の提示」(『大谷大学研究年報』四五、一九九四年)。千本英史編著『日本古典文学における偽書の系譜の研究』(科学研究費成果報告書。奈良女子大学文学部、二〇〇三年)。

(10) 勝鬘経義疏と天寿国繍帳の研究史は、大山誠一『〈聖徳太子〉の誕生』(吉川弘文館、一九九九年)および大山編『聖徳太子の真実』(平凡社、二〇〇三年)を参照。

附記(初出時)

脱稿後の一月二十四日、三井文庫別館で二〇〇四年新春展「シルクロードの至宝――敦煌写経」を参観した。赤尾栄慶・石塚晴通らにより真品と鑑定された写経三十四点を一堂に集め、本稿で検討した『華厳経』は「二十世紀初頭に造られた偽写本」と判定、参考展示されていた。同時に刊行された『敦煌写経――北三井家』は模範的な蔵品図録である。

魏徴撰の李密墓誌銘——石刻と文集との間

一　墓誌拓本集の相継ぐ出版

近年における唐代史研究の潮流として、豊富な唐人の墓誌銘を取り上げた成果の多いことが挙げられる。一九八〇年代になり、伝世の石刻史料および考古発掘によって新たに出土した墓誌銘類の拓本を輯録した大型の図録が、相継いで出版されてきたからである。

わが国の唐代史研究会が発足し、第一回夏季シンポジウムを開いたのが一九七一年。三十年目に当たる二〇〇〇年七月の、箱根における第二十八回夏季シンポジウムは「墓誌史料の再検討」と銘打って開かれ、その成果を盛り込んだ『唐代史研究』四（二〇〇一年六月）は、論説を「墓誌石刻特集」と題し、報告者による三論文のほか、詳細な高橋継男「近五十年来出版の中国石刻関係図書目録（稿）」と、時宜をえた氣賀澤保規「中国文物研究所の紹介――墓誌・文字資料の整理刊行に関連して」を追加収載している。これらの目録や紹介に目を通せば、一九八〇年以後に墓誌史料を駆使した研究が飛躍的に活発となった大要を知りうるが、行論の必要上、私なりに出版の経過と研究の推移を概観しておきたい。

唐代墓誌のうち、伝世の史料のほとんどは、清の王昶撰『金石萃編』と陸増祥撰『八瓊室金石補正』に収められている。ただし、それらの墓誌などを歴史史料として利用する王道は、原石から採択された拓本、それも古拓について読解することなのであるが、その機会に恵まれない場合、次善の策としてなるべく拓本の写真を掲載した図録類の参照が望まれる。また、近年に出土した墓誌に関しても、雑誌などに移録された文言を安易に信用することなく、拓本写真が掲載された報告書や墓誌集に依拠すべきこと、贅言するまでもあるまい。

墓誌を唐代に関する編纂史料の空白を埋めようとして活用した最初の成果は、粗末な用紙に印刷された、夏鼐『考古学論文集』〈考古学専刊甲種第四号〉（科学出版社、一九六一年）の「Ⅱ2　武威唐代吐谷渾慕容氏墓誌」であり、著者がみずから武威の南山で発掘に従事した二方の墓誌と武威県の文廟で見た四方の墓誌を綿密に検討して、両唐書の吐谷渾伝の欠失した部分を大いに補足し、年表を作成して、吐谷渾が滅びる前後の史実を明らかにしたものであった。二十年後に夏鼐『中国考古学研究』（学生社、一九八一年）で私が邦訳した際、その後に出土した二方の墓誌の著者自筆の移録文を送ってこられたので、合わせて掲載しておいた(1)。

わが国で唐代墓誌の拓本が珍重されたのは、史学研究者によってではなく、書道愛好家によってであった。文化大革命が始まる半年前の一九六五年秋に、中国から第二次大戦後初めて古美術品を海外に持ち出し、東京・大阪・小倉を巡回し展覧されたのが、毎日新聞社と日本中国文化交流協会主催の「中国二千年の美――古陶磁と西安碑林拓本展」であった。その翌年に出版された超豪華版の西川寧編『西安碑林』（講談社、一九六六年）には、新出土の永泰公主墓誌や会王墓誌の拓本写真が収録された。本書の出版も契機となり、折から刊行中の『書道全集』は、第二六巻〈中国15　補遺〉（平凡社、一九六七年）に張九齢墓誌や会王墓誌の唐墓誌銘が載せられた。

唐の国都長安城の周辺の墓地から出土した唐代墓誌については、文化大革命の前後の時期に、夏鼐が所長を務めた考古研究所の編著にかかる二冊の「中国田野考古報告集、考古学専刊」が、中国では画期的な報告集であった。一冊は、中国科学院考古研究所編著『西安郊区隋唐墓』〈丁種第一八号〉（科学出版社、一九六六年六月）である。文化大革命の勃発により、学術誌『文物』や『考古』が、五月号を最後として休刊となった直後の六月第一版とされる本書は、印刷は完了したが、製本する段階で、人目に触れぬように密閉されていたそうである。その痕跡は、密閉された場所の湿気のため、カラー図版の一部分が剝がれている点に認められる。

この『西安郊区隋唐墓』が製本され発売されるのは、文化大革命が一段落した七〇年代の半ばで、附録として十八方の「墓誌録文及考釈」と拓本写真が掲載されている。二冊目は中国社会科学院考古研究所編著『唐長安城郊隋唐墓』〈丁種第二二号〉(文物出版社、一九八〇年九月)で、六つのお墓の発掘報告で、多くの副葬品を網羅するとともに、墓石の蓋と墓誌の拓本写真も掲載された。全国誌の『文物』や『考古』は一九七二年の初めに復刊していたが、七八年発刊の河南省の『河南文博通訊』が『中原文物』と改題するのは一九八二年で、陝西省の『考古与文物』、湖北省の『文物研究』などが新たに発刊されたのは、八〇年のことなのである。

唐代史研究の分野で『元和姓纂四校記』や『唐史余瀋』といった堅実な著作を上梓していた岑仲勉の『金石論叢』(上海古籍出版社、一九八一年)の自序は、一九五九年国慶節の日付で書かれている。種々の困難をくぐり抜けて二十二年後に公刊された本書には、「貞石証史」「続貞石証史」など、墓碑や墓誌を用いた緻密な考証論文が満載されている。特に岑仲勉が「貞石証史」の巻頭に記した短文では、清代の金石家には二つの弊害があったと指摘する。一つは石刻を過信すること。すなわち墓碑や墓誌の大半は学術寡陋の士によって書かれるのに対し、史伝の著者はおおむね世の通人なので、石刻と史書の間で異同がある場合、石刻の方が正しいとみだりに言ってはいけないのである。二つは史書の過失を偏えに責めること。すなわち史書に書かれていない経歴などが石刻に見える場合、金石家はややもすると「史の失載」と責めがちであるが、重要な人事異動なら責めるのもいいが、そうでない場合は、責めてはいけない。いかにも首肯すべき見解である。

一九八〇年代に入ると、まるで申し合わせたかのように、墓誌の拓本写真を満載した図録が、洋の東西で刊行された。鏑矢の役を担ったのは饒宗頤主編『唐宋墓誌・遠東学院蔵拓片図録』（中文大学出版社、一九八一年）であり、数年後に河南省文物研究所・河南省洛陽地区文管処編『千唐誌斎蔵誌』上下（文物出版社、一九八四年）、毛漢光撰『唐代墓誌銘彙編附考』第一―一八冊（中央研究院歴史語言研究所、一九八四―九四年）や、李希泌編『曲石精廬蔵唐墓誌』（斉魯書社、一九八六年）が、つぎつぎに刊行ないし刊行を開始したのである。

三百七十方の唐代墓誌を収録した『唐宋墓誌・遠東学院蔵拓片図録』は、図版が小さく不鮮明だったので活用しにくかったし、九十三方の唐墓誌を収めた『曲石精廬蔵唐墓誌』は、あまり特色はなかった。毛漢光撰『唐代墓誌銘彙編附考』は綿密すぎる編集だったが、惜しいことに玄宗朝の開元十五（七二七）年まで、一八冊目で出版は中断してしまった。それに引き換え、唐の副都洛陽の邙山から清末以降に出土した千二百余方の唐墓誌の拓本図版を収載する、鮮明な『千唐誌斎蔵誌』の出版は、官僚機構や財政機構、貴族制や学術史といった分野に関心をもつ内外の研究者に新史料を提供した。その代表的な論考として、唐代における有力貴族同士の通婚関係を精査した愛宕元「唐代范陽盧氏研究——婚姻関係を中心に」（川勝義雄・礪波護編『中国貴族制社会の研究』京都大学人文科学研究所、一九八七年）を挙げることができる。

中国社会科学院考古研究所編著『新中国的考古発現和研究』〈考古学専刊甲種第一七号〉（文物出版社、一九八四年）は、建国三十年を記念する企画で、最近三十年来の考古学界における成果を総括したものである。墓誌そのものについての記述はなかったが、墓葬の時期区分について説いている。

厖大な唐代墓誌の拓本図録の出版事業は、一九九〇年前後になって、ますます盛大となる。北京図書館金石組編『北京図書館蔵中国歴代石刻拓本滙編』隋唐五代十国・二十八冊（中州古籍出版社、一九八九年）は、『千唐誌斎蔵誌』と同じように年月日順に配列された、大部分が伝世の墓誌の拓本図録であって、その利用に便利な工具書として、徐自強主編『北京図書館蔵墓誌拓片目録』（中華書局、一九九〇年）が出された。さすがに伝統ある北京図書館金石組編の事業だけあって、信頼できる成果である。

ついで刊行された隋唐五代墓誌匯編総編輯委員会『隋唐五代墓誌匯編』三十冊（天津古籍出版社、一九九一—九二年）は、伝世の拓本のみならず、新たに出土した墓誌の拓本をも輯録したもので、初めて紹介された墓誌拓本もあった。墓誌の所在地ごとに纏めていて、洛陽だけで全体の半ばの十五巻分を占めているのは、唐代墓誌の出土状況を一目瞭然に示すものである。ありがたい出版であったが、張忱石「《隋唐五代墓誌匯編》挙正」（『出土文献研究』三、一九九八年）が述べるように、間違いが多く、利用には慎重さが求められる。

『千唐誌斎蔵誌』から『隋唐五代墓誌匯編』に至るＢ４判の厖大な拓本集を渉猟して、唐代の墓誌研究に新境地を開いたのが、中砂明徳「唐代の墓葬と墓誌」（礪波護編『中国中世の文物』京都大学人文科学研究所、一九九三年）であった。

学界での石刻拓本への関心の高まりに呼応して、一九九〇年春に京都大学文学部附属博物館で、「中国石刻拓本展」が開かれた。唐代の墓誌については、辛亥革命を避けて京都に亡命していた羅振玉（一八六六—一九四〇）が、帰国に際して京都大学に寄贈した墓誌のうち、「段会墓誌」と「崔府君夫人鄭氏合祔墓誌」の誌石と拓本を展示した。私は『出品図録』[2]に解説を書くとともに、「京都大学所蔵の唐墓誌」（唐代史研究会編『東アジア古文書の史的研究』刀水書房、一九九〇年）を発表した。

周紹良主編『唐代墓誌彙編』上下（上海古籍出版社、一九九二年）は、伝世の拓本にもとづいて年月日順に移録していて、便利であるが、拓本写真はない。新出土墓誌の鮮明な拓本と録文をともない、出土状況のデータも記録された書籍の出現が待望されていた。その渇を癒す見事な成果として出版されはじめたのが、中国文物研究所・河南省文物研究所編『新中国出土墓誌』河南〔壱〕上下（文物出版社、一九九四年）であり、中国文物研究所・陝西省文物研究所編『新中国出土墓誌』陝西〔壱〕上下（文物出版社、二〇〇〇年）が続刊された。今後が大いに期待される。なお栄麗華編・王世民校訂『一九四九―一九八九 四十年出土墓誌目録』（中華書局、一九九三年）は、氣賀澤保規編『唐代墓誌所在総合目録』（明治大学文学部東洋史研究室、一九九七年）および吉岡真『現存唐代墓誌研究――総合目録の作成』（福島大学教育学部、一九九八年）とともに、きわめて有用である。

二　文集所収墓誌銘の出土

節を改めるに当たり、「墓誌」という言葉について、「文学小事典」（週刊朝日百科『世界の文学』一〇三、中国〈歴史家の誕生〉、二〇〇一年）に寄稿した拙文を再録しておこう。

墓誌　二つの意味がある。第一には死者の事績などを石あるいは甎（瓦）に刻して墓の中に埋めたもの。第二に中国においては文章のジャンルの一つで、墓中に埋め、時代が移り変わっても墓の主が誰かを明らかにするための文のことをいう。墓主の伝記を書いた散文の「序」と墓主を褒め讃える韻文の「銘」とからなるので墓誌銘ともいう。また墓前に立てた石碑である神道碑とあわせて「碑誌」とよぶ。

墓誌は三世紀ころに現れ、北朝時代になると正方形の石に刻し、さらに上を蓋石で覆うようになり、題字を刻したり、華麗な文様を線刻したものもあり、図様には四神や蓮弁あるいは忍冬文などがあった。墓誌銘には抽象的な美辞麗句を連ねた形式的な文章が多かったが、唐の韓愈が墓主それぞれの個性を描写した伝記を書いて以後、古文家が力をそそぐ重要なジャンルとなった。ちなみに、墓誌や神道碑を拓本に採って鑑賞、研究する学問を金石学とよぶ。

同じく中国を対象とする学問に従事しても、歴史研究者と哲学・文学の研究者との間には、関心の所在に大きな違いがある。「墓誌」という語句についても、『アジア歴史事典』（平凡社、一九五九―六二年）の「墓誌」の項目を執筆した歴史学の外山軍治は、「中国において死者の事跡を石あるいは碑に刻して墓中に埋めたもの。銘文をともなって墓誌銘とよばれる。南北朝時代より始まった。……墓誌の形式は北魏に完成したといってよく、そののち隋唐あるいは遼宋になっても大した変化はみられない」と述べ、文体の一であることには全く言及しなかった。

一方、中国文学の清水茂は『平凡社大百科事典』の「墓誌」の項目を、「墓誌銘ともいう。本来、中国の文章のジャンルの一つで、墓中に埋め、時代が移り変わっても、墓の主がだれかをあきらかにするための文をいう」と書き始める。そして、「本来、墓主が判明すればよいのであるから、姓名、死亡および埋葬年月日、年齢などの記載さえ具わればよいのであるが、しだいに墓主の伝記を詳細に記すようになった。……墓誌銘の体例を説いたものに、元の潘昂霄《金石例》、明の王行《墓銘挙例》、清の黄宗羲《金石要例》があり、あわせて〈金石三例〉と呼ばれる。作品は、執筆者の文集に収められているのを見ることができるほか、最近は、考古学の発達により、発掘される実物も多く、……」と、文章の一ジャンルとしての説明に重点を置いているのである。

「墓誌」を中国文学史の重要部門として、その歴史的位置づけを明確にしたのは、吉川幸次郎であった。吉川は、まず『唐代の詩と散文』（教養文庫、弘文堂、一九四八年）を上梓した際、上篇「王昌齢詩」で盛唐の詩人王昌齢の三篇の詩を易しく読解したのにつづき、下篇「韓愈文」では最初に中唐の韓愈の地位について、「もし人間への関心が、増大され取りもどされた時代を、近世と呼ぶならば、宋以後の中国は、たとい西洋の近世とは全く様相を同じくはせぬにしろ、中国自体の歴史の比率の中では、その近世であろうが、韓愈は、歴史の流れを近世的なものへと転換させた重要な人物の一人である。そうしてこのことは文学史的にはまた、韓愈の出現を契機として、詩の時代が散文の時代へと移行したことを物語る」と述べた後、韓愈の三篇の墓誌銘、すなわち李元賓墓銘、薛公達墓誌銘、馬継祖墓誌の紹介と解読を行なったのである(3)。

韓愈の墓誌銘を含む「碑誌伝状」の文章について、吉川はその後も『漢文の話』(グリーンベルト・シリーズ、筑摩書房、一九六二年)の第七「近世の叙事の文章としての古文」では、十二歳で亡くなった娘の韓挐のための「女挐壙銘」を取り上げ、墓誌の文学的魅力を諄々と説き、韓愈をはじめとして、「唐宋八家」によって書かれた多くの碑誌伝状の価値を特筆した。しかし墳墓に対する畏敬の念から、盗掘はもちろん、陵墓の発掘を好まなかったので、出土墓誌に関心を示しはしなかった。

唐人の文集や総集に収められていた碑誌のうち、神道碑については、墓前に建てられ、衆人の目に曝されていたので、文集所収の神道碑と原石との間で、撰者の官職名や建立の年月日が省略されているといった点を除けば、文言の異同はない。しかし墓誌銘の場合は、土中に埋められ、人目に触れることを想定しないものなので、文集所収の文章が、墓石に刻された文章と同一であることを確かめようはずはなかった。

ところが、唐の著名人の手になる墓誌が出土し、拓本写真が公表される好機が訪れたのである。すなわち、武伯綸「西安碑林簡史」（『文物』一九六一年第八期）六頁に、西安碑林には魏から隋唐に至る墓誌が三百三十四方も収蔵されているとし、その代表例として説明なしに「白居易撰の唐会王墓誌銘」の拓本写真が掲載された。その四年後の一九六五年秋に、中国が第二次大戦後初めて古美術品を海外に持ち出し、東京・大阪と小倉で巡回展覧された「中国二千年の美――古陶磁と西安碑林拓本展」に、「会王墓誌」が展示されたのである。しかし、展覧会の図録『中国二千年の美』（毎日新聞社、一九六五年）には、この墓誌の拓本写真は掲載されなかった。鮮明な写真が掲載されたのは、翌年出版の西川寧編『西安碑林』（講談社、一九六六年）であり、さらにその翌年、『書道全集』第二六巻〈中国15　補遺〉（平凡社、一九六七年）に再録され、外山軍治が墓誌銘を移録するとともに、訓点を施したのである。

この墓誌は、『文物参考資料』第二巻第一〇期（一九五一年十二月）に「西北各地発現的文物」の陝西各県偶然発現的文物の一つとして紹介された「唐故会王墓誌」であって、一九四五年に長安県席王村の農民が土中で発見し、村廟の中に置いていたのを、一九五〇年冬に西北文化部文物処を経由して西北歴史文物陳列館に運び込まれ保管陳列された、とある。すると、陝西省博物館と李域錚・趙敏生・雷冰の共編にかかる『西安碑林書法芸術』（陝西人民美術出版社、一九八三年）の附録「一、西安碑林蔵石細目」三〇九頁に「一九五一年長安県席王村出土」とあるのは間違い、ということになる。ところが、李域錚編著『陝西古代石刻芸術』（三秦出版社、一九九五年）の「三、収蔵宏富的歴代墓誌」の「一七八会王墓誌」には、一九五二年に西安市灞橋区の滻河西浜より出土し、同じ坑からはまた陶製墓俑も発見され、ともに西安碑林に保存されている、とする。困惑せざるをえない。

白居易撰「唐会王墓誌銘」石刻拓本（図1）の出現は、『白氏文集』の会読研究班を主宰し、正確な校訂本の作成に熱中していた平岡武夫を喜ばせた。平岡は、「石刻と文集との間——白居易の会王墓誌銘を読む」（鳥居久靖先生華甲記念論集『中国の言語と文学』一九七二年）を執筆し、[4] 中田勇次郎編『中国墓誌精華』（中央公論社、一九七五年）で会王墓誌を担当した外山軍治は、平岡論文を踏まえた釈文と解題を行なったのである。

白居易奉勅撰の会王墓誌銘の誌石は、元和五（八一〇）年十二月十八日に土中に埋められ、その文章が十四年後に『白氏文集』巻二五に収められる際、字句にかなりの補訂が行なわれた。詳細は平岡論文に譲るとして、目立った異同を取上げておく。誌石に提行や空格があるのは当然として、誌石に「翰林学士・将仕郎・守京兆府戸曹参軍・臣白居易奉勅撰」とあった二十二字は、文集本にはない。これは誌石と文集本との、それぞれの定型の相違であろう。文集本に「越十二月十八日、詔京兆尹播監視葬事、……礼也。是日、又詔翰林学士白居易、為之銘誌。故事也」とあったうち、「是日、又詔翰林学士白居易、為之

図1　白居易撰「唐会王墓誌銘」（中田勇次郎編『中国墓誌精華』図版一〇〇より）

銘誌。故事也」の十八字は、誌石には刻されていなかった。これは推敲を重ねた上での添削であろう。

一九九〇年前後に『北京図書館蔵中国歴代石刻拓本匯編』『隋唐五代墓誌匯編』と、『唐代墓誌彙編』が刊行されるや、韓会王墓誌銘以外にも、韓愈の『韓昌黎集』や柳宗元の『柳河東集』に収載されていた墓誌誌石の拓本が紹介された。

韓愈撰の墓誌は二点。

「苗蕃墓誌銘――元和二年」（『北京図書館蔵』二一八〇八。『隋唐五代』「陝西」一―一二七。『韓昌黎集』巻二五）と「李虚中墓誌銘――元和八年」（『北京図書館蔵』二八三七。『隋唐五代』「洛陽」一三―一三。『韓昌黎集』巻二八）で、いずれも中華民国時代にすでに出土し、拓本は北平図書館に所蔵されていたもので、『唐代墓誌彙編』にも著録されている。

韓愈撰の墓誌石の文章が、文集所収のものとの間で細部の異同があるだけであるのに対し、柳宗元撰「崔蹈規墓誌銘――元和十四年二月癸酉」は、『隋唐五代墓誌匯編』「河南」九六と、『新中国出土墓誌』河南〔壱〕上冊二八七で初めて拓本が紹介されたというだけでなく、文集と石刻との間で文字の異同が多い点で注目される（図2）。

柳宗元撰の「崔蹈規墓誌銘」の蓋には篆書で「大唐故崔夫人墓誌銘」と題され、誌面は高さ広さともに四七センチである。一九八七年に鞏県芝田官荘村より、崔雍撰の「薛巽墓誌銘」と一緒に出土した。柳宗元の姉の女である崔蹈規は、薛巽の妻で崔雍の姉である。『柳河東集』巻一三（『全唐文』巻五八九）の「朗州員外司戸薛君妻崔氏墓誌」では「博陵崔簡女諱媛」とあったほか、巻四一に「祭崔氏外甥女文」が収められていた。崔簡の女は「媛」ではなく、「蹈規」であったことになる。従来の柳宗元年譜は、この墓誌銘を元和十二（八一七）年の柳州での作としてきたが、誌石により、訂正を要することになった。

白居易「会王墓誌銘」、韓愈「苗蕃墓誌銘」「李虚中墓誌銘」、柳宗元「崔蹈規墓誌銘」、

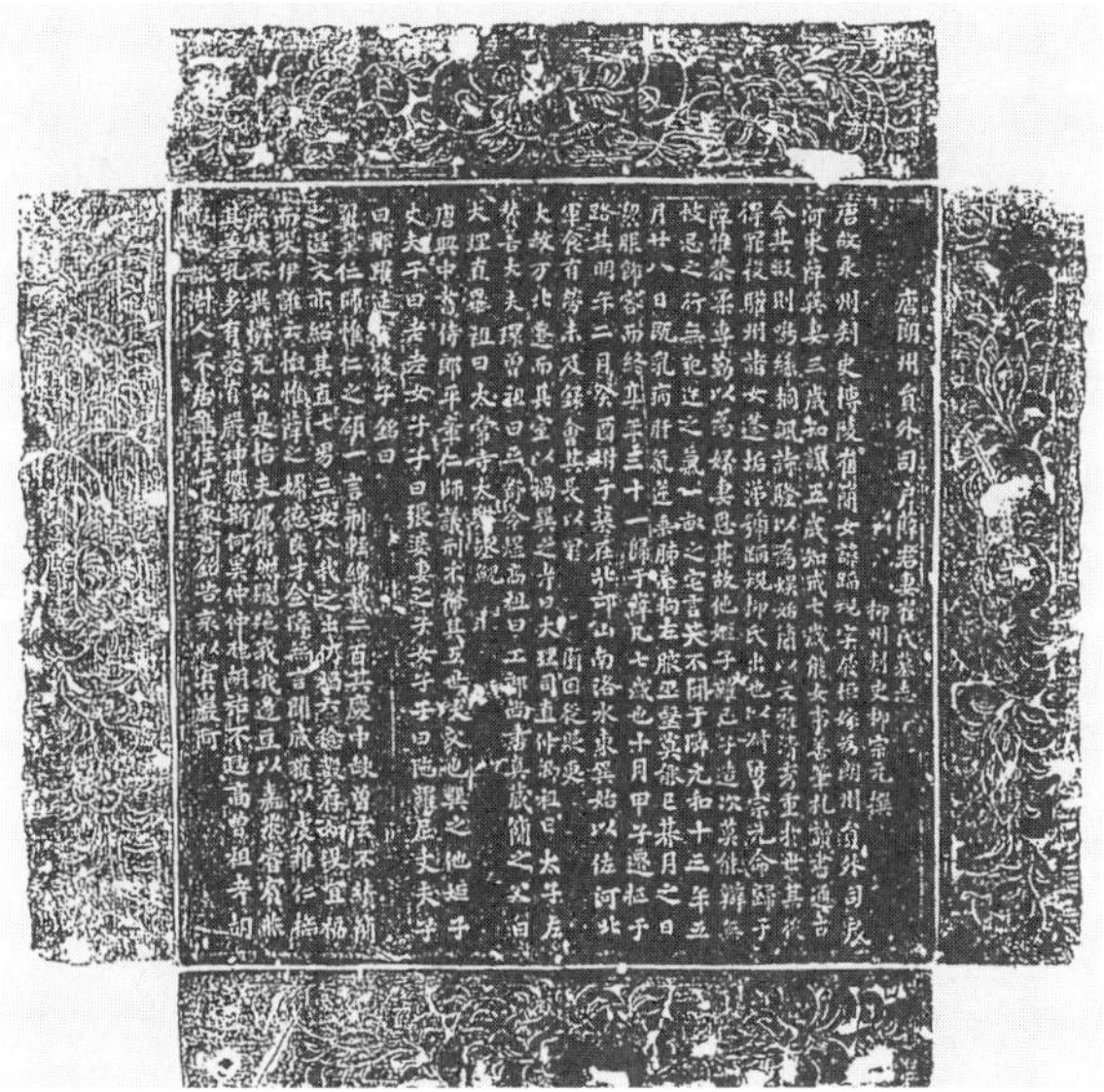

図２　柳宗元撰「崔蹈規墓誌銘」（『新中国出土墓誌』河南〔壱〕上冊二八七より）

これら四方の墓誌銘はいずれも憲宗朝の元和年間（八〇六—八二〇年）の作品であった。なお『唐代墓誌彙編』の「編輯説明」で言及するように、『金石萃編』などの金石書に収められていた墓誌銘を『全唐文』に収録した折、撰者の署銜が刪去されてしまっているので、注意を要する。

三　魏徴撰の李密墓誌銘――撰者と誌主と

第一節で言及した中砂明徳の論考「唐代の墓葬と墓誌」は、墓葬を論じた「一　旅櫬未だ帰らず」と、墓誌を対象とした「二　陵谷遷移すとも」の二章からなる。前者では、有名な文人たち、白居易や柳宗元らがかかわった墓葬についての興味深い挿話を紹介し、後者「二　陵谷遷移すとも」では、韓愈撰の「李元賓墓銘」ら三例の墓誌を挙げて墓誌本来の目的を超えた文学的価値を余す事無く説きあかした吉川幸次郎の業績を紹介した。その上で、撰者の韓愈が兄の孫女婿の于のために執筆した異色の作品「故太学博士李君墓誌銘」を取り上げている。『韓昌黎集』巻三四（『全唐文』巻五六四）に見える李于墓誌銘を詳細に検討した中砂は、誌主の事績に触れない異様さに注目した後、

こうなると、本物の墓誌であるかどうか勘繰って見たくもなる。残念ながらそれを検証する手立てはない。韓愈撰の他の墓誌拓本は僅かながら残存しているが、現行文集収載のものと引き比べると細部の違いがあるに過ぎない。しかし、この場合は遺族が書き替えを韓愈に要求したか、それとも別人に依頼しなおしたことも十分に考えられ、墓穴に納められたものと我々の目の前にあるものが全く別物である可能性もある。

（『中国中世の文物』三八七頁）

と推測した。いかにも別物で、おそらくは擬作の一例であろう。(5)

一九九四年刊の『新中国出土墓誌』河南〔壱〕に紹介された墓誌のなかで、私が最も関心を抱いたのが、一九七六年に河南省濬県で発見されたと書かれた「李密墓誌」（図3）で、鮮明な拓本写真が掲載されていた。(6)いつ発見されたかという点については、一九六九年冬、濬県の城関郷羅荘村西の衛河を浚渫した際に、衛河河床内より出土したというのが正しいらしい。

出土した墓誌そのものには、撰者の姓名は刻されていない。武徳二（六一九）年という唐初の墓誌石に撰者の姓名が刻されないのは、普通である。しかし、これが『文苑英華』巻九四八に所収の魏徴「唐故邢国公李密墓誌銘」の墓誌石であることは疑いようがない。この誌主が、隋末の群雄として名高い李密（五八二―六一八）であり、撰者の魏徴（五八〇―六四三）は、隋末には李密に従って唐に帰順し、はじめは太子李建成に仕えたが、武徳九（六二六）年の玄武門の変後に太宗李世民に召され、諫言の士として、また『隋書』の主編者としても著名な人物。役者は揃っている。『文苑英華』のは全文で千七百十字、出土墓誌に比べて、約五百字も増し、増補ばかりか、削除の部分もきわめて多い。異例ずくめの墓誌である。私は、唐人の文集に収められた墓誌を史料として利用する際に留意すべ

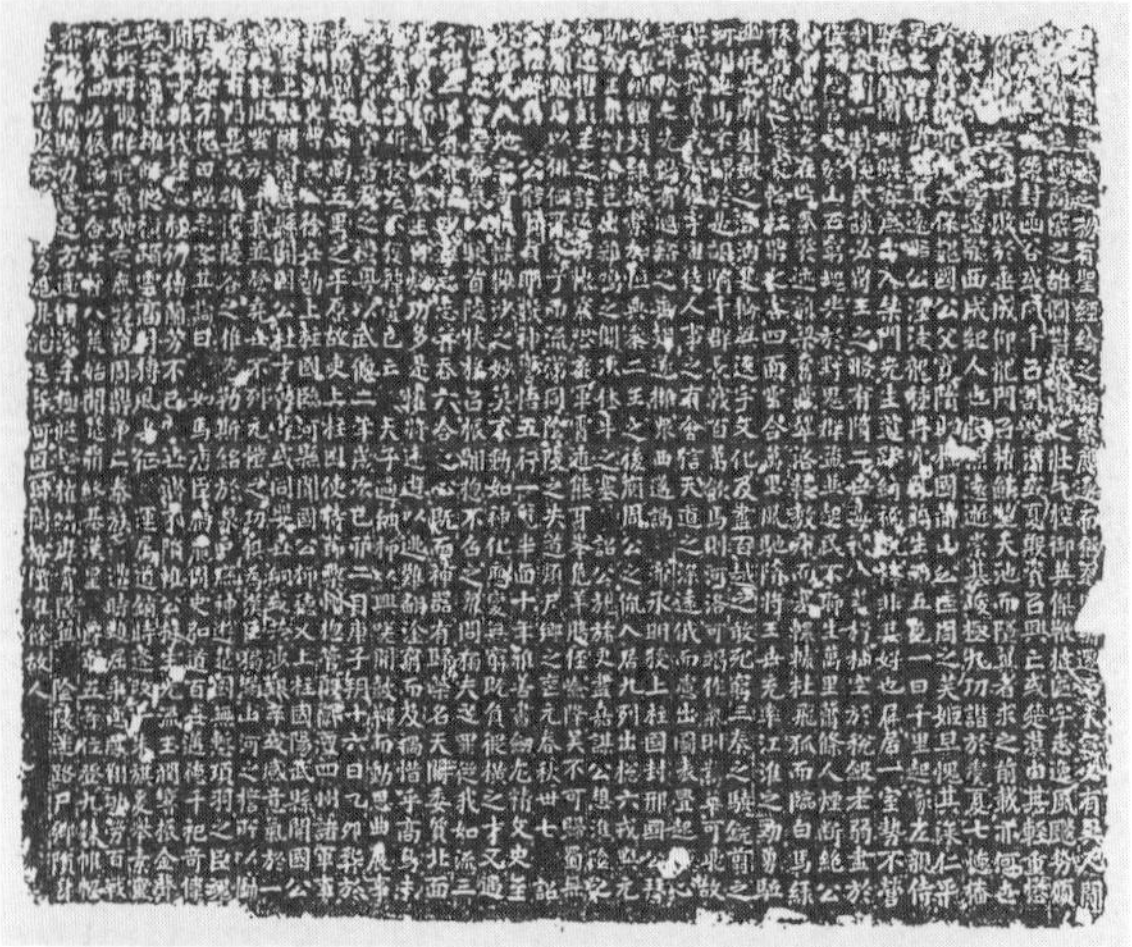

〔誌文〕

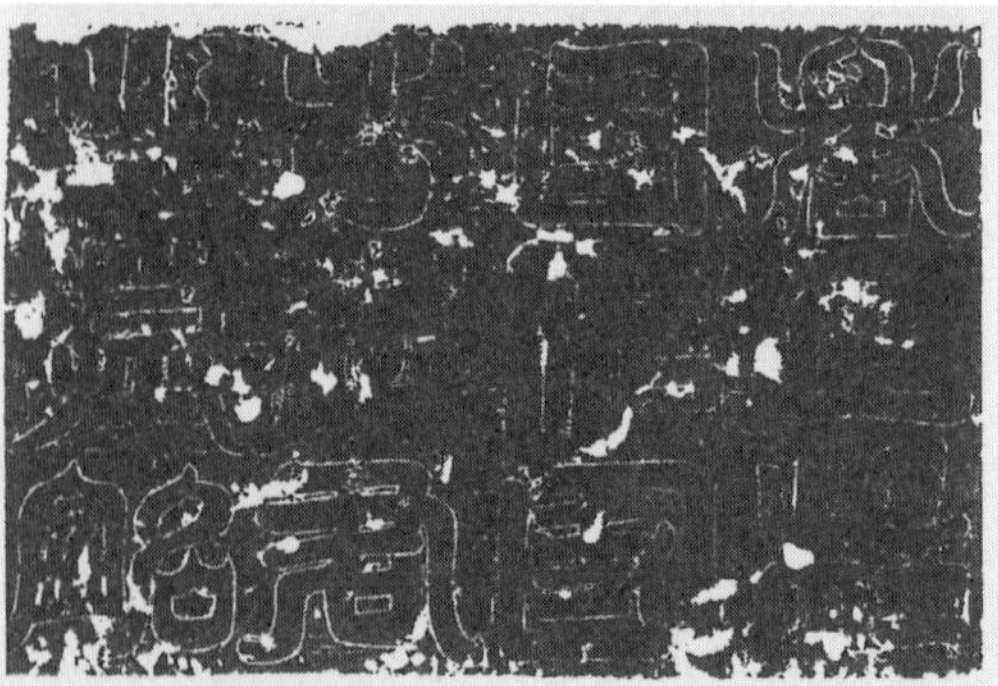

〔蓋〕

図 3　魏徴撰「李密墓誌銘」拓本（『新中国出土墓誌』河南〔壱〕下冊一〇九より）

き論点の好例として取り上げようとし、一九九六年十一月四日、東本願寺の宗務所で開かれた、東方学会全国会員総会で「魏徴の李密墓誌銘――石刻と文集との間」と題して講演したのである。(7)

講演の時点で、出土した墓誌については、拓本写真が『隋唐五代墓誌匯編』「河南」一八に掲載されたほか、文物考古に従事する研究者によって、任思義「《李密墓誌銘》及其歴史価値」(『中原文物』一九八六年一期)、王興亜・任思義「李密墓誌銘的発現及其学術価値」(『鄭州大学学報〈哲学社会科学版〉』一九八六年第四期)、朱明堂・張九占「浅談《李密墓誌銘》与李密墓」(『考古与文物』一九八九年一期)が発表されていた。(8)

墓誌の撰者、魏徴の本伝は、『旧唐書』巻七一、『新唐書』巻九七に立伝されている。魏徴は、字は玄成で、魏州武陽郡(河北省)の人。鄭国公に封ぜられたので「魏鄭公」とも呼ばれる。父の長賢は北斉の屯留県令であったが、魏徴が若い時期に亡くなった。魏徴が三十八歳となった隋の煬帝の末年、六一七年に、武陽郡丞の元宝蔵が挙兵して李密の反乱に応ずるや、元宝蔵に召されて書記となり、まもなく李密の側近となる。李密が唐に降伏したのに従い、高祖の長子、李建成に仕えた。玄武門の変により李建成らが殺され、太宗が即位すると、かえって重用され、宰相にまでなる。中国史上最も有名な諫臣で、その守成の難などを説いた議論は、『貞観政要』や『魏鄭公諫録』に見え、「述懐」と題し「中原還た鹿を逐い、筆を投じて戎軒を事とす」で始まる五言古詩は『唐詩選』の巻頭に置かれている。『隋書』を含む五代史や『群書治要』を編纂し、六十四歳で病没する。

誌主の李密は、隋末唐初に活躍した人物なので、『隋書』巻七〇、『旧唐書』巻五三、『新唐書』巻八四に立伝されている。李密の字は玄邃、遼東郡襄平（遼寧省朝陽県）の人。のちに長安に移った。西魏の柱国李弼の曾孫という名門の生まれ。楊素の子の楊玄感と深交を結び、煬帝の遼東再征を機に楊玄感が反乱を起こすと、その参謀となった。楊玄感が敗死し、李密も逮捕されたが、護送の途中に脱走した。四年後に河南の反乱に加担し、勢力を掌握したが、王世充に大敗して、唐に帰順した。のちに不満をつのらせ、東帰の途中、捕われて斬殺され、首級は長安に送られた。李密の旧部下、黎州総管の李勣は、屍体を引き取って君臣の礼で葬儀をすることを許され、葬られた。李密の故将であった杜才幹は裏切った人物を斬り、その首を李密の冢に供えた、という(9)。

魏徴の人物評価に関して、中華人民共和国では微妙な動きがあった。趙武訳注『魏徴』（歴代政治人物伝記訳注、中華書局、一九六二年）に、汪籛の作成にかかる「魏徴年表」が附されていたが、文化大革命中に禁書になった。唐太宗を毛沢東に、魏徴を彭徳懐になぞらえて、諫言を聞かぬ毛沢東を非難したと言うのである。文化大革命が終結すると、一転して汪籛の遺稿集『唐太宗与貞観之治』（求実出版社、一九八一年）が出版され、呂効祖編著

『魏徴諫言訳注』（陝西人民出版社、一九九〇年）の巻末に汪籛作の「魏徴年表」が附録された。

武徳二（六一九）年二月十六日に墓中に埋められて、今回出土した李密墓誌銘の石刻の文章を、『文苑英華』巻九四八（『全唐文』巻一四一）所収の魏徴「唐故邢国公李密墓誌銘」（以下、〈英華〉と記す）と比較し、異同のいくつかの例を、具体的に挙げてみよう。

Ⅰ　単なる語句訂正の例

①〈石刻〉原鹿逐而猶走、□鼎遷而未定。
〈英華〉原鹿逐而猶走、瞻烏飛而未定。
墓誌の第一行目。魏徴の述懐詩「中原　還た鹿を逐い」を想起させるが、単なる推敲の結果にすぎまい。

②〈石刻〉求之前載、亦何世無其人哉。
〈英華〉求之前載、豈代有其人者哉。
唐太宗の諱、「世民」を避けての推敲であろう。

Ⅱ　〈石刻〉にはなく、〈英華〉で大量に追加された例

①〈石刻〉公諱密、隴西成紀人也。長源遠逝、崇其峻極。九功諧於虞夏、七徳播於嬴劉。

〈英華〉公諱密、字玄邃、隴西成紀人。自種徳降祉、弘道垂風、導碧海之長瀾、踈閬峰之遥構、家伝余慶、明哲継軌、論文徳則弼諧舜禹、語武功則経綸秦漢。其余令望、且公且侯、垂翠緌拖鳴玉者。蓋亦耆旧未得尽伝、良史莫能詳載矣。曾祖弼、周太師・八柱国・衛公。

李密の字が玄邃で、曾祖の李弼が北周の宰相であったことや、本人が文武両道に傑出していたことを増補する。

②〈石刻〉交則一時俊茂、談必覇王之略。

〈英華〉交必一時之俊、談必覇王之略。尚書令景武公楊素、崖岸峻峙、天資宏亮、壁立千仭、直上万尋。嗣関西之孔子、追陝東之姫旦、深謀遠鑑、独歩当時。公年甫弱冠、時人未許。景武一見風神、称其傑出。乃命諸子、従而友焉。並結以始終之期、申以死生之分。

楊玄感の父であった尚書令の楊素がいかに秀れた人物であったか、とりわけ家庭教育を重視していたことを描き、反乱に参加した李密の行動を弁護している。

③〈石刻〉――――

〈英華〉群雄並起、莫恢王度。聖人既作、皇天乃顧。爰自東夏、言遵西路。来擬竇融、
寵逾英布。

これは銘文の部分で、四言八句を増補している。

Ⅲ 〈石刻〉と〈英華〉とで文章が全く異なる例

① 〈石刻〉世済不隕、惟公挺生。光流玉潤、響振金声。英姿卓犖、雄略縦横。躡云高□、
摶風上征。

〈英華〉成形騰気、成象降精。余慶鍾美、惟公挺生。少表奇智、早擅英声。符采発越、
志略縦横。隋道方衰、始開凌長。覩茲兆乱、緬然長想。閉関晦跡、招弓莫往。
盤桓利居、不嬰世網。

これも銘文の部分で、李密の人物像を描いている。

② 〈石刻〉春秋卌七、詔公礼葬焉。……
故吏上柱国・使持節黎州総管・殷衛澶四州諸軍事・黎州刺史・曹国公徐世勣、
上柱国・臨河県開国公柳徳乂、上柱国・陽武県開国公薛宝、上柱国・聞喜県
開国公・杜才幹等、或同嬰世網、或共渉艱辛、

〈英華〉時年三十有七。故吏上柱国・黎陽総管・曹国公徐世勣等、表請収葬。有詔許

焉。……故吏徐世勣等、或同嬰世網、共渉難艱、

今回の石刻墓誌の発見で知りえた、最も興味深い異同の個所こそ、この部分なのである。李密の処刑に際し、故吏の黎州総管李勣、すなわち徐世勣が特に高祖に願い出て、遺体を貰い受け、君臣の礼で葬儀を営んだ次第は、両唐書の李密伝にも明記されているほど、万人衆知の話であり、『文苑英華』所収の墓誌では二個所に「故吏徐世勣等」とのみ書かれていた。ところが、新発見の誌石には、故吏徐世勣はもちろんのこと、柳徳乂、薛宝、杜才幹ら三人が、葬儀に尽力した事実が刻されていた。

この墓誌石の発見は、土中に埋めた誌石の撰者である魏徴が、墓誌を自分の文集に再録するに当たって、柳徳乂、薛宝、杜才幹ら三人[10]が誌主の李密と親密な関係であった事実を抹消し、本人や親族に何らかの累が及ぶのを回避しようと腐心した糊塗の跡を、千三百五十年ぶりに白日の下に曝すことになったのである。

四　石刻と文集との間——推敲か避諱か

魏徴が李密の誌石のために起稿した墓誌銘のみならず、何年か後に推敲し大幅に添削した『文苑英華』所収文でも抹消しなかった人物は、李密の故吏であった徐世勣（？—六六

九）だけである。彼は武将として、李密とともに唐に帰順して宗室の李姓を賜り、太宗李世民の諱を避けて李勣と称した。太宗の下で国内の武力統一に活躍した後、先輩の武将李靖とともに東突厥を、ついで薛延陀を破り、太宗の高句麗親征に従事し、つぎの高宗朝に滅亡させ、魏徴や李靖ともども「凌煙閣二十四功臣図」に描かれた人物である。

『新中国出土墓誌』河南〔壱〕下冊の「一〇九　李密墓誌」の「誌蓋」と「誌文」の項で、全文を移録する。ただし、第一行目を「蔡鹿逐而猶走」と印刷したりするので、要注意。最後の「簡跋」の項で、『全唐文』では唐皇を称賛する詞句を大量に増加し、李密を称賛した詞語を刪改したと述べる。しかし、葬儀の主催者としては徐世勣一人の姓名のみを残し、ほかの故吏たちを削除した点には触れていない。

墓誌が、撰者個人の詩文集「別集」や、多くの作家の詩文を集めた「総集」に所収の文章と、新出土の石刻墓誌の文章との間に相違がある場合に、ともすれば石刻を重視し、伝世の詩文集を軽視する傾向があるが、これは誤りなのである。

石刻の李密墓誌については、前掲の任思義「《李密墓誌銘》及其歴史価値」、王興亜・任思義「李密墓誌銘的発現及其学術価値」（ともに一九八六年）、朱明堂・張九占「浅談《李密墓誌銘》与李密墓」（一九八九年）のほか、劉健明「李密死事考析——兼釈〈李密墓誌銘〉及〈李密墓誌〉有関記載」（『出土文献研究』四、一九九八年）が発表された。文献学に明るい劉健明の論点は多岐にわたり、数多の新見解を提示している。

劉健明は結論に先立って、一般に出土墓誌史料が伝世史料に比べて信頼できることを強調しながらも、出土史料をあまりに信ずることの危険性を指摘し、注㉘で岑仲勉『金石論叢』所収の「貞石証史」が清代金石家の二弊を指摘していた個所の参照を求めている。私は満腔の賛意を表したい。

岑仲勉は『金石論叢』所収の「貞石証史」の巻頭で、清代の金石家には二弊があった、すなわち石刻を過信することと、史書の過失を偏えに責めることを指摘していたが、清代の金石家のみならず、現今の史学者にもそのまま当てはまる。元来の誌石に刻された墓誌も、文集に収載された墓誌も、ともに尊重し重視すべきなのである。文章の相違は、墓誌を地下に埋めた時点と、文集を編纂する段階で、撰者がその後の立場の変化などによって、判断し直した弁解あるいは責任逃れの意図をもってなされた結果なのか、あるいは文章上の単に推敲を重ねた結果なのかを、慎重に見極める必要がある(11)。

唐長孺・呉宗国他編『汪籛隋唐史論稿』(中国社会科学出版社、一九八一年)には、「唐太宗〈貞観之治〉与隋末農民戦争的関係」や「李密之失敗与其内部組織之関係」といった本稿と関連の深い文章が収められている。北京大学教授であった汪籛は、文化大革命の最中に四人組に迫害されて自死に追い込まれた。この遺稿論文集の序言の末尾に、五言律詩を作った武漢大学教授の唐長孺は、「遺編　今ま捧読し、涕泪　衣裾に満てり」と詠んでいる。

その唐長孺は、『魏晋南北朝史論叢』（生活・読書・新知三聯書店、一九五五年七月第一版）の第四次印刷本を一九七八年十一月に出版した時、第一版はすべて繁体字つまり本字で印刷されていたのに、今回は全体で三十四頁にわたり、簡体字で組み直された。おそらく大部分は推敲による訂正と思われるが、無視しえないのは、周一良の論文を引用していた個所八頁が、すべて書き換えられ、周一良の名が抹消されているという点である。たとえば、第一版の一二二頁に「這一点周一良先生在北朝民族問題与民族政策一文中述之已詳」とあったのが、「這一点近人已多論述」と改変される、といった塩梅なのである。

ところで、周一良著・藤家礼之助監訳の『つまりは書生――周一良自伝』（東海大学出版会、一九九五年）の一九二頁、「新たな史諱の例」の節の冒頭に、

陳援菴先生の『史諱挙例』はわが〔中〕国史学界の古典的著作で、歴史をするものにとっての必読書である。数十年来私は史学界にあって、政治が原因での「避諱」に似たできごとを体験した。のちに列記するように、新たな「史諱」の例と言えるであろう。

私の「宇文周の種族を論ず」は、歴史語言研究所にいた時に書いたもので、この問

題については所長の傅孟真先生と意見を交換したことがあった。そこで、この文章が刊行されて発表される際、〈慣例に従って〉傅所長のことも言い添えておいた。六〇年代に中華書局より論文集を出版するにあたっては、当然またも〈慣例に従って〉彼の名を削除したのだった。すなわち政治的忌避である。

と書かれている。とすれば、唐長孺ないし出版社は当時の「慣例に従って」周一良の論文を引用していた個所を削除したのであろうか。あるいは汪籛を自死に至らしめた、当時の梁効グループの名を忌避したのであろうか。また、岑仲勉の『金石論叢』の出版が遅延したのは、所収の「貞石証史」などの原載が中華民国の『歴史語言研究所集刊』だったからなのであろうか。

ともあれ、隋末唐初の激動期を生き抜いた政治家、魏徴が改竄した文集所収の李密墓誌銘を墓石と見比べつつ読み解く際にも、また文化大革命に翻弄された隋唐史家の論文の含意を読みとる際にも、つねに史諱《タブー》を避けたのか否か、すなわち「避諱」の存否の確認が、何よりも肝要ということになる。

注

（1） 学生社版の樋口隆康他訳『中国考古学研究』で訳出した際、篇末に追加翻訳した「再補記」は、開元六（七一八）年の「慕容若妻李氏墓誌銘」と乾元元（七五八）年の「慕容威墓誌銘」の二方の墓誌である。夏鼐は跋語で、九百余字に達する後者が、歴史史料としてすこぶる重要であると言う。

（2）『平成二年春季企画展「中国石刻拓本展」出品図録』（京都大学文学部博物館、一九九〇年）。

（3）『唐代の詩と散文』は、増補版の『唐代文学抄』（アテネ新書、弘文堂、一九五七年）に第一「王昌齢詩」、第二「韓愈文」として収められた。『吉川幸次郎全集』第一一巻（筑摩書房、一九六八年）。

（4）平岡武夫『白居易——生涯と歳時記』（朋友書店、一九九八年）の第三部の「Ⅰ　賦・墓誌銘・制」に再録。

（5）平岡武夫は「辞令書の習作」と「杜佑致仕制札記——白居易の習作」（ともに『白居易——生涯と歳時記』所収）で、唐人の文集所収の、官僚の辞令書たる制誥に擬作つまり習作があり、「文集に編集されている詔勅の類を歴史の資料とすることには慎重でなければならない」と述べている。いかにももっともで、これは文集所収の墓誌銘の場合にも当てはまる。

（6）墓石は現に濬県博物館に所蔵され、誌面の長さは六四センチ、広さは七九・五センチ。蓋には篆書で三字ずつ四行で、「唐上柱国邢国公李君之墓銘」と刻されている。

（7）講演要旨は、『東方学』九三（一九九七年一月）並びに『東方学会報』七一（一九九六年十二月）に掲載された。拙著『京洛の学風』（中央公論新社、二〇〇一年）に再録。

（8）一般的に言えば、文物歴史分野の研究者は、墓石の誌主について関心を抱き、文学史家は墓誌銘の撰者に注目するようである。趙超の『中国古代石刻概論』（文物出版社、一九九七年）は行き届いた叙述が多いにもかかわらず、第一章第三節「墓誌」にも、撰者についての解説はない。

（9）反乱期の李密の行動については、布目潮渢『隋唐史研究』（東洋史研究会、一九六八年）の上篇の第一章「楊玄感の反乱」と第二章「李密の反乱」に詳しい。また、李勣が李密の屍体を引き取り、君臣の礼で葬儀を営んだことに関しては、寧志新『李勣評伝』（三秦出版社、二〇〇〇年）二四九—二五三頁を参照。

（10）『新中国出土墓誌』河南〔壱〕下冊の「李密墓誌」「簡跋」の項で、杜才幹については『旧唐書』巻五三の李密伝に見えるが、柳徳乂と薛宝の二人は史書に載せていない、とする。

（11）「墓誌銘」を題目に掲げた近年の論考として、文学分野では、西上勝「韓愈の墓誌銘について」（『日本中国学会報』三九、一九八七年）があり、歴史学分野では、近藤一成「王安石撰墓誌を読む——地域、人脈、党争」（『中国史学』七、一九九七年）や岡元司「南宋期の地域社会における知の能力の形成と家庭環境——水心文集墓誌銘の分析から」（『宋代人の認識』汲古書院、二〇〇一年）がある。そして、美術・考古の分野で発表された、傅江「唐新城長公主について——文献と墓誌の両面から」（『東洋史苑』五六、二〇〇〇年）は、昭陵諸陪葬墓のうちの最大級の一つ、太宗の娘である新城長公主墓についての考察である。墓誌銘を吟味することにより、新城長公主とは、太宗が魏徴の息子に下嫁させようとした衡山公主のことであろう、と考証している。

Ⅱ

法琳の事跡にみる唐初の仏教・道教と国家

南北朝の後半から隋・唐にかけての中国社会で、インド伝来の仏教と民族宗教の道教は、互いに競合しつつ、教団組織を拡充し、皇室貴族から一般庶民に至る広範な護持者・信奉者を獲得していった。しかしながら、夷狄の宗教と目された仏教は、儒教礼教主義にのっとる国家秩序を維持した中華の社会で、ときには法難つまり国家権力による弾圧や迫害を受けざるをえなかった。そして法難というほど大袈裟なものではなくとも、国家は僧尼たちの寺院生活や布教活動に対して規制を加えることがあり、その際に、道教の道士たちによる仏教批判が契機となる事例も多かったのである。

旧稿「唐中期の仏教と国家(1)」では、唐の高宗朝から玄宗朝に至る時期における仏教教団の活動に対して、国家はいかなる対応・規制をなしたかを考察した。そして、その前半の高宗朝から武后・韋后期においては、当時の贅をつくした造寺・造仏の盛行や写経・鋳仏の流行に対して、国家は何らの規制も加えなかったのに、後半の玄宗朝になると、国政全般における綱紀粛正の重要綱目として仏教教団への抑圧策が推進され、その一環として、四世紀の東晋以来の懸案であった、僧・尼に拝君親を命じる詔が発せられた次第を跡づけたのである。(2)

そこで本稿では、それらに先立つ時期としての唐初、高祖・太宗朝において、仏教教団の活動に対して国家はいかなる対応をなしたかを考察したい。のちの玄宗朝における仏教勢力抑圧に際しては、道教の道士たちによる仏教批判は問題にならなかったが、高祖・太宗朝においては傅奕(五五四—六三九)をはじめとする道士たちの辛辣な言動が仏教勢力への規制の契機となったので、今回は唐初の仏教・道教と国家と題することにした。考察に当たっては、特にこの時期に仏教擁護の論陣をはった護法沙門法琳(五七二—六四〇)の事跡に焦点を合わせたい。

一　傅奕の排仏論の背景

南北朝後半から隋・唐にかけての中国中世の宗教思想界では、儒・仏・道の三教が三幅対の様相を呈した、という見解は今や定論とみなされよう。ところで、その時期において歴代王朝の諸皇帝が儒・仏・道の三教に対していかなる優遇政策をとったかは、十一世紀初頭に編纂された『冊府元亀』帝王部で、それぞれ二巻分が配当されている「崇儒術」（巻四九・五〇）、「崇釈氏」（巻五一・五二）、「尚黄老」（巻五三・五四）を閲読すれば、一往の知見をうることができる。

まず「崇儒術」では、当然のことながら、歴代の皇帝たちにより、国子学に行幸して釈奠を行なうといった儒学振興が絶えず行なわれた次第を納得させてくれる。それに対して、「尚黄老」では、北魏時代の多彩な記事につづき、北周の天和四（五六九）年二月に武帝が大徳殿で百僚と道士を集めて討論させた条がみえるが、そのつぎは唐の中宗の神龍元（七〇五）年二月に制して、天下諸州におのおの道観一所を置き、みな大唐中興と名づけたという条まで、百三十五年間が空白となっている。この時期の仏教に関する「崇釈氏」では、北周の天和四年二月に武帝が大徳殿で百僚・道士・沙門らを集めて釈老の義を討論させたという記事と、唐の神龍元年二月に制して、天下諸州におのおの寺と観一所を置き、みな大唐中興と名づけたという記事との中間に、北周武帝による仏教と道教への弾圧（五七四年・五七七年）、直後の大象元（五七九）年に宣帝が行なった仏像と天尊像の復興をはじめ、北周の静帝、隋の文帝、唐の太宗・高宗朝における崇仏教の事例が十条も列挙されているのが注目される。

『冊府元亀』の帝王部による限り、北周の武帝が仏・道両教の廃毀に先立って召集した天和四年二月の討論会は、特に仏教を排除する意図に出たものではなく、むしろ崇釈氏の事例なのであった。

かつて塚本善隆は『魏書釈老志の研究』を刊行した際、旧稿の「北周の廃仏に就いて」と同（下）の中間に二章を増補した雄篇「北周の廃仏」を附篇の一として収録した。(3)その新稿の前半「七　武帝の三教斉一会談の失敗」において塚本は、天和二（五六七）年の衛元嵩による廃仏の上書に心を動かされた武帝が天和四年に開いた儒・仏・道三教の討論会が、唐の道宣らが考えるような、この当時からすでに武帝に熱心な道教信仰があって仏教を嫌悪し、仏教教団整理もしくは廃毀の政策を現実に行なわんとする決意をもっていたとは考え難いとし、元来は武帝も三教を斉しくせんと欲していて、儒教学者側も三教一致の穏健論が大勢であったのに、はからずも仏教徒と道教徒との間に、互いに虚偽の資料をもって相手を非難し廃毀にまで至らしめんとするがごとき、宗教的党派性・排他性を露骨にあらわしていがみあう泥試合を出現し、武帝の三教斉一和協の目的に相反する結果となったのであると述べた。そして仏・道二教の教理が究極において帰一するものだと判定してくれると武帝が期待した数学暦法の権威者甄鸞《しんらん》は、もっぱら道教のみを愚弄し排斥する『笑道論』三巻三十六条を上《たてまつ》り、さらに僧の道安が『二教論』を上って三教は斉一ではない、と論じたので、協調精神を欠いた仏教徒への嫌悪の念を武帝に抱かせ、やがて仏・道二教の廃毀の実行にうつさせたのである、と塚本は述べたのである。説得力のある見解であり、天和四年の三教論衡を帝王部の崇釈氏門にも入れた『冊府元亀』の分類は妥当だったのである。

当初は儒・仏・道の三教斉一を意図して三教論衡の会議を重ねていた北周の武帝は、宇文護らを誅除して親政を始めた後の建徳三（五七四）年五月中旬に仏・道二教の徹底的な廃毀を命じる詔を出しただけでなく、六月末には三教を通申する至道を研究する施設としての通道観を設け、通道観学士を選任した。そして二年半後の建徳六（五七七）年正月に鄴を陥落して北斉を滅ぼした武帝は、ただちに旧北斉領内においても仏・道二教の廃毀を断行するとともに、北斉領内にいた僧侶・道士や有識者を通道観学士に加えた。

北斉滅亡後に通道観学士となった人物のうちに、学僧である趙郡李氏の彦琮（五五七―六一〇）と天文暦数に明るい傅奕が含まれていたのである。当時二十一歳であった彦琮は、宇文愷（五五五―六〇二）らと帝に陪侍して大易老荘すなわちいわゆる三玄の学を講論したりし、般若寺で尼に育てられたという誕生説話をもつ楊堅が宰相となって宗教復興政策を推進すると再び沙門となり、まもなく隋王朝が始まるや、文帝楊堅の意向を受けて道教の妖妄を究明する「弁教論」二十五条を著したほか、「通極論」「福田論」などの論著や『衆経目録』、そして多数の訳経を残して、煬帝の大業六（六一〇）年に東都洛陽の訳経館

で客死する。(4)

隋の文帝は、仏教と道教を大々的に復興させることによって、無宗教政治のもとに潜伏していた民衆の不満を解消させ、新朝廷への慶祝に沸きたたせることに成功する。漢以来の長安城を捨て去って、その東南にあたる龍首原の地に大興城と名づける新都が造営されるが、その新城の都市平面の基本計画は宇文愷の発案になるものと考えられている。新城では原則として主たる配置が東西対称に計画され、宗教施設についても、メイン通りたる朱雀門街をはさんで、東に大興善寺、西に玄都観が対称的に配置された。朱雀門街には龍首原の裾野がのびた六条の丘が横切っていたので、宇文愷は易の乾の六爻、つまり䷀のかたちになぞらえ、北から順に初九から上九までの六爻にあて、貴位である九五の丘には庶民を住まわせることを望まず、そこで玄都観と大興善寺を置いて鎮めた、と伝えられる(5)が、その宇文愷が北周武帝の前で彦琮とともに易と老荘の学を講論していた経歴の持主であったことは甚だ興味深い。

彦琮よりも三歳年長であった傅奕は、『旧唐書』巻七九と『新唐書』巻一〇七に立伝されていて、相州鄴の人とするが、『広弘明集』巻七・叙歴代王臣滞惑解下の唐傅奕の条の冒頭には（『大正蔵経』五二巻一三四頁上段）、

傅奕は北地の泥陽の人なり。その本は西涼、魏に随いて代に入り、斉の平げらるるや

周に入り、通道観に仕う。隋の開皇十三年、中山の李播とともに請いて道士と為る。十七年に漢王に事え、諒の反するに及び、岐州に遷る。皇運の初め、太史令を授けらる。(傅奕。北地泥陽人。其本西涼。随魏入代。斉平入周。仕通道観。隋開皇十三年。与中山李播請為道士。十七年事漢王。及諒反。遷于岐州。皇運初。授太史令。)

とあり、北地郡の泥陽県つまり現今の甘粛省東南端の寧県附近の人で、先祖は西涼に属していたらしい。正史に鄴の人というのは、北斉時代に国都の鄴にいたからであろうし、『法苑珠林』巻七九に「唐の太史令傅奕はもと太原の人なり。隋末に徙りて扶風に至る」[6]というのも、開皇十七(五九七)年に幷州総管となった漢王諒に仕えたときに太原にいたからであろう。いずれにせよ、名門の貴公子ではなかった。小笠原宣秀は「唐の排仏論者傅奕について」において、

仏教側では広弘明集には北地范陽の人で其本は西涼とし、又法苑珠林には太原の人とする。大体に北地の人なることは明かで、唐朝に関係深い人であったとの観がする。

と述べていたが、北地を北地郡とはみず、また「泥陽」を「范陽」に作る明本系統のテキストに眩惑された見解なので、顧慮する必要はなかろう[7]。

傅奕は、北斉が北周に併呑されるや、鄴から長安に向かい、通道観に仕えた。周隋革命が行なわれ、創業当初の文帝が、新都の大興城を中心に、仏・道二教を平等に尊崇し再興

する政策を打ち出した頃、傅奕は、大興城の中心部に国家鎮護を願って建立された国立の大興善寺と玄都観のうちの玄都観にいたと考えてよかろう。宋敏求撰『長安志』巻九・崇業坊の玄都観の条に「隋の開皇二年、長安故城より通道観を此に徙し、名を玄都観と改め、東のかた大興善寺と相比す」とあるように、玄都観こそ北周の通道観の後身だったからである。[8] 当初は仏・道二教の再興を平等に実施した文帝の宗教政策は、しだいに仏教に熱心になり、道教には疎になっていった。[9]

宗教都市といわんよりは仏教都市さながらの景観を呈していた大興城をはじめとする、隋文帝時期における仏教全盛の諸相は、開皇十七年の年末に大興善寺翻経学士の費長房が撰上した『歴代三宝紀』の巻一二・大隋録と、法琳撰『弁正論』巻三・十代奉仏篇の隋高祖文皇帝の条に詳しい。特に『弁正論』の開皇五（五八五）年の項に、文帝が大徳の経法師のもと大興善殿において菩薩戒を受け、その機会に獄囚を放って慈悲の心を示すとともに、[10] その年に勅を下して、

仏は正法をもって国王に付嘱す。朕はこれ人尊にして、仏の付嘱を受く。今より以後、朕が一世をおえるまで、毎月つねに二七の僧を請じ、番に随いて上下し、経を転ずべし。経師四人・大徳三人、大興善殿に於て、一切経を読み、目は万機を覧ると雖も、而も耳に法味を湌わん。毎夜行道し、皇后および宮人、親しく読経を聴き、若し疑わ

しき処あらば、三大徳に問え。（仏以正法。付嘱国王。朕是人尊。受仏付嘱。自今以後。訖朕一世。毎月常請二七僧。随番上下転経。経師四人大徳三人。於大興善殿。読一切経。雖目覧万機。而耳湌法味。毎夜行道。皇后及宮人。親聴読経。若有疑処。問三大徳。）（『大正蔵経』五二巻五〇九頁上段）

と述べたとする記事と、『歴代三宝紀』に開皇十三（五九三）年十二月八日の釈尊の成道日に、隋皇帝仏弟子が含識に代わって、三宝の前で北周の廃仏を反省する懺悔誓願文を発表し、二日間にわたって設斎して経像を奉慶するという国家をあげての奉讃行事をした次第を述べる記事(11)とは、文帝の奉仏の熱心さを余すところなく伝えてくれる。

即位当初には仏教と道教を平等に再興する姿勢を示していた文帝が、仏から正法を付嘱された国王としての自覚のもと、かくも奉仏一辺倒になってくると、重苦しく感じ居た堪らない心境になる人士が出てくるのも当然であろう。北周の通道観に仕え、隋になってからは玄都観にいたであろう傅奕が、中山の李播とともに請うて道士となったのは、まさに開皇十三年の時点なのである。四年後の開皇十七（五九七）年に儀曹という資格で漢王諒に事えるまで、正式に道士としての修業を積んだ。若い頃は熱心な仏教信者で沙門になろうとまで思いつめた経歴のある秦王俊が、不行跡の廉《かど》で并州総管の職を剝奪されたのが開皇十七年七月、後任に文帝の末子の漢王諒が任命され、河北一帯の五十二州を指揮下に収めた。七年後の仁寿四（六〇四）年七月に文帝が崩御する直前、たまたま兵乱の兆しを示すという熒惑星が東井を守るという現象が起こり、異図を抱いていた漢王諒が天文星暦に暁《あか》るい儀曹の傅奕に説明を求めたところ、傅奕は答えをはぐらかし、漢王を不快にさせた。儀曹とは礼部と同義であるが、『資治通鑑』巻一八〇で胡三省が注したように、隋制には王府に儀曹という曹はないので、正規のポストではなかったものと思われる⑫。

煬帝が即位するや漢王諒は兵を挙げたが、たちまちのうちに楊素が率いる討平軍に敗れてしまう。漢王は幽死し、部下の吏民で連坐し、殺されたり遠地に徙されたりした者が二十余万家と称された⑬。

傅奕は反乱を起こそうとした漢王の意図に迎合しなかったことで情状酌量され、誅殺だけは免がれ、扶風に徙された。大業の初年にこの扶風郡の地に李敏の後任として太守となって来た李淵と傅奕との出会いが起こるのである⑭。傅奕を深く礼遇した李淵は、まもなく扶風を去って滎陽郡太守・楼煩郡太守を歴任する。即位して以来、文帝ほどには仏教に偏重した宗教政策を採りはしなかった煬帝の治世（六〇四―六一八）に、七年間も漢王諒の側近にいた過去をもつ傅奕が自己主張できる政治の場はなく、仏舎利信仰で有名な法門寺の前身たる成実寺が衰廃するのを目のあたりに見ながら⑮、廃仏論の構想を秘かに練っていたのであろう。

二　法琳の護法活動

隋の文帝による国家規模の崇仏事業がつづく最中の開皇十三（五九三）年に、のちに強硬な廃仏論者となる四十歳の傅奕が李播とともに道士となったが、その翌十四年五月に、のちに護法沙門と称される二十三歳の僧法琳は、都会での仏道修行に疑問を感じ、青渓山の鬼谷洞に隠棲した。青渓山といえば、『道教義枢』の著者である青渓道士の孟安排[16]が想起されるが、『隋書』巻三一・地理志の南郡当陽県（湖北省当陽県）の条にみえる清渓山のことであろう。

法琳の伝記については、唐の彦悰撰『唐護法沙門法琳別伝』三巻と道宣撰『続高僧伝』巻二四・護法下・唐終南山龍田寺釈法琳伝のほか、道宣撰『集古今仏道論衡』巻丙、法琳撰『破邪論』の巻頭に冠せられた虞世南撰「襄陽法琳法師集序」、法琳撰『弁正論』の巻頭に冠せられた陳子良撰「弁正論序」などに詳しく、それらにもとづき、庄野真澄「唐沙門法琳伝について」、三輪晴雄「唐護法沙門法琳について」[17]などが発表されている。

幼少の頃に出家して以来、仏教のみならず儒家や諸子百家の典籍に親しんでいた法琳は、青渓山に隠棲中、昼は仏典を読み、夜は俗典を覧るといった日課をつづけ、その間に、

「青渓山記」を書き上げた。仁寿元（六〇一）年三月に、七年近く居た青渓山を去って都の長安に向かい、それ以後、関中各地を遍歴したりして、儒学を取りこみ老子道教の教理を体得すべく、方便として僧服を脱ぎ髪を伸ばした俗人の姿を多年にわたってつづけた。そしてついに隋末の義寧元（六一七）年には仮に黄衣つまり道士の服装をして道観に入り、道教の秘籍を縦覧して、道教教理の虚妄なることを見定め、仏典の素晴らしさを再確認し、早くも唐朝の初年にあたる翌武徳元（六一八）年には還釈し、法服の姿に復帰したのである(18)。青渓山に隠棲してからじつに二十四年が経過していた。還釈した法琳は、長安の皇城西の布政坊にあった済法道場すなわち済法寺に住することになった。

隋末に太原留守であった李淵は、次男の李世民にすすめられて挙兵し、南下して国都の長安を陥落させ、煬帝の孫の代王侑を擁立して皇帝とするとともに、江都にいる煬帝を棚上げして太上皇とし、まもなく煬帝が暗殺されると、禅譲革命を行なって李淵は唐王朝を開き、年号を武徳と改めた。

しかし、この唐王朝の声威は当初は、長安周辺の関中などに限られ、東都の洛陽にさえ及ばなかった。李淵・李世民の主導のもとに煬帝を太上皇としたといっても、一方的な措置にすぎず、煬帝は依然として皇帝であったし、煬帝が暗殺され長安で李淵が唐王朝を開いた段階で、東都洛陽では越王侗を皇帝とし、しかも洛陽の隋政権は翌（六一九）年四月に王世充に禅譲されて鄭国が生まれ年号を開明と改めていたからである。秦王李世民の率いる唐軍が、嵩岳少林寺の僧兵の協力をも得たりして王世充軍を破り、鄭国を滅ぼして洛陽に入城し、全国を名実ともに統一したのは、武徳四（六二一）年五月のことであった。[19]

ところで、扶風太守であった頃の李淵に知遇をえていた傅奕は、唐朝を創めたばかりの高祖によって太史丞に任じられ、まもなく太史令の庾倹の推薦によって太史令（定員二人）に昇進した。傅奕が上奏した天文に関する密状はしばしば上意にかない、武徳三年に上進した「漏刻新法」はついに施行されるというまでになった。この太史令傅奕が、「減省寺塔僧尼益国利民事十一条」あるいは「減省寺塔廃僧尼事十有一条」略して「廃仏法事十有一条」と題する廃仏論を、武徳四年の六月二十日（あるいは四月二十日もしくは九月）に高祖に上《たてまつ》ったのである。[20]六月二十日だとすると、まさに秦王李世民によって洛陽の鄭国王世充政権が崩壊し、全国統一がなされたばかりの時機ということになる。上疏を手にした高祖が傅奕の提案を受け入れるかにみえ、宰相たちの抵抗もままならぬ雰囲気となったので、当時の人びと、とりわけ沙門たちは、廃仏が断行されるのではないか、と懼れざるはなかったのである。しかし高祖は、すぐには百官に議論はさせず、「問出家損益詔」[21]を出し、沙門たちに意見を徴した。この詔に応じ、傅奕の上疏に対して沙門たちの一部は反対の声をあげたが、なかでも仏教護法の論陣を張ったのが済法寺の法琳なのであった。

この武徳四年の傅奕の上疏は、残念ながら原文の姿では後世に伝えられず、仏教界からのさまざまな反駁文のなかでの引用として伝わっているだけである。この傅奕の上疏については、すでに先人たちによる詳しい紹介[22]もあり、近年では西山蕗子「法琳『破邪論』について[23]」と吉川忠夫「中国における排仏論の形成[24]」においても論じられているが、行論の都合上、簡単に触れておきたい。この傅奕の上疏の序は、『広弘明集』巻一一に「太史令朝散大夫傅奕上減省寺塔廃僧尼事十有一条」として収められている(『大正蔵経』五二巻一六〇頁上下段[25])。それを要約すると、上古の中国が太平を謳歌したのは、老子と孔子の教えに遵がって、胡仏がなかったからですが、漢の明帝が金人を夢みて仏教が伝来して以降、壮麗な伽藍や金銀の仏具が横溢して、民財も国貯も減耗してしまいましたのに、朝廷の貴臣たちが一向に悟らないのは痛ましいかぎりです、どうか胡仏邪教を天竺に退還させ、沙門を故郷に放帰して、課と役とに服さしめて下さい、ということになる。そして、傅奕が列挙した十一条の各論の標題は、『広弘明集』巻七・叙歴代王臣滞惑解下・唐傅奕の条(『大正蔵経』五二巻一三四頁上段—一三五頁中段)と、同巻一二の全部を占める綿州振響寺の沙門釈明槩撰の「決対傅奕廃仏法僧事」(『大正蔵経』五二巻一六八頁中段—一七五頁下段)をあわせ勘案すると、

㈠　僧尼の六十已下なるものを、簡びて丁と作さしむれば、則ち兵は強く農は勧まん。

（僧尼六十已下、簡令作丁、則兵強農勧。）

㈡　寺に草堂土舎を作るは、則ち秦皇・漢武すら有徳の君と為らん。（寺作草堂土舎、則秦皇漢武、為有徳之君。）

㈢　諸州および県にて寺塔を減省すれば、則ち民は安らぎ国は治まらん。（諸州及県、減省寺塔、則民安国治。）

㈣　僧尼、布を衣て斎を省けば、則ち蚕は横死すること無く、貧人は飢えざらん。（僧尼、衣布省斎、則蚕無横死。貧人不飢。）

㈤　僧尼の居積を断てば、則ち百姓は豊満にして、将士は皆な富まん。（断僧尼居積、則百姓豊満、将士皆富。）

㈥　帝王、仏無ければ則ち大いに治まりて年は長く、仏有れば則ち虐政にして祚は短かし。（帝王、無仏則大治年長、有仏則虐政祚短。）

㈦　周孔の教を封じ、送って西域に与うれば、胡は必ず行なわじ。（封周孔之教、送与西域、而胡必不行。）

㈧　仏教を統論すれば、虚多く実少なし。（統論仏教、虚多実少。）

㈨　農を隠《いた》み匠を安んじ、市鄽その中に処れば、国は富み民は饒かならん。（隠農安匠、市鄽処中、国富民饒。）

㈩　帝王受命すれば、皆な前政を革む。（帝王受命、皆革前政。）

㈪　直言忠諍は、古来口より出づれば、禍い其の身に及ぶ。（直言忠諍、古来出口、禍及其身。）

ということになる。

傅奕の上疏十一カ条のうち、仏教批判に直接かかわるのは㈠から㈧までなので、沙門である明槩の「決対傅奕廃仏法僧事」略して「決対論」が残りの三条に言及しなかったのも納得できる対応ということができよう。しかしながら、㈩で「帝王受命すれば、皆な前政を革む」べきであるという標題を掲げていた点は、内容の詳細は不明ではあるが、すでに述べてきた傅奕の経歴に照らし合わせると、甚だ興味深い。北周とは異なり、仏教に著しく傾斜してきた隋朝の宗教政策に批判的で道士となった傅奕は、新王朝を樹立した唐の高祖に、宗教政策の大胆な変更を需めたものと解すべきであろう。

ところで、序と十一カ条からなる上疏を行なう場合、その眼目は序と㈠の「僧尼の六十已下なるものを、簡びて丁と作さしむれば、則ち兵は強く農は勧まん」に掲げられているはずである。すると、序のなかで沙門を故郷に帰して課と役を喜んで負担させるようにしたいと述べ、㈠で僧尼の六十歳以下の者を還俗させて壮丁とすれば兵と農の双方で効果がある、つまり国家財政の充実という観点が最も強調されていることになる。現今の中国において、人口経済史の分野で傅奕の人口論が注目されているのである。[26] ちなみに、この時期に傅奕が排仏論を上表した背景として、隋末唐初に惹起した仏僧の反乱という社会的状況を特筆した小笠原宣秀「唐の排仏論者傅奕について」を高く評価した西山蕗子は、前掲の「法琳『破邪論』について」において傅奕の十一カ条を復元した際、第九条として仏僧が反乱した事例十余件を指摘した項目などを復元しているが（八一頁）、従いがたい。これらの項目は、㈢の「諸州および県にて寺塔を減省すれば、則ち民は安らぎ国は治まらん」の標題の下で傅奕が掲示した具体的な事例にすぎない、と見るべきであろう。[27]

『法琳別伝』巻上（『大正蔵経』五〇巻一九八頁下段―一九九頁上段）によると、沙門が父母の鬚髪を棄て、君臣の華服を去るの利益は何か、と尋ねる高祖の「問出家損益詔」に応じた法琳は、悉達太子が袞龍の衣を去って福田の服を就けた故事を述べ、『仏本行経』の剃髪出家品の偈を引用した上で、

形を毀ちて以て其の志を成す、故に鬚髪美容を棄つ。俗を変じて以て其の道に会す、故に君臣の華服を捨つ。形は奉親を闕くと雖も、内には其の孝を懐き、礼は事主に乖くも、心には其の恩を戢む。（毀形以成其志。故棄鬚髪美容。変俗以会其道。故捨君臣華服。雖形闕奉親。而内懐其孝。礼乖事主。而心戢其恩。）

といった内容の回答を上呈した。このようなありふれた返答だったからであろう、高祖は

一覧しただけで、何も言わない。法琳は頻りに朝廷に出向くが、可とも否とも返事を貰えなかった。ただし、傅奕の上疏に関しても、握りつぶしの格好となったので、傅奕は自分が上った表状の写しを数多く作って、公然と遠近に流布させ、沙門のことを「禿丁」と呼び仏陀を「胡鬼」と呼んだ蔑称が、民間や酒席で話題となるに及んだので、反駁文をしためる道俗がしだいに多くなった。総持寺の僧普応は、傅奕の勤務先である秘書省太史局にまで出向いて、公開討論を挑んだが、禿丁の妖語など相手にできぬ、と言われただけなので、退くや『破邪論』二巻を執筆して、朝堂に持参したし[28]、前扶溝令の李師政は『内徳論』『正邪論』を撰述した[29]、という。

このように傅奕に対する駁論がつぎつぎと発表されたが、それらを仔細に検討した法琳は、駁論の根拠となっている仏教経典そのものが、そもそも傅奕にとっては廃棄されるべきものであり、頑として認めがたいものなので、十分な反論にはなっていないと考えた。そこで傅奕が尊尚する外典、儒教と道教の文献のなかで、仏を師敬する文章を論拠として執筆した『破邪論』一巻を書き上げ、高祖に上呈したのである[30]。

『破邪論』の巻数については、一巻本とするもののほか、『大蔵経』に収められている二巻本があり、その『大蔵経』も高麗本と宋元明本とでは上巻と下巻の分け方が異なっていて、議論の存するところであるが、虞世南（五五八―六三八）の「襄陽法琳法師集序[31]」を冠した『大蔵経』本二巻は、『破邪論』に関する法琳の文章を網羅したところの『破邪論集』なのであって、元来の高祖に呈上した『破邪論』は八千余字からなる一巻であったに違いない。ただし『広弘明集』巻一一所収本が節略本にすぎないことは贅言を要しない。

いずれにせよ、もともと外典の素養があり、その上に一時的にしろ、はたまた方便にしろ、道士になった経歴をもつ法琳は、道教経典への造詣が深かったので、駁論のための引用文献は多彩であったが、同時に、すでに諸家によって指摘されているがごとく[32]、『周書異記』や『漢法本内伝』といった、今日では偽書と目されている書物を論拠として多用している点は、留意しておかねばなるまい。

それはさておき、『続高僧伝』巻二四・釈法琳伝に『破邪論』の要旨が引かれていて、その論末に（『大正蔵経』五〇巻六三七頁中下段）、

議する者みな曰く、僧は惟れ仏種を紹隆し、仏は則ち国家を冥衛す。福は皇基を廕《おお》い、必ず廃退の理なし、と。我が大唐の天下を有つや、四七の辰に応じ、九五の位に安んず。まさに上皇の風を興し、正覚の道を開き、治、太平を致し、永く淳化を隆んにせんと欲す。ただ傅氏の述ぶる所の酷毒穢詞は、並びに天地の容れざる所、人倫の同《とも》に棄つる所なり。恐らくは聖覧を塵黷して、具さに観るべからず。伏して惟《おもんみ》るに、陛下、含弘の恩を布き、鞠育の恵を垂れ、其の逆順を審かにし、議するに真虚を以てせらる。

仏は正法をもって、遠く国王に委《ゆだ》ぬ。陛下の君臨は、斯れ付嘱に当る。謹みて破邪論一巻を上り、用て傅の詞に擬せん。（議者僉曰。僧惟紹隆仏種。仏則冥衛国家。福廕皇基。必無廃退之理。我大唐之有天下也。応四七之辰。安九五之位。方欲興上皇之風。開正覚之道。治致太平。永隆淳化。但傅氏所述。酷毒穢詞。並天地之所不容。人倫之所同棄。恐塵黷聖覧。不可具観。伏惟陛下。布含弘之恩。垂鞠育之恵。審其逆順。議以真虚。仏以正法。遠委国王。陛下君臨。斯当付嘱。謹上破邪論一巻。用擬傅詞。）

とあるのは、注目に値する。この個所は『広弘明集』所引には見えないが、二巻本『破邪論』の巻下（『大正蔵経』五二巻四八八頁上段）にはやや詳しく述べられていて、引用文の最後の部分に該当する個所は、

涅槃経に云う、仏滅度の後、法は国王に付す、と。陛下の君臨は、正しく付嘱に当る。伏して願わくは、其の邪説を杜し、像教をして興行せしめられんことを。（涅槃経云。仏滅度後。法付国王。陛下君臨。正当付嘱。伏願杜其邪説。使像教興行。）

となっている。法琳は、唐の高祖に対し、陛下が君臨された今、みずからを仏から正法を付嘱された国王であると表明する勅を開皇五年に下した隋の文帝と同じ存在であられんことを願望した、つまり隋文帝の宗教政策の踏襲を期待したわけで、これは疑いもなく、傅奕が上疏の終わり近くの(十)に「帝王受命すれば、皆な前政を革む」と題して、隋朝の宗教

政策の変更を迫ったであろう内容に対応し、それを全否定する議論だったのである。

法琳は、三十余紙からなる『破邪論』を高祖に上呈しただけでは済まさなかった。傅奕が上疏の写しを大量に流布させているのに対抗すべく、法琳も啓文を添えた『破邪論』の写しを「儲后・諸王および公卿侯伯」らに上ったのである。『大蔵経』所収の『破邪論』集には、虞世南の序につづき、時の皇太子李建成に宛てた武徳五（六二二）年正月二十七日付の「上殿下破邪論啓」と、武徳五年正月十二日付（高麗本による。諸本は四年九月十二日付）の「上秦王論啓」が収録されている。ところで、これらの日付を素直に信ずれば、法琳は皇太子よりも先に秦王に啓上したことになるが、いささか疑わしい。というのは、二つの啓文は『法琳別伝』巻上にも収められていて、それによると、儲后つまり皇太子に啓上したのは確かに五年正月であるが、のちの太宗つまり秦王に上啓したのは「武徳六年五月二日」と明記されているからである。[33]ともあれ、高祖は法琳の『破邪論』を評価した皇太子らの助言を聞き入れたのであって、傅奕の上疏はついに却下されたまま陽の目を見ず、仏教教団はひとまず胸を撫で下ろしたのである。

しかし、仏教界が安堵したのは、束の間にすぎなかった。傅奕は排仏の宣伝活動をその後も執拗につづけ、高祖の気持ちは揺らぎ始めるのである。武徳七（六二四）年二月丁巳十七日、[34]国子学に行幸して釈奠に臨席した高祖は、その場に道士と沙門の代表者を招き、博士らと三教論衡を開催した。

国子博士の徐文遠が『孝経』を、清虚観の道士劉進喜が『老子』を、勝光寺の沙門慧乗が『波若経』をそれぞれ講じ、太学博士の陸徳明が質疑を行なったりして閉会した後、詔を下し、「三教は異なると雖も、善は一揆に帰す」はずであるから、仏寺が立ち並ぶのに比べて儒学の施設が衰微している現状を改革するように命じた(『冊府元亀』巻五〇・帝王部・崇儒術二)。この時の三教論衡の模様については羅香林「唐代三教講論考」(35)に譲るとして、五カ月後の七月十四日に傅奕が上った「請除去釈教疏」(36)を高祖は正式に受理し、群官に付して詳議させた。この際には太僕卿の張道源だけが傅奕の疏奏を理に合していると言っただけで、中書令の蕭瑀らが反対したので大事には至らなかったが、傅奕は排仏の宣伝活動をその後も止めず、密かに道士を扇動して排仏論を造らせ、それに呼応して清虚観の李仲卿は「十異九迷論」(37)を、同じく劉進喜は「顕正論」を書き、傅奕に托して上奏した。武徳九(六二六)年三月に至り、ついに廃仏の意向を固めた高祖が、皇太子李建成に意見を求めたところ、皇太子は仏教は深遠であって、周孔の儒術も荘老の玄風も比べものにならないし、世代の賢士も今古の明君も皆な崇敬してきた、なかに不心得な沙門がいるからとて、賢愚の区別なく全員を還俗させるのは、崑山に火を縦《はな》って玉石ともに灰燼にするようなもので、賛成できないと答えた。つぎに群臣たちに諮問したところ、左僕射の裴寂は、傅奕の狂簡を納れて仏僧を毀廃すれば黎元が失望しましょう、と強硬に反対したのであった。そこで高祖は、皇太子らの諫を納れ、四月辛巳二十三日に、戒行精勤の僧・尼と道士・女冠を除外し、その他はすべて還俗させて郷里に還らせる詔を下したのである。

『旧唐書』巻一・高祖紀・武徳九年五〔四〕月辛巳の条に載せる詔のなかに、

朕、期を膺け宇を馭し、教法を興隆し、志は利益を思い、情は護持に在り。玉石をして区分し、薫蕕をして弁あらしめ、長く妙道を存し、永く福田を固め、本を正し源を澄し、宜しく沙汰に従わしめんと欲す。およそ僧・尼・道士・女冠ら、精勤練行して戒律を守る者あれば、並びに大寺観をして居住せしめ、衣食を給して乏短せしむるなかれ。それ精進する能わず、戒行に闕くるあり、供養に堪えざる者は、並びに罷遣せしめ、おのおの桑梓に還さしめよ。所司は明らかに条式を為り、務めて法教に依り、違制の事は、悉く宜しく停断すべし。京城に寺三所・観二所を留め、其の余の天下諸州におのおの一所を留め、余は悉く之を罷めよ。(朕膺期馭宇。興隆教法。志思利益。情在護持。欲使玉石区分。薫蕕有弁。長存妙道。永固福田。正本澄源。宜従沙汰。諸僧尼道士女冠等。有精勤練行守戒律者。並令大寺観居住。給衣食。勿令乏短。其不能精進戒行有闕不堪供養者。並令罷遣。各還桑梓。所司明為条式。務依法教。違制之事。悉宜停断。京城留寺三所。観二所。其余天下諸州。各留一所。余悉罷之。)

とみえる。京城の長安については仏寺三所と道観二所、それ以外の天下の諸州では仏寺と道観をそれぞれ一所のみ留め、それ以外はことごとく廃棄するという宗教政策が発表された。道士出身の傅奕は、前後七回に及ぶ上疏において排仏のみを主張してきたのに、いざ詔が下ってみると、僧・尼と仏寺のみならず、道士・女冠と道観も沙汰の対象になってしまったわけで、心外だったに違いない。

このように、武徳四年に始まる傅奕の排仏論上疏が起爆剤の役割を果たし、法琳の懸命な護法活動にもかかわらず、五年後の武徳九年四月二十三日に至って、仏・道二教沙汰の詔が下されることになった。この五年間の推移は、表面的には傅奕と法琳をそれぞれの領袖とする、道・仏両教団対決のなりふりかまわぬ宣伝合戦の展開と見られよう。

しかし、諸戸立雄「唐高祖朝の仏教政策」が明らかにしたごとく(38)、武徳四年五月に秦王李世民の主導のもとに、かつての王世充支配下の河南で断行された仏教沙汰政策(39)、つまり州ごとに一寺、三十僧を留め、他はすべて還俗させるという新占領地での宗教政策が、劉黒闥平定後の河北、輔公祏平定後の江南といった新占領地につぎつぎに適用された挙句、ついに国都の長安を筆頭とする全国規模に、しかも仏教教団のみでなく道教教団にも拡大適用せんとした政治潮流を読みとるべきなのである。

三　遺教経施行勅の発布

唐の高祖は、武徳九年四月二十三日に、仏・道二教を沙汰する詔を発した。傅奕の思惑に反し、仏教だけでなく道教をも対象としたものであった。しかし、詔の内容を詳しく載せた『旧唐書』高祖紀が「事竟不行」の四字を附加したごとく、実行はされなかった。その直後の六月庚申四日、すなわち秦王李世民がクーデタを起こして皇太子李建成らを襲殺した玄武門の変の当日、高祖は天下に大赦し、僧・尼と道士・女冠に対する沙汰も撤回されたからである。「皇太子建成斉王元吉伏誅大赦」(『唐大詔令集』巻一二三・平乱上)の末尾に、

それ僧・尼と道士・女冠は、宜しく旧定に依るべし。国朝の事は、皆な秦王の処分を受けよ。(其僧尼道士女冠。宜依旧定。国朝之事。皆受秦王処分。)[40]

とあり、国家の全権を掌握したばかりの秦王李世民が示した人心収攬策の眼目として、仏・道二教の沙汰策の撤回が表明されたのである。三日後の六月七日に李世民は皇太子となり、二カ月後の八月甲子九日、帝位に即く。太宗であり、高祖は太上皇に祭り上げられる。

この玄武門の変は、かなり周到な謀議の後に決行されたに違いないが、誘発弾の役割を果たしたのが、太史令の傅奕が前日の己未三日に行なった、「太白が秦分に見《あら》わる。まさに秦王が天下を有《たも》つべし」という内容の密奏であった事実は、注目に値する。[41] 密奏をうけた高祖が秦王に渡し、そこで秦王は急いでクーデタの決行に踏み切った、と言うのである。排仏論者の傅奕にとって、儒教よりも道教よりも仏教の方がすぐれていると発言する皇太子李建成が、やがて帝位に即くことは脅威であったから、皇太子を抹殺すべく秦王に決起を促す賭けにうってでて、まんまと図に当たったのであろう。傅奕は、道教への沙汰だけが撤回されることを期待したはずである。しかし政治は非情なもの、世論の非難を承知の上で、強引に実兄の皇太子を殺害した李世民とその側近は、仏教への沙汰をも撤回することこそが、喫緊の人心収攬策として最善であるとみなし、当日の大赦文のなかに明記したのは、当然の政治判断だったのであろう。

　玄武門の変の当日に仏・道二教の沙汰が撤回された頃、法琳は、この歳の初めに傅奕の手を通して高祖に上呈された李仲卿撰「十異九迷論」と劉進喜撰「顕正論」に対する反駁論文として「十喩九箴篇」を執筆して回答するとともに、やがて二百余紙からなる『弁正論』八巻十二篇を完成させる。十二篇の篇名は「三教治道篇」「十代奉仏篇」「仏道先後篇」「釈李師資篇」「十喩篇」「九箴篇」「気為道本篇」「信毀交報篇」「品藻衆書篇」「出道偽謬篇」「歴世相承篇」「帰心有地篇」で、まさに畢世の大著なのであった。

『大蔵経』に収録されている『弁正論』は、隠太子つまり李建成の東宮学士であった弟子の陳子良の序と注解をともなっていて、その成立過程に関しては、かつて武内義雄「教行信証所引弁正論に就いて」[42]が指摘したように、おそらく一時の作ではなくて、李仲卿と劉進喜の二道士に答えたのは、「十喩篇」「九箴篇」と「気為道本篇」の三篇、つまり八巻本『弁正論』の巻六の部分だけであろう。『広弘明集』巻一三の全体を占める「弁正論」も、これら三篇そのものである。ただし、武内義雄が、その成書は武徳九年より貞観十三年に至る十四年間にあるに似たり、と述べた点については、序と注を書いた陳子良が貞観六（六三二）年に卒していること[43]、巻四の十代奉仏篇下・大唐今上皇帝の条の最新の記事が貞観六年仲夏に穆太后のために弘福寺を造ったと述べていること[44]、貞観十三年十月に法琳が刑部尚書の劉徳威らから勘問をうけた際、八年已前に執筆したもので十一年正月の詔が出た已後では決してなく、それは高祖のことを創めは皇帝と言っていたがつぎに太上皇と書き、のちに帝諡が頒行された段階で、つまり貞観九（六三五）年十月になって方《はじ》めて太武皇帝と題した、とみずから明言しているの[45]を総合して勘案すると、貞観六年段階で一応は完成していたが、推敲を重ねた末の成書は、貞観九年の冬から翌十年にかけての時期に限定されることになろう。

傅奕の「廃仏法事十有一条」を論破する『破邪論』を書き了え、李仲卿の「十異九迷論」と劉進喜の「顕正論」とに反駁する『弁正論』を執筆中の法琳に宛てた書簡のなかで、生活その他の便宜をはかっていた右僕射の杜如晦（五八五—六三〇）は、経に護法菩薩という語のあるを聞いていたが、法師こそ其の人です、と記している。(46)『太平広記』巻九一に引く『感通記』にも、「高祖の龍顔を犯し、固く仏法を争う。仏法、全きを得るは琳の力なり。仏経の護法菩薩とは、それ琳の謂か」と評されているように、(47)護法沙門法琳の名は広く人の知るところとなっていた。貞観初年、『弁正論』を執筆して推敲を重ねていた法琳は、仏・道二教の沙汰を撤回することから出発した太宗の宗教政策に、廃仏の危機はあるまい、と見極め安堵したのであろう、住みなれた喧噪な長安城内の済法寺から、高祖の奉為に太宗が閑静な終南山の地の大和宮を捨して建立した龍田寺に移り住み、寺衆に推挙されて寺任を知しつつ、『宝星経』や『般若灯論』の漢訳にも協力して序文をしたためたりしていたのである。(48)

太宗は、貞観三（六二九）年の年末には建義以来の戦場となった七カ所に仏寺を建立し、また沙門の玄琬を宮中に召して皇太子や諸王たちに菩薩戒を授けさせる（『続高僧伝』巻二二・唐京師普光寺釈玄琬伝）、といった、本心はいざ知らず、表向きには崇仏の態度を示していたし、貞観五（六三一）年正月に僧・尼・道士らに父母への拝を命じはしたが、二年後には撤回してしまった。[49] そのような宗教政策がつづいたので、法琳も南山の地で静かに四季を送り、貞観七（六三三）年二月に太子中舎人の辛諝が仏教批判をした時も、慧浄ともども反論はしたが、穏やかな筆致であった。[50] 特に、貞観九（六三五）年四月に卒した弘福寺の智首の葬儀が、国葬の礼で営まれたことは、[51] 隋朝においてさえ僧の国葬はなかったこととて、仏教界の注視を浴びたのであった。このような塩梅であったので、太宗が、貞観十一（六三七）年正月十四日に貞観律令を頒布した翌十五日、上元の日に、[52] 巡幸先の洛陽で、宗室李氏の本系が老子李聃より出ているがゆえに、今後は道士・女冠を僧・尼の前に在らしめて、本系の化を敦くし、祖宗の風を尊ばしめん旨の詔を発したことは、仏教界にとって衝撃以外の何ものでもなかった。かくて六十六歳の春を迎えた老境の法琳の身辺は急に慌しくなったのである。

この詔が下るや、京邑の僧徒たちはただちに抗議運動を始めた。有司が抗議文を受理しないので、三十八歳の俊穎、大総持寺の智実は、大徳の法常や法琳ら十人と関口おそらく潼関まで出向いて上表文を論拠とする道経や史籍と一緒に上呈した。[53] 太宗は姿を見せず、中書侍郎の岑文本を派遣して、口勅を宣した。その口勅は、『法琳別伝』巻中によれば、

諸僧らにつげん。明勅すでに下れり、もしも伏さざれば、国に厳科あらん。（語諸僧等。明勅既下。如也不伏。国有厳科。）

とあり、『続高僧伝』巻二四・智実伝には、「伏さざる者は杖を与えん（不伏者与杖）」とある。厳しい内容の口勅を聞いた法琳らは「気を飲み声を呑んで」なす術もなく引き下がってしまった。智実だけは、この理に伏さずと言い、ついに杖罪に処された上で放免されたが、その月のうちに卒したのであった。

二年半ばかり後の貞観十三（六三九）年秋に、法琳の生涯の論敵であった傅奕が八十五歳の人生を閉じるが、その九月に、西華観の道士の秦世英が画策し、親しくしていた皇太子を通じ、法琳の『弁正論』は皇宗を訕謗するために執筆されたもので、その罪は重大ですと申し立てた。烈火のごとくに怒った太宗は、『遺教経』を官費で書写させて天下に施行し、今後、僧・尼は『遺教経』の教えを遵守した業行をすべしとする旨の勅を発するとともに、法琳を逮捕するように命じたのである。この勅が、「仏遺教経施行勅」と題されて『文館詞林』巻六九三に収録され[54]、そこから宋・志磐撰『仏祖統紀』巻三九や元・覚岸編『釈氏稽古略』巻三に移録され、さらに『遺教経』の補注などとともに流布し[55]、『全唐文』巻九にも収められ、近年になって『文館詞林』の巻構成の観点や太宗の仏教政策を検討する立場[56]から取り上げられているものである。テキストによって文字の異同があるが、およそつぎのような内容である。

唐太宗文皇帝施行遺教経勅

さきに如来滅度のとき、末代の澆浮あらんことを以て、国王・大臣に付嘱して、仏法を護持せしむ。然れば僧尼の出家は、戒行すべからく備わるべし。若し情を縦にして淫佚し、触塗して煩悩し、人間に関渉して、ややもすれば経律に違えば、既に如来玄妙の旨を失い、また国王受付の義を虧く。遺教経は是れ仏が涅槃に臨みて説く所にして、弟子を誡勧すること、甚だ詳要たり。末俗の緇素、並びに崇奉せず。大道まさに隠れんとし、微言まさに絶えんとす。永く聖教を懐い、用て弘闡せんことを思う。宜しく所司をして、書手十人を差し、多く経本を写し、務めて尽く施行せしむべし。須いる所の紙筆墨等は、有司より準給せよ。それ京官の五品已上および諸州の刺史に、おのおの一巻を付せよ。若し僧尼の業行、経文と同じからざるを見れば、宜しく公私ともに勧勉し、必ず遵行せしめよ。(往者如来滅度。以末代澆浮。付嘱国王大臣。護持仏法。然僧尼出家。戒行須備。若縦情淫佚。触塗煩悩。関渉人間。動違経律。既失如来玄妙之旨。又虧国王受付之義。遺教経是仏臨涅槃所説。誡勧弟子。甚為詳要。末俗緇素。並不崇奉。大道将隠。微言且絶。永懐聖教。用思弘闡。宜令所司。差書手十人。多写経本。務尽施行。所須紙筆墨等。有司準給。其京官五品已上。及諸州刺史。各付一巻。若見僧尼業行。与経文不同。宜公私勧勉。必使遵行。)

法琳が『弁正論』で老子を非難した真意は唐室の祖先を誹謗するにあったのだ、という秦世英の讒言をうけて、激怒した太宗が発した「遺教経施行勅」において、如来は滅度のときに国王・大臣に付嘱して仏法を護持させていたので、付嘱をうけた国王たる者の責務として、遺教経の本旨に逸脱した僧・尼の行業を許すわけにはいかない、と明言している点に、特に注意を喚起したい。

前節で述べたごとく、法琳は『破邪論』を高祖に上呈した際、隋の文帝のように、正法を付嘱された国王であられるようにと期待し、時の秦王つまり太宗にも啓文を添えて上っていたのであるが、その太宗が正法を付嘱された国王であると表明した上で、しかるがゆえに、僧・尼の業行には自主規制が要求される、と述べている。法琳の真意が巧みに換骨奪胎されてしまっているのである。私は、「唐中期の仏教と国家」において玄宗朝の仏教政策を論じた際(57)、開元二十一(七三三)年十月に僧・尼に拝君を命じあわせて拝父母の再確認を期した詔のなかで、玄宗が仏法の宣布を付嘱された国王であると述べていた点に検討を加えたが、その詔は、およそ百年前に発せられた太宗のこの勅を踏まえていたことが確認されるわけである。「遺教経施行勅」が下された時点の情況を認識すれば、『仏祖統紀』巻三九で、この勅を簡略して引用した志磐が、

太宗、務僧のもと遺教に在るを知り、故によく有司を戒めて経本を写し、公私をして相勧め、過を免れしむ。それ仁王護法の心に得るあるなり。(太宗知務僧之本在於遺教。

故能戒有司写経本。令公私相勸。俾免於過。其有得於仁王護法之心也。）
と述べていた意見には、同意できない。「太宗の遺教経施行は、仏者が見るような仏教尊崇の立場からではなくて、仏教を王法の下に組み入れようとする動きと関連させて考える可きもの」とする滋野井恬の見解[58]の方が妥当であろう。

逮捕令[59]の出た直後、法琳はみずから州庁に出頭して、身柄を拘束された。冬十月丙申二十七日、太宗は刑部尚書の劉徳威、礼部侍郎の令狐徳棻、治書侍御史の韋悰、司空の毛明素といった錚々たる顔触れを州に派遣して勘問させた。この際の劉徳威らの尋問と法琳の答弁の詳細は、『法琳別伝』の巻中から巻下にかけてじつに詳細に記録されている。

半月ばかり後の十一月十五日に、尋問と答弁の全容が太宗に報告される。そこで法琳を宮中に呼び、太宗は、朕の本系が老聃で、末葉が隴西より起こったことを承知していながら、なぜ『弁正論』の「釈李師資篇」と「仏道先後篇」で老聃の道教を批判したのか、「言なくば即ち死し、説あれば即ち生きん」と詰め寄ったところ、法琳は、拓跋達闍が唐の李氏であって、陛下の李はその末裔です、隴西の李氏である老聃とは全く無関係です、と答え、典拠を並べたてたものだから、太宗は大怒竪目した。太宗はその後も厳しく尋問をつづけるが、法琳は一向に臆せず、自説を主張しつづけた。最後には太宗も根負けして感心し、法琳を釈放しようとした。今度は憲司が承知しない。「およそ乗輿を指斥する者は、罪、大辟に当る」はずだ、と言う。そこで死刑は免れるが、関中の地を離れて益部つまり四川の僧寺に徙されることが決定された。

この頃、京邑の僧侶たちの間で、法琳の言動について、朝廷批判が過激すぎ、このままでは廃仏を引き起こしかねないから、はやく剣南つまり四川へ遷ってしまえ、といった風評が流行しだしたのである。「遺教経施行勅」は仕方ないとしても、廃仏のきっかけになりかねぬ法琳を遠地に隔離するに如《し》くはない、というわけである。この身内からの批判攻撃に法琳は立腹し、屈原の心情をうたった詩篇を書き綴った上、涙ながらに長安を離れ、益部に向かう。貞観十四（六四〇）年六月に、百牢関の菩提寺に至った時に下痢症状となり、断金の仲の沙門慧序に見とられつつ、七月二十三日に、六十九歳の生涯を終えた。護法菩薩の再来と称された沙門の淋しい最期である。慧序をはじめとする道俗たちは、東山の山頂に手厚く葬り、上に白塔をたてた。

絶望のうちに法琳が関中の最南端で息を引き取った直後、法琳を告発した道士の秦世英の方も、治書侍御史の韋悰の手で、口実を設けて逮捕され、誅された[60]。法琳を追悼する声が政府批判に拡大するのを避けるための巧妙な動きと言えよう。同年十一月、尚書左丞の要職についている韋悰の言動が史書に記録されている。

四　禁書とされた『法琳別伝』

旧稿「唐中期の仏教と国家」で対象とした時期に先行する唐初の宗教政策の動向を、法琳の事跡を通して素描せんとした拙論を了えるに際し、最も多くの史料を仰いだ三巻からなる京弘福寺沙門彦悰撰『唐護法沙門法琳別伝』略して『法琳別伝』について、気づいた事項を記しておきたい。

法琳その人については、『続高僧伝』巻二四に立伝されているほか、虞世南撰の「襄陽法琳法師集序」や陳子良撰の「弁正論序」などが残されているが、李懐琳の序を冠した『法琳別伝』が伝わらなければ、陰翳に富んだ最晩年の心境を知るよすがなかっただけでなく、特に貞観十三年九月に起きた勘問の生ま生ましい証言、宗教裁判記録が失われていたことになる。

ところで、この『法琳別伝』は、『大正新脩大蔵経』五〇巻・史伝部二に収録されていて、現今のわれわれが閲読するのは容易なのであるが、唐の智昇が『大蔵経』五〇四八巻の基準となる『開元釈教録』を撰した開元十八（七三〇）年の時点で、撰者未詳の『漢法本内伝』五巻とともに、明勅によって禁断され、流行を許されていなかった、という事実は特筆に値するであろう。ただし、これら二部の伝は、禁書ではあったが、代々伝写されていたのである。[61]宋・元・明の『大蔵経』にも入蔵されなかったが、『高麗版大蔵経』には入蔵され、それを底本として『縮刷蔵経』『大正蔵経』などに入れられたが、他のテキストとの校異を記されはしなかった（今では李懐琳の序をともなわないペリオ将来敦煌文献二六四〇号などの『法琳別伝』によって、多少の校異は可能であるが）。「通極論」「福田論」の撰者として有名な隋の彦琮（五五七―六一〇）と似た名前の弘福寺の彦悰が、僧伝に残らなかったのは、禁書の著者だったからかもしれない。

『法琳別伝』はなにゆえに禁書とされたのか、おそらくは、唐室の李氏が隴西の李氏ではなくて、拓跋達闍の後裔であることを論証した法琳の証言[62]が、唐朝の禁忌に触れたからに違いない。貴族社会の終末期に中国に君臨した唐朝は、隴西の李氏と自称しつつ、三回にわたって氏族志を編纂するが、その第一回目が貞観六年に一旦完成したにもかかわらず、太宗の怒りにあって改訂を命ぜられ、完成して天下に頒布されたのが貞観十二年正月のことだったのである。そのような微妙な時期に、法琳は、唐朝の祖先は隴西の李氏ではなく、道教の始祖の老聃と無関係であるという主張を、太宗の面前で力説したのであった。それまでは護法沙門として尊敬を集めていた法琳が、迷惑がられるに至ったのも、あまりに時期が悪かったからなのである。

それにしても、この時期の法琳の言動をかくも詳細に記録してくれた著者彦悰に、満腔の敬意を表したい。

注

（1） 拙稿「唐中期の仏教と国家」（『中国中世の宗教と文化』京都大学人文科学研究所、一九八二年。のち『唐代政治社会史研究』同朋舎出版、一九八六年、および『隋唐の仏教と国家』中公文庫、一九九九年に再録）。

（2） 玄宗朝の仏教政策の部分は、のちに縮約して英訳された。Tonami Mamoru, "Policy towards the Buddhist Church in the Reign of T'ang Hsüan-tsung," *Acta Asiatica* 55 (1988), pp. 27-47.

（3） 塚本善隆は、まず「北周の廃仏に就いて」（『東方学報　京都』一六、一九四八年）において「一　序説」から「六　北周の仏教」までを発表し、ついで「北周の廃仏に就いて（下）」（『東方学報　京都』一八、一九五〇年）において「七　武帝の宗教教団廃毀断行」と「八　結語」を書き足されていたが、『魏書釈老志の研究』（仏教文化研究所、一九六一年）に再録するに際し、「七　武帝の三教斉一会談の失敗」と「八　北周の道教と道士張賓」を中間に増添し、元来の七と八を九と十に改めた上、論文名も「北周の廃仏」と改称された。のち『塚本善隆著作集』第二巻（大東出版社、一九七四年）に、そのまま再録された。なお拙稿「塚本善隆著

『魏書釈老志の研究』書評」(『史林』四五―二、一九六二年)参照。
(4) 道宣撰『続高僧伝』巻二・隋東都上林園翻経館沙門釈彦琮伝に「及周武平斉。尋蒙延入。共談玄籍。深会帝心。勅預通道館学士。時年二十有一。与宇文愷等周代朝賢。以大易老荘。陪侍講論」(『大正蔵経』五〇巻四三六頁下段)とある。釈彦琮については、隋唐の思想と社会研究班「通極論訳注(上)」(『東方学報 京都』四九、一九七七年)の巻頭の解題(福永光司稿)を参照。ただし、そこに「北斉を滅ぼした北周の武帝に招かれて、その建徳三年(五七四)、都長安に設立された通道観の学士となった二十一歳から」とある個所の「建徳三年(五七四)」は「建徳六年(五七七)」の誤記である。
(5) 李吉甫撰『元和郡県図志』巻一・関内道一・京兆府の条の原注に「初隋氏営都。宇文愷以朱雀街南北有六条高坡。為乾卦之象。故以九二置宮殿。以当帝王之居。九三立百司。以応君子之数。九五貴位。不欲常人居之。故置玄都観及興善寺以鎮之」とある。拙稿「中国都城の思想」(岸俊男編『日本の古代9 都城の生態』中央公論社、一九八七年)一〇六―一一〇頁、田中淡「隋朝建築家の設計と考証」(『中国建築史の研究』弘文堂、一九八九年)一九三―二〇三頁および二九二頁、参照。
(6) 道世撰『法苑珠林』巻七九・十悪篇邪見部「唐太史令傅奕。本太原人。隋末徙至扶風。少好博学。善天文暦数。聡弁能劇談。自武徳貞観二十許年。常為太史令。性不信仏法。毎軽僧尼。至以石像為塼瓦之用。至貞観十四年秋暴病卒」(『大正蔵経』五三巻八七六頁中段)。
(7) 小笠原宣秀「唐の排仏論者傅奕について」(『支那仏教史学』一―三、一九三八年)八五頁。

同頁に「広弘明集にはそれより以前の経歴を記して、魏人に随って北斉を伐ち、平ぐるや周士通道観に入り」と述べている部分も、明本大蔵経系統の諸本が「随魏人伐斉平入周仕通道観」と作るのに忠実に従った結果であろうが、『高麗版大蔵経』が「随魏入代斉平入周仕通道観」と作っているのに従うべきであろう。ちなみに、小笠原も参照された久保田量遠『支那儒道仏三教史論』(東方書院、一九三一年。のちに『中国儒道仏三教史論』と改題して国書刊行会、一九八六年)の第十五章「唐代に於ける道仏二教の抗争」二九九頁に、「広弘明集第七(露五p. 35)に依れば北地范陽の人にして魏人に随って斉を伐ち、周士の通道観に入り」と書かれていた。『高麗版大蔵経』を底本にした『縮刷蔵経』の露五を典拠としながら、明本に随っている。

(8)『長安志』巻九・崇業坊・玄都観の条「隋開皇二年。自長安故城。徙通道観於此。改名玄都観。東与大興善寺相比」。なお通道観と玄都観については、山崎宏「隋の玄都観とその系譜」(『隋唐仏教史の研究』法藏館、一九六七年、第四章)・同「北周の通道観」(『東方宗教』五四、一九七九年。のち追記を附して『中国仏教・文化史の研究』法藏館、一九八一年に再録)、窪徳忠「北周の通道観に関する一臆説」(『福井博士頌寿記念東洋文化論集』早稲田大学出版部、一九六九年)・同「北朝における道仏二教の関係」(横超慧日編『北魏仏教の研究』平楽寺書店、一九七〇年)を参照。

(9) 塚本善隆「隋仏教史序説——隋文帝誕生説話の仏教化と宣布」(『鈴木学術財団研究年報』九、一九七三年。のち『塚本善隆著作集』第三巻、大東出版社、一九七五年に再録)・同「隋

文帝の宗教復興特に大乗仏教振興――長安を中心にして」(『南都仏教』三二、一九七四年)参照。また隋朝の仏教と道教については、山崎宏『隋唐仏教史の研究』(法藏館、一九六七年)の第一章「隋朝の文教政策」、第三章「隋の大興善寺」などを参照。

(10)『弁正論』巻三・十代奉仏篇上・隋高祖文皇帝の条に「開皇五年。爰請大徳経法師。受菩薩戒。因放獄囚。仍下詔曰。朕夙膺多祉。嗣恭宝命。方欲帰依種覚。敦崇勝果。以今月二十三日。請経法師於大興善殿。受菩薩戒。云云」(『大正蔵経』五二巻五〇九頁上段)とある。経法師とは法経のことであり、大興善殿とは宮城の正殿たる大興殿のことで唐代の太極殿にあたる。

(11)『歴代三宝紀』巻一二・大隋録に文帝の懺悔誓願文を載せたあと、「于時台宮主将。省府官僚。諸寺僧尼。県州佐史。幷京城宿老等。並相勸率。再日設斎。奉慶経像。日十万人。寺別勅使。香湯浴像」(『大正蔵経』四九巻一〇八頁中段)と記している。

(12)『資治通鑑』巻一八〇・仁寿四年八月の条「漢王諒有寵於高祖。為幷州総管。(胡三省注)開皇十七年。漢王諒代秦王俊為幷州総管。)自山以東。至于滄海。南距黄河。五十二州皆隷焉。特許以便宜従事。不拘律令。……会熒惑守東井。儀曹鄴人傅奕暁星暦。(胡三省注)按隋制。王府諸曹無儀曹。蓋不在諸参軍之数。)諒問之曰。是何祥也。対曰。天上東井。黄道所経。熒惑過之。乃其常理。若入地上井。則可怪耳。(胡三省注)奕知諒有異図。詭対以自免於禍。)諒不悦」。

(13)同・前条のつづきに「群臣奏漢王諒当死。帝不許。除名為民。絶其属籍。竟以幽死。諒所部吏民坐諒死徙者二十余万家」。

（14）『旧唐書』巻七九・傅奕伝「〔漢王〕諒不悦。及諒敗。由是免誅。徙扶風。高祖為扶風太守。深礼之」、『新唐書』巻一・高祖本紀「事隋譙隴二州刺史。大業中。歴岐州刺史・滎陽楼煩二郡太守」、『隋書』巻三七・李敏伝「後幸仁寿宮。以為岐州刺史。大業初。転衛尉卿」。

（15）氣賀澤保規「扶風法門寺の歴史と現状」（『仏教芸術』一七九、一九八八年）、陳景富編著『法門寺』（三秦出版社、一九八八年）参照。

（16）吉岡義豊「初唐における道仏論争の一資料『道教義枢』の研究」（『道教と仏教』第一、国書刊行会、一九八〇年第二版）三一四頁では、孟安排が本拠を有した青渓は武昌の青渓山とするのが妥当かもしれない、と書かれていたが、第二版の巻末に附された著者朱入本にもとづく補註40に、『集古今仏道論衡』巻丙（『大正蔵経』五二巻三八〇頁下段）の法琳が「少出家住荆州青渓山玉泉寺」とある記事などが列挙されていて、吉岡が孟安排と法琳が住した青渓山は荆州に属したと認識されるに至ったことが読みとれる。

（17）庄野真澄「唐沙門法琳伝について」（『史淵』一四、一九三六年）、三輪晴雄「唐護法沙門法琳について」（『印度学仏教学研究』二二―二、一九七四年）。

（18）『唐護法沙門法琳別伝』巻上（『大正蔵経』五〇巻一九八頁下段）に「因以義寧初歳。仮衣黄巾。冀罄宗源。従其居館。然法師素閑荘老。談吐清奇。而道士等競契金蘭。慕申膠漆。故使三清秘典。洞鑑玄津。九府幽微。窮諸要道。遂得葛妄張虚之旨。韜韞襟懐。李氏奉釈之謨。記諸心目。武徳年首。還莅釈宗」とあり、『続高僧伝』巻二四・釈法琳の条（『大正蔵経』五〇巻六三六頁下段）にも同趣旨の文が見える。

(19) 拙稿「嵩岳少林寺碑考」(川勝義雄・礪波護編『中国貴族制社会の研究』京都大学人文科学研究所、一九八七年)を参照。

(20) 法琳『破邪論』巻上(『大正蔵経』五二巻四七六頁中段)によると、傅奕が「減省寺塔廃僧尼事」を上った年月日を『高麗版大蔵経』では武徳四年六月二十日とし、ほかの『大蔵経』では武徳四年四月二十日とする。なお、『法琳別伝』巻上には「後四年秋九月。有前道士太史令傅奕。先是黄巾党其所習。遂上廃仏法事十有一条」(『大正蔵経』五〇巻一九八頁下段)とあり、これに従うと武徳四年九月ということになる。西山蕗子「法琳『破邪論』について」(『鈴木学術財団研究年報』九、一九七二年)七四頁に「四月・六月・秋九月などの諸説のいずれが正しいかは不明である」と述べる。

(21) 『広弘明集』巻二四・問出家損益詔并答(『大正蔵経』五二巻二八三頁上中段)。『唐文拾遺』巻一では、「問仏教何利益詔」と題している。

(22) 常盤大定「道仏二教交渉史」(『支那に於ける仏教と儒教道教』東洋文庫、一九三〇年)、久保田量遠「唐代に於ける道仏二教の抗争」(前掲注7)など。

(23) 前掲注(20)西山蕗子「法琳『破邪論』について」特に「Ⅳ 十一条の再構成」。

(24) 吉川忠夫「中国における排仏論の形成」(『六朝精神史研究』同朋舎出版、一九八四年、所収。原題「中国の排仏論」『南都仏教』三四、一九七五年)、特に「三 道宣と傅奕」。

(25) 傅奕の上疏の序は、法琳撰『破邪論』巻上に収められた、皇太子の李建成に上られた「上殿下破邪論啓」(武徳五年正月二十七日)のなかにも引用されている(『大正蔵経』五二巻四七五頁下段―四七六頁中段）。

（26）張光照・楊致恒『中国人口経済史』（西南財経大学出版社、一九八八年）の第四章第二節「傅奕的人口経済思想」二一一―二一三頁。

（27）前掲注（24）吉川忠夫「中国における排仏論の形成」五三六―五三七頁参照。

（28）『法琳別伝』巻上に「総持道場釈普応者。戒行精苦。博物不群。属奕狂言。因製破邪論二巻」（『大正蔵経』五〇巻一九九頁上段）といい、『続高僧伝』巻二四・護法下・唐京師大総持寺釈智実伝に「初総持寺有僧普応者。亦烈亮之士也。通涅槃摂論。有涯略之致。以傅奕上事。群僧蒙然。無敢諫者。応乃入秘書太史局。公集郎監。命奕対論。無言酬賞。但云禿丁妖語不労叙接。応曰。妖孽之作。有国同誅。如何賢聖倶崇。卿独侮慢。奕不答。応退造破邪論両巻。云云」（『大正蔵経』五〇巻六三六頁上中段）とある。

（29）『法琳別伝』巻上に「又前扶溝令李師政者。帰心仏理。篤意玄宗。義忿在懐。又撰内徳正邪二論」（『大正蔵経』五〇巻一九九頁上段）とある。なお、『広弘明集』巻一四に収められている門下典儀李師政撰『内徳論』は弁惑篇・通命篇・空有篇の三篇からなり、弁惑篇では十条にわたって傅奕を批判している。道宣撰『大唐内典録』巻五（『大正蔵経』五五巻二八一頁下段）には、『内徳論』が貞観初年に作られたとする。李師政撰の『法門名義集』一巻が『大正蔵経』五三巻に収められている。

（30）『続高僧伝』巻二四・釈法琳伝「于時達量道俗、勲豪成論者非一。各疏仏理。具引梵文。委示業縁。曲垂邪正。但経是奕之所廃。豈有引廃証成。雖曰破邪。終帰邪破」（『大正蔵経』五

○巻六三七頁上段）。『法琳別伝』巻上に「法師咸詢作者。備覧諸文。情用不安。謂衆人曰。経教奕之所廃。豈得引廃証成。雖欲破邪帰正。未遣邪原。今案孔老二教師敬仏文。就彼宗承。斥其虚謬。衆人皆以為然。法師因著破邪論一巻。可八千余言」（『大正蔵経』五〇巻一九九頁上段）。

（31）虞世南撰「襄陽法琳法師集序」（『大正蔵経』五二巻四七四頁下段―四七五頁上段）の文中に、青渓山記一巻を撰したこと、また破邪論一巻を撰したことを述べ、最後に「法師著述之性。速而且理。凡厥勒成。多所遺逸。今散採所得詩賦碑誌讃頌箴誡記伝啓論。及三教系譜釈老宗源等。合成三十巻」と書いているので、この序が『破邪論』のための序ではないことがわかる。

（32）吉岡義豊「道仏二教の対弁書としての漢法本内伝の成立について」（『道教と仏教』第一、日本学術振興会、一九五九年）、大淵忍爾「敦煌本仏道論衡書考」（『岡山大学法文学部学術紀要』一三、一九六〇年）、大野達之助「仏教伝来説をめぐる周書異記考」（『日本歴史』一二〇、一九六五年）、楠山春樹「釈迦生滅の年代に関する法琳の所説」（『三蔵』二〇五・二〇六、大東出版社、一九八〇年）など。

（33）『法琳別伝』巻上（『大正蔵経』五〇巻二〇〇頁下段）に「武徳六年五月二日。済法寺沙門琳等啓上。時皇儲等。因奏法師之論。高祖異焉。故傅氏所陳。因而致寝。釈門再敞」。

（34）『唐会要』巻三五・釈奠の条に「武徳七年二月十七日。幸国子学。親臨釈奠。引道士沙門。与博士雑相駁難。久之」とあり、『資治通鑑』巻一九〇・武徳七年二月の条に「丁巳。上幸国子学。釈奠。詔諸王公子弟各就学」とある。

(35) 羅香林「唐代三教講論考」(『唐代文化史』台湾商務印書館、一九五五年)の「2、高祖時代之三教講論及儒家之獲勝」と「3、太宗高宗時代之三教講論及道教之地位」。

(36) 『唐会要』巻四七・議釈教上の冒頭に「武徳七年七月十四日。太史令傅奕上疏。請去釈教。云云」とある。

(37) 『法琳別伝』巻上(『大正蔵経』五〇巻二〇〇頁下段―二〇一頁中段)参照。

(38) 諸戸立雄『中国仏教制度史の研究』(平河出版社、一九九〇年)の第四章「唐初における仏教教団と国家」の第二節「唐高祖朝の仏教政策」五一三―五五一頁。

(39) 『資治通鑑』巻一八九・武徳四年五月丁卯の条に「秦王世民観隋宮殿。歎曰。逞侈心窮人欲。無亡得乎。命撤端門楼。焚乾陽殿。毀則天門及闕。廃諸道場。城中僧尼。留有名徳者各三十人。余皆返初」とあり、『続高僧伝』巻二四・護法下・釈慧乗伝に「武徳四年。掃定東夏。有勅。偽乱地僧。是非難識。州別一寺。留三十僧。余者従俗。上以洛陽大集名望者多。奏請二百許僧。住同華寺。乗等五人。勅住京室」(『大正蔵経』五〇巻六三三頁下段)とある。この際に河南の地で仏教沙汰が厳格に行なわれたことは、秦王李世民に協力した少林寺さえもが、武徳五年から七年七月までの期間、廃棄されて僧徒は還俗し傜役に従わしめられた史実に確かめられる。

(40) この大赦文は『冊府元亀』巻八三・帝王部・赦宥二にも全文が収められている。『資治通鑑』巻一九一・武徳九年六月庚申の条に「是日。下詔。赦天下。凶逆之罪。止於建成・元吉。自余党与。一無所問。其僧尼道士女冠。並宜依旧。国家庶事。皆取秦王処分」と要約されている。

(41)『資治通鑑』巻一九一・武徳九年六月己未の条に「太白復経天。傅奕密奏。太白見秦分。秦王当有天下。上以其状授世民。云云」とある。『旧唐書』巻三六・天文下と巻七九・傅奕伝では武徳九年五月のこととする。

(42) 武内義雄「教行信証所引弁正論に就いて」(『武内義雄全集』第九巻、角川書店、一九七九年)の「一　弁正論の撰者と其の書」参照。

(43) 陳子良が隠太子李建成の東宮学士であったことは、『旧唐書』巻一九〇上と『新唐書』巻二〇一の賀徳仁伝に見え、貞観六年に卒したことは、宋・計有功撰『唐詩紀事』巻四・陳子良の条に見える。ちなみに、『弁正論』の序には「弟子潁川陳子良」とあり、『唐詩紀事』には「子良、呉人」とある。

(44)『弁正論』の十代奉仏篇では太宗が穆太后のために弘福寺を造った年月を貞観六年仲夏と記すが(『大正蔵経』五二巻五一四頁上段)、他の文献では貞観八年と伝える。小野勝年『中国隋唐長安・寺院史料集成』(法藏館、一九八九年)解説篇の修徳坊の興〔弘〕福寺の条(一二九—一三六頁)参照。

(45)『法琳別伝』巻中に「法師対曰。琳所著論文。本縁劉李。実非詔出已後。乃是八年已前。但為謚号未行。創云皇帝。次依漢史為太上皇。後見帝謚頒行。方題大武。請尋論巻第四。云云」(『大正蔵経』五二巻二〇六頁下段—二〇七頁上段)とある。

(46)『法琳別伝』巻上に「矚傅奕之狂簡。已製破邪。遇劉李之訛言。将修弁正。経云護法菩薩。

正応如是。昔聞其語。今見其人」（『大正蔵経』五〇巻二〇一頁下段）。

(47)『太平広記』巻九一・法琳の条「後唐高祖納道士言。将滅仏法。法琳与諸道士競論。道士慙服。又犯高祖龍顔。固争仏法。仏法得全。琳之力也。仏経護法菩薩。其琳之謂乎」。

(48) 三十余巻あったとされる法琳の著作のうち、諸文献のなかに書名の見える十部十八巻の名が、前掲注（20）西山蕗子「法琳『破邪論』について」の注（11）に挙げられている。このほかに、『宝林伝』巻八・第二十九祖可大師章断臂求法品第四十に、唐内供奉沙門法琳撰の碑文が引用されているが、法琳が内供奉であったとは考えられず、おそらく後世の仮託であろう。

(49) 拙稿「唐代における僧尼拝君親の断行と撤回」（『東洋史研究』四〇―二、一九八一年。のち前掲注（1）『唐代政治社会史研究』および『隋唐の仏教と国家』に再録）の「二　隋唐初における不拝君親運動」を参照。

(50)『法琳別伝』巻上（『大正蔵経』五〇巻二〇二頁下段―二〇三頁中段）、『集古今仏道論衡』巻丙・辛中舎著斉物論浄琳二師抗釈事四条（同五二巻三八四頁上段―三八五頁上段）。

(51)『続高僧伝』巻二二・唐京師弘福寺釈智首伝。

(52)『唐会要』巻四九・僧道立位の条に「貞観十一年正月十五日。詔道士女冠。宜在僧尼之前」、『通典』巻六八・僧尼不受父母拝及立位の条に「大唐貞観十一年正月。詔道士女冠。宜在僧尼之前」、『広弘明集』巻二五・令道士在僧前詔幷表の条に「貞観十一年。駕巡洛邑。黄巾先有与僧論者。聞之於上。乃下詔云。云云」（『大正蔵経』五二巻二八三頁下段）とあるのなどを参照。

(53) この上表文は、『法琳別伝』巻中では「琳」の名で書かれたことにし、『広弘明集』巻二五では「某」としているが、『続高僧伝』巻二四・唐京師大総持寺釈智実伝では「法常等」に作っている。

(54)『釈氏稽古略』巻三(『大正蔵経』四九巻八一五頁下段)に「遺教経　貞観十八年。帝勅曰。云云」として、出典を「見唐書旧史幷文館辞林」とする。唐書旧史が何に該当するかは不詳。

(55)中村裕一「文館詞林巻次未詳残簡「勅」考証」(『史学雑誌』八二―六、一九七三年。のち『唐代制勅研究』汲古書院、一九九一年に再録)。野沢佳美「文館詞林第六百十三巻佚文の巻次について」(『汲古』一六、一九九〇年)。

(56)結城令聞「初唐仏教の思想史的矛盾と国家権力との交錯」(『東洋文化研究所紀要』二五、一九六一年)、滋野井恬「唐貞観中の遺教経施行について」(『印度学仏教学研究』二六―一、一九七七年)など。

(57)前掲注(1)拙稿「唐中期の仏教と国家」(『唐代政治社会史研究』四五九―四六三頁、『隋唐の仏教と国家』一七四―一七九頁)。

(58)前掲注(56)滋野井恬「唐貞観中の遺教経施行について」。

(59)『法琳別伝』巻中。

(60)『続高僧伝』巻二四・釈法琳伝「于時治書侍御史韋悰。審英飾詐。乃奏弾曰。云云」(『大正蔵経』五〇巻六三八頁下段―六三九頁上段)。『集古今仏道論衡』巻丙・太宗文皇帝問沙門法琳交報顕応事の条「下勅。徙於益部僧寺。於時朝庭上下知英構扇。御史韋悰。審英飾詐。疑陽庶俗。乃奏弾曰。云云」(『大正蔵経』五二巻三八五頁中下段)。

（61）『開元釈教録略出』巻四「漢法本内伝五巻。未詳撰者。沙門法琳別伝三巻。沙門彦悰撰。右二部伝。明勅禁断。不許流行。故不編載。然代代写之」（『大正蔵経』五五巻七四六頁中段）。また『貞元新定釈教目録』巻二三「沙門法琳伝三巻。沙門彦悰撰。右一部伝。旧録云。明勅禁断。不許流行。故不編載。今詳此意。蓋在一時。然不入格文。望許編入貞元目録」（『大正蔵経』五五巻九五九頁中段）。

（62）陳寅恪「李唐氏族之推測」（『金明館叢稿二編』上海古籍出版社、一九八〇年）の（乙）李唐自称西涼後裔之可疑、（己）唐太宗重修晋書及勅撰氏族志之推論の両条を参照。

唐中期の仏教と国家

「唐中期の政治と社会」[1]（『唐代政治社会史研究』東洋史研究叢刊之四十）において、則天武后が皇后に冊立された時点（六五五年）から安史の乱勃発（七五五年）にいたる百年間の政治と社会の動きを概観した。この期間の前半は、中国史上ただ一人の女帝となる高宗の皇后武氏がしだいに権力を掌握して武周革命をひきおこし、つづく中宗の皇后韋氏とともに政治を乱したとして、これまで〝武韋の禍〟と目されてきた時期であり、後半は、〝開元の治〟あるいは〝開元天宝の盛世〟とよばれてきた玄宗の治世にあたる。一世紀にわたるこの時期の概説を書くに際しては、貴族制の変質過程と財政問題の推移に主たる関心を注いで論述し、仏教については、他の方が専論を用意されていたという事情もあり[2]、武周革命の際に弥勒仏下生の思想が『大雲経』に結びつけられた様相を略説するに止めた。そこで本章では、同じ時期、すなわち武周王朝を中間にはさんだ唐の高宗朝から玄宗朝にいたる時期の中国社会で、仏教がいかに受容されたか、また仏教教団の活動にたいして、国家はいかなる対応・規制をなしたかをやや詳しく考察し、中国における仏教受容の諸相を明らかにする一助に供したい。

唐の高宗朝から玄宗朝にかけての中国社会における仏教の受容を考察するにあたって、まず第一・二節では、第一次史料である当時の写経の跋文と造像銘文を検討し、従来の成果に再吟味を加えてみたい。つぎに第三節では、当時の、とくに玄宗朝の仏教政策を跡づけることを意図する。あらためて述べるまでもなく、国家による仏教政策を検討するに際して、もっとも基本となるのは詔勅文である。ところが、これまでの諸研究は、詔勅文の検討に際して、あまりにも安易に『全唐文』によりかかり、せいぜい『唐大詔令集』や『唐会要』を援用する程度であったために、詔勅発布の年月未詳のまま、大胆な臆測のつみかさねによって史実がゆがめられてきた。そこで私は、『全唐文』所収の詔勅文の史料源としてもっとも重要な『冊府元亀』を活用し、その諸種のテキストを参照することによって、唐朝の仏教政策に関する詔勅類の発布された年月や内容を確定し、従来の通説にいささか修正をほどこすことにしたい。

一　写経跋にみえる浄土信仰と国家

1　敦煌本『観無量寿経』

唐代随一の仏教史家としてまた南山律宗の祖として知られる南山大師道宣（五九六―六六七）は、『続高僧伝』巻二七・釈会通伝に附記し、壮年期の善導（六一三―六八一）の布教について、つぎのような注目すべき記録を残している。

善導は若き日に道綽教団に出会って、ただ念仏弥陀の浄業を実践する信仰に入り、長安で教化につとめ、弥陀経数万巻を写し、無量の士女の信奉をえていた。ときどき光明寺で説法していたが、あるとき聞法者の一人が「いま仏の名を念ずれば、きっと浄土に生まれますや否や」と問うた。善導は「念仏すれば、きっと生まれます」と答えた。その人は礼拝しおえるや、口に南無阿弥陀仏をとなえつづけて光明寺の門を出で、柳の樹のこずえにのぼって、合掌し西を望み、さかさに身を投じ、大地におちて死んだ。この事は朝廷にも聞こえた、と。夙に松本文三郎氏が「善導大師の伝記と其時代」で述べられたごとく[3]、『続高僧伝』のこの記事は、貞観十九年脱稿後の追補の一部分であったに相違なく、岩井大慧氏「善導伝の一考察」によれば[4]、高宗の顕慶元（六五六）年か二年頃に追加挿入されたものであろうとのことであるから、まさに本章が対象にしようとする時代の開始期の記事ということになるわけである。

道宣は、善導の説法を称賛するよりは、むしろ困惑めいたものとして書きとめている。しかし、この文章は確信にみちた善導の説法ぶりを、あざやかに描きだしてくれているともいえよう。道宣は、「弥陀経を写すこと数万巻」と記すが、今世紀の初頭、大谷探検隊がトルファンで発掘将来した古写経の中に、『阿弥陀経』の断簡があり、(5) その跋尾に、

願往生比丘善導願写弥陀……得上品生専心者皆同此輩往生

なる発願文が書かれていた。この『阿弥陀経』こそ、年次は記されていないが、さきの善導の願経の一つであると断定して差支えはなかろう。そして、岩井大慧氏のいわれるごとく、おそらくは当時の写経生の手になったものとみて大過あるまい。この『阿弥陀経』写経の発見により、道宣の記録した善導の事迹が、みごとに裏書きされたのである。

唐の太宗朝から高宗朝にかけて活躍したこの善導が、北魏の曇鸞（四七六―五四二？）・隋の道綽（五六二―六四五）によってひろめられた浄土教義を大成した人として知られていること、そして、この善導の教義上の主著が、『観無量寿経』の注釈たる『観無量寿経疏』四巻であることは、あらためてのべる必要はないであろう。

曇鸞・道綽・善導の三人が、いずれも『無量寿経』『観無量寿経』『阿弥陀経』のいわゆ

る『浄土三部経』を所依の経典としていたことは確かであるが、曇鸞の浄土教が『無量寿経』を中心とする傾向が強かったのに対し、末法仏教運動をおこした道綽と、その弟子の善導とは、『観無量寿経』を中心に説法教化した。道綽の主著たる『安楽集』二巻は、『観無量寿経』の講義説法を集録した綱要書とされる。

この『観無量寿経』は、南朝宋の元嘉年間（四二四—四五三年）に畺良耶舎によって訳されたとされてきたが、サンスクリット語原典が残存せず、中央アジア撰述説、中国撰述説などが唱えられている経典である。この経は、その内容が王舎城の悲劇に始まるという劇的な構成と、在家者の浄土往生の具体的方法をくわしく順序整然と説いていて、在家の浄土信仰を求める人びとの要望によく応ずるものであったため、当時の仏教界にもっともよく流布した。単に道綽・善導らの浄土教家のみが研究・講説したにとどまらず、たとえば隋の浄影寺慧遠（五二三—五九二）に『観無量寿経義疏』一巻があり、天台大師智顗（五三八—五九七）も『仏説観無量寿仏経疏』一巻を、また嘉祥大師吉蔵（五四九—六二三）も『観無量寿経義疏』一巻をそれぞれ撰して、いずれも現在、『大正新脩大蔵経』第三七巻に収録されているのである（ただし、智顗の『観経疏』は偽撰とされているようであるが）。

さきに、トルファンで発掘将来された善導の願経、『阿弥陀経』の写本について触れたが、では『観無量寿経』の写経はどのようになされたかを、敦煌本について考察してみよう。

敦煌本の『観無量寿経』に関しては、近年、野上俊静氏が、『観無量寿経私考――中国浄土教の展開と関連して』(6)の「第六章　敦煌本『観無量寿経』について」において検討されているので、その紹介から始めることにしたい。

野上氏は、『観無量寿経』が流伝してきた有様を考えようとするならば、とにかく現存する古い写本に注意しなければならず、ことに中国における場合であるならば、まず敦煌出土の経巻を取上げねばならないことはいうまでもない、と書きだされる。『敦煌遺書総目索引』(7)によると、およそ敦煌本『観無量寿経』は、三十四点をかぞえることができ、そのうちわけは、スタイン本十三点、北京本十八点、その他三点ということになり、ペリオ本には存在しない、といわれ、全部の番号を示しておられる。これらの敦煌本三十四点は、経題がすべて同一であるというのではなく、「仏説無量寿観経」となっているものもあれば、「仏説観無量寿経」となっているものなどもあるが、内容がちがうものではない、とされた上で、

ところで、右の諸本のうち、北京本はフィルムに収められているものがないわけではないが、俄かには利用しがたいうらみがある。ロンドンの大英博物館に所蔵されているスタイン本は、すべてフィルムに収められて、すでにはやく、わが国にももたらさ

れているから、研究者にとっては、はなはだ便利となっている。したがって、わたくしも、スタイン本の十三点をおもな資料として、敦煌本『観無量寿経』の一応の紹介をこころみたいわけである。

と述べられた。この態度は、該時点ではいちおう是認されるべきであろう。

野上氏は、スタイン本十三点のうち、巻尾に題跋があるのは、番号「一五一五」・「三一一五」・「四六三一」の三点だけであり、余他の十点は、よし巻尾は完全であっても、題跋はまったくないのであるから、たしかな書写年代はもちろんわからない、とされる。その三点の題跋を移録すると、次の通りとなる。

スタイン本「一五一五号」

大唐上元二年四月廿八日。仏弟子清信女張氏。発心敬造无量寿観経一部。及観音経一部。願以此功徳。上資天皇天后。聖化无窮。下及七代父母。并及法界倉生。並超煩悩之門。倶登浄妙国土。

スタイン本「三一一五号」

蓋骨筆伝経。遠求甘露之味。剪皮写偈。深種般若之因。沙門曇皎。普化有縁。敬写此経千部。冀使一聞一見。倶得上品往生。一念一称。同入弥陀之国。逮霑有資此妙因。

スタイン本「四六三一号」

浄信士胡思節夫妻。因患敬写受持。

「三二一五号」の題跋によれば、沙門の曇皎という人物が、有縁のひとを教化せんとて、『観無量寿経』一千部を書写し、この経を一聞一見し、一念一称する人をして、上品の往生をとげ、弥陀の国に入れしめんことを願っている次第がよみとれ、「四六三一号」によれば、胡思節夫妻が病気平癒のため、この経を書写し受持したことがわかる。とくに興味ぶかいのは「一五一五号」であって、野上氏は、

ところで、跋文の始めにみえる大唐上元二年とは、かの有名な玄宗皇帝のつぎの粛宗の時代で、西暦七六一年にあたり、かの安史の乱のさなかである。わが国についていえば、奈良朝の末期で、その二十年ののちには、平安遷都が行われるのである。そして、跋文と経の本文は、同一の筆跡と認められるところから、この写経が上元二年のものであることに誤りはなかろう。十三点あるスタイン本『観無量寿経』のなかで、書写年次の明かなただ一つのもので、したがって、判断の規準となるものといってよい。余他の十二点も、筆跡などの点から、おおむね唐代のものと思われるもので、南北朝にまでのぼりうるものはなさそうである。

と述べられた上で、この「一五一五号」写経の本文を『観無量寿経』の流布本と比較され

た。そして、両本には文字・語句の異同出入がいささか認められるうちで、特に看過してはならない相違点として、第十六観の下下品のところで、流布本の「如是至心。令声不絶。具足十念。称南無阿弥陀仏。称仏名故。……」とあるうちの「称南無阿弥陀仏」の七字が、「一五一五号」写本では「称南无仏」の四字になっており、しかもこの部分が、北魏曇鸞の『浄土論註』所引の『観無量寿経』では、二カ所とも「称南無無量寿仏」となっていたことを指摘されたのである。また、この三通りのうち、史料に即すと、「南無無量寿仏」がもっとも古くて、ついで「南無仏」であり、さらに「南無阿弥陀仏」となって現行本のようになっているのであろうが、語句の内容から類推するならば、「称南無仏」から「称南無無量寿仏」となって、ついで「称南無阿弥陀仏」に展開していったとみたいのである、と論ぜられた。

以上に紹介してきた野上氏の見解は、津田左右吉「念仏と称名」「無量寿仏といふ称呼」[8]、また次節で紹介する塚本善隆「龍門石窟に現れたる北魏仏教」[9]の諸論などに照らしてみても、重要な発言であると思われるので、私なりに検討を加えておきたい。

スタイン本『観無量寿経』の十三点につき、野上俊静氏は、巻尾に題跋のあるのは「一五一五号」「三二一五号」「四六三一号」の三点で、大唐上元二年の書写年次の明らかな

「一五一五号」以外の十二点も、筆跡などの点から、おおむね唐代のものと思われるもので、南北朝にまではさかのぼらない、と述べられたのであるが、はたしてそうであろうか。氏が列挙された十三点のなかに含まれるスタイン本「二五三七号」には、「観无量寿仏経一巻」という尾題のあとに、

比丘曇済所写。受持流通供養。

という奥書がしるされていて、題跋のあるのは、都合四点ということになる。しかもこの写経は、年次はともなわないが、筆跡からみて、隋以前、おそらく北朝写経と考えられる。そして、この写本においても、下下品のところは「具足十念。称南无仏」とかかれている。また、「六七六四号」は、筆跡からみて、七世紀、隋から初唐にかけての写本と考えられるが、この場合も、下下品のところは同じなのである。

ところで、「浄信士胡思節夫妻。因患敬写受持」という奥書のかかれていた「四六三一号」は、筆跡からみて、あるいは隋代までさかのぼりうるとみられるが、この場合には、下下品のところが「具足十念。称南无阿弥陀仏」となっている。ということは、「称南無無量寿仏」とかきうつした曇鸞の時代に近いテキストたる「二五三七号」に「称南无仏」とあって、以後もこの伝写の系列がつづく一方、道綽・善導の活躍よりも古いとみられるテキスト「四六三一号」にすでに「称南無阿弥陀仏」となっていたことになるわけである。

ちなみに、善導の『観無量寿経疏』巻四の該当個所には、「善友、苦しみて失念すと知りて、教を転じて口に弥陀の名号を称せしむることを明らかにす（明善友知苦失念。転教口称弥陀名号）」とあり、善導のよった『観無量寿経』の本文は「称南無阿弥陀仏」となっていた蓋然性が強い、といえるであろう。

これらのほか、スタイン本「四七六三号」は隋代の写本とみられるが、初めの部分しかなく、「五七九八号」には、尾題のあとに「校了」の二字が書かれているが、最後の一紙しか残されていないので、両写本によっては、いずれも下下品の文字の異同を確かめることはできない。なお、下上品の「智者復教。合掌叉手。称南無阿弥陀仏」の部分に関しては、北朝写本とみられる「二五三七号」をはじめ、すべての写本に異同はなく、「南無阿弥陀仏と称せしむ」となっている。

さて、大唐上元二年四月廿八日の奥書をもつ、スタイン本「一五一五号」『観無量寿経』写経を、野上俊静氏が、西暦七六一年に比定された次第は、さきに紹介した通りである。野上氏は、書写年次の明らかな唯一のもので、判断の規準となるものとして極めて重視され、この写本の巻首と巻尾と下下品の部分の三葉の写真を、著書の巻頭に掲げられている。私はこの写真を一見して、その筆跡が、八世紀後半のものにしては古めかしいことにまず疑問を抱き、上元という年号が唐には二つあることにかんがみ、粛宗の治世の七六一年ではなく、高宗の治世の六七五年に比定できないか、と考えた。そう考えた上で、奥書の文章を読んでいくと、「上、天皇・天后の聖化无窮に資し」の文句があり、この天皇・天后の尊号から、六七五年に比定すべきことが判明した。というのは、唐代に、天皇・天后の尊号が用いられたのは、咸亨五（六七四）年八月壬辰のことで、皇帝の高宗を天皇とよび、皇后武氏を天后とよぶことにし、同時に上元と改元し、大赦を行なったのである。

「一五一五号」の『観無量寿経』写本は、これより僅か八カ月のちの写経ということになる。念のために、ジャイルズの“Dated Chinese Manuscripts in the Stein Collection,” *BSOS*, 1935-43. と解説目録 *Descriptive Catalogue of the Chinese Manuscripts from Tunhuang in the British Museum*, London, 1957. をみても、六七五年に比定しており、疑問のさしはさむ余地はない[10]。高宗の上元二年、六七五年の写経ということになると、この頃が、唐代社会でもっとも仏典の写経が盛行した時期であったことは注目されてしかるべきであろう。藤枝晃氏が「敦煌出土の長安宮廷写経[11]」で明らかにされたように、上元年間をふくむ咸亨年間から儀鳳年間にかけての六七〇年代は、大規模な宮廷写経事業さえ行なわれていた時期なのである。

さきに紹介したように、野上氏は、この「一五一五号」写本で、下下品のところが「称南无仏」となっていることを重視されたのであるが、これが六七五年の写本にきまると、

『観無量寿経疏』を撰した善導は六一三―六八一年のひとであるから、この写本は善導在世中の筆写にかかることになる。善導の依拠した『観無量寿経』には「称南無阿弥陀仏」と書かれていた蓋然性が強いことは、すでに指摘した通りなのである。

では、なぜ野上氏はスタイン本「一五一五号」の書写年次を粛宗治世の七六一年ときめられたかを臆測するに、北京の商務印書館から一九六二年に出版された『敦煌遺書総目索引』[12]の年次比定に、そのまま依拠されたからであろう、と考えられる。この索引は余り出来栄えはよくなく、上元年間書写の跋のあるものを、ほとんど粛宗のときの写経としてしまっているのである。要するに、野上氏は、スタイン本を扱われる以上は、まず前掲のジャイルズの『大英博物館所蔵敦煌写本解説目録』をひもとかれるべきであった。そうすれば、こと仏典に関しては、南条目録の順に配列された『観無量寿経』の写本が、氏の列挙された十三点以外にも存在することが判明したはずなのである。

実は、ジャイルズの目録によると、南条目録一九八たる『観無量寿経』のスタイン本写本は二十一点あったことになり、この外にも、ジャイルズが蔵外疑経の部に入れているスタイン本「四二七八号」も明らかに『観無量寿経』であるから、それを追加すると、都合二十二点を数えることができるわけである。[13]ただし、題跋奥書は、さきに言及した、「一五一五号」「二五三七号」「三一一五号」「四六三一号」の四点以外の写経には見当たらない。

『観無量寿経』下下品の「称南無……仏」について、スタイン本敦煌写本によっては、これ以上きめの細かいつめはできない。ちなみに北京図書館所蔵本の十八点について調べてみると、「称南无仏」となっているのが「雨八八号」「列七六号」「雨六〇号」「月九九号」「出三四号」「河四九号」「重三七号」「制七四号」の八点であって、「称南无阿弥陀仏」となっているのが「冬二六号」「雨五四号」「秋三三号」「光四七号」「乃八六号」の五点、残りの五点には該当部分は残っていない。しかも、それらの違いは、推定される書写年代の違いとはかかわりがない、という結果となった。

ところで、『観無量寿経』の撰述に関するこれまでの学説史は、藤田宏達氏『原始浄土思想の研究』[14]の第一章第四節「浄土思想に言及する関係資料」に、要領よく整理されている。藤田氏もいわれるように、「称南無阿弥陀仏」といった称名思想を表明する言句は、諸観経類すべてを一貫する特徴的な思想といってよいが、この称名思想については、その多くはサンスクリット原典までには溯源できないもので、だいたい漢訳経典の範囲内に成立したものと見られる。すなわち、称名思想は、中国における仏教受容の諸相を考察せんとする際には、無視しえない要素なのであって、そのような観点から、野上氏の「称南無……仏」についての所説を再吟味せざるをえなかったわけである。

藤田宏達氏は、前掲書の一三九—一六四頁に、浄土思想に言及する諸経論の一覧表を作成され、それぞれの経典にあらわれる「仏名」や「仏土名」などを表示され、便宜を与えられたが、ここで、山田明爾氏の「観経攷——無量寿仏と阿弥陀仏」[15]の成果について触れておきたい。

山田氏は、「無量寿仏」の二つの訳名の混用を手がかりとして、『観無量寿経』の構成と撰述の意図を検討された。その結果、「阿弥陀仏」と「無量寿仏」の使用個所を見ると、二名併用といいながら、気まぐれな併用ではなく、一定の偏向性があること、すなわち、いわゆる序分で「阿弥陀仏」、流通分《るずうぶん》で「無量寿仏」となっており、ただしつなぎ目である第十三観と下下品の二カ所のみに二名が併記されていることを指摘された。また「無量寿仏」部の主題は禅観念仏であり、「阿弥陀仏」部は称名念仏による来迎と往生を主題としており、それぞれ本来は別々に存在していた経典を、ある意図のもとに中国で編集しなおしたものである、との構想を示された。そして、下下品の併記は、前段までの「阿弥陀仏→無量寿仏→阿弥陀仏」と繰りかえした転換を、ついに「無量寿仏＝阿弥陀仏」の一つにまとめたものであって、これによって後段流通分の無量寿仏グループにたやすく繋がることができる、と述べられた。これはまことに興味ぶかい解釈なのであるが、その下下品の「称南無阿弥陀仏」の部分が、当初は、曇鸞の『浄土論註』所引のごとく「称南無無量寿仏」であるか、あるいはスタイン本「二五三七号」や「一五一五号」以下のテキストのように「称南无仏」であったとするならば、如何なることになるのであろうか。いまはただ、問題点を指摘するにとどめておかざるをえない。

なお、敦煌写経跋で、無量寿仏や阿弥陀仏に言及するのは、浄土教経典のみには限らない。たとえば、スタイン本「四五五三号」『大通方広経』巻上の跋文奥書には、「大隋仁寿三年二月十四日、清信女令狐妃仁、発心し、衣資の分を減割して、敬って大乗方広経一部を写す。願わくば、七世の父母、および所生の父母、見在せる家眷、所生の処をして、仏に値いて法を聞き、善知識とともに相い値遇し、命過ぎし已後は、西方无量寿国に託生し、及び法界の衆生をして、同じく斯の願に沾さしめられんことを。云云（大隋仁寿三年二月十四日。清信女令狐妃仁。発心減割衣資之分。敬写大乗方広経一部。願令七世父母。及所生父母。見在家眷。所生之処。値仏聞法。与善知識。共相値遇。命過已後。託生西方无量寿国。及法界衆生。同沾斯願。云云）」という願文が写書され、スタイン本「二一三一号」『大般涅槃経』巻三九の巻末には、本文とは別筆でのちに書き加えられた「令狐光和、故破せる涅槃を持し、脩持して一部を竿得し、読誦して一切衆生の、耳に聞声する者をして、永く三途八難に落ちず、阿弥陀仏に見えんことを願うが為にす。貞観元年二月八日、脩成しおわれり（令狐光和。持故破涅槃。脩持竿得一部。読誦為一切衆生耳聞声者。永不落三途八難。願見阿弥陀仏。貞観元年二月八日。脩成乞）」という文章がみえる。

前者の『大通方広経』は、中国撰述経、すなわちいわゆる疑経であるが、(16)それを写すことによって、西方無量寿国に託生せんことを願っている次第がよみとれる。それはさておき、ここでは、隋の仁寿三年、西暦六〇三年の写経跋に無量寿国の名がみえたのに対し、唐の貞観元年、西暦六二七年の奥書に阿弥陀仏の名が挙げられていることに注目しておきたい。七世紀初頭、隋から唐初にかけての中国社会で、無量寿仏の名が阿弥陀仏の名におきかえられていく様相の一端が、これらスタイン本敦煌写経跋から、うかがえるわけである。

上元二年、六七五年写経のスタイン本「一五一五号」『観無量寿経』の跋文に話題をもどすと、野上氏が言及されなかった二つの重要な課題に逢着する。第一は、このとき仏弟子清信女張氏は、『無量寿観経』一部とともに『観音経』一部を写経し、この功徳によって、七代の父母ならびに一切の生きとし生けるものが、ひとしく煩悩の門を超えて浄妙国土に登らんことを願っている点であり、第二は、天皇・天后の聖化無窮に資することを願っている点である。これら二点については、それぞれ項をあらためて述べることにしたい。

2　敦煌本『観音経』とその偈頌

スタイン本「一五一五号」『観無量寿経』(巻尾には『无量寿観経』とかかれているが、便宜上、この名称に従っておく)の奥書によれば、『観無量寿経』と『観音経』をそれぞれ一部ずつ書写し、その功徳によって、七代の父母などが、並びに煩悩の門を超えて、ともに浄妙の国土に登らんことを願っていた。煩悩の門はさておいて、では浄妙の国土とはいかなる仏国土であるかを、まず確認しておかねばなるまい。野上俊静氏は、前掲書『観無量寿経私考』九三頁で、

ここにいう浄妙の国土がいかなる浄土を意味するかは明らかではないが、字義からすれば、浄妙は清浄微妙の意味であろうし、それは『法華経』譬喩品にみえる言葉である。

と述べ、「皆是一相一種。聖所称歎。能生浄妙第一之楽」という原文を注記しておられる。これは『織田仏教大辞典』を参考にされた上での見解であろうが、いささか不適切な解釈であろう。

浄妙の国土とは、『観無量寿経』の序分、いわゆる欣浄縁と、第十一観、いわゆる勢至観にみえる諸仏の国土なのであって、序分では、世尊の眉間から放たれた光が還って仏の

頂にとどまり、「化して金台となる。須弥山の如し。十方諸仏の浄妙の国土、みな中において現わる」と述べられ、第十一観の条には、当の写本「一五一五号」『観無量寿経』にも、「一々の台の中に、十方諸仏の、浄妙の国土の、広長の相、みな中において現わる」といい、「この観をなす者は、胞胎に処せず、常に諸仏の浄妙の国土に遊ぶ。この観、成じおわらば、名づけて具足して観世音と大勢至を観るとなす」と書かれている。[17] したがって、『観無量寿経』を写経する功徳によって、観世音菩薩と大勢至菩薩のおられる浄妙の国土に登れるように、と願うのは、ごく自然な考えだったのである。

『観音経』あるいは『観世音経』とは、鳩摩羅什訳『妙法蓮華経』のなかから「観世音菩薩普門品」のみをとりだして別行したものであるが、この『観音経』そのものには、浄妙の国土という言葉はみえない。しかし、おそらく七世紀の写経とみられるスタイン本「四三三八号」は、中国撰述経たる『観世音三昧経』[18] の後半部の写経であるが、そこには、「もし人のよく此の経を受持するあらば、まさに五種の果報を得べし」といい、その五つめとして、「生るる処、常に浄妙の国土に値う」と述べていることを勘案すれば、『観音経』を写経する功徳によって、浄妙の国土に登れるように、と願うのも、当然の心情だったのである。

スタイン本「一五一五号」の奥書によって、『観無量寿経』と『観音経』との親密な関係をみいだしえたが、この点をもう少し追究するために、スタイン本の『観音経』写本のうち、題跋奥書のあるものを取上げてみよう。

スタイン本「二八六三号」

文明元年六月五日。弟子索仁節写記。願七世父母。所産父母。託生西方阿弥陀仏国。幷及兄弟妹等。恒発善願。

スタイン本「二一一七号」

天冊万歳二年正月十五日。清信仏弟子陰嗣。為見存父母。七世父母。幷及己身。及以法界倉生。写観世音経一巻。

スタイン本「二九九二号」

〔清〕信弟子女人賀三娘。為落異郷。願平安。中年五月廿三日写。

スタイン本「四三九七号」

広明元年肆月給陸日。天平軍凉州第五般防戍都右廂廂兵馬使梁矩。縁身戌深蕃。発願写此経。

スタイン本「三〇五四号」

時貞明参年歳次戊寅十一月廿八日。報恩寺僧海満。発心敬写此経一巻。奉　為先亡考妣。不溺幽冥。承此善因。早過弥勒。現存之者。所有業障。並皆消滅。永充供養。

比丘僧勝智手写。

スタイン本「五六八二号」――冊子本

弟子張和和。写観音経一巻。為先亡父母。永生浄土。皆大歓喜。願患消滅。

スタイン本「五五五四号」（尾題は妙法蓮華経陀羅尼品第廿六）――冊子本

己丑年七月乙生五日。就宝恩寺内。馬押衙観音経写了。

奥書をともなった以上七点の『観音経』のうち、当面の唐の高宗・武后朝から玄宗朝にかけての写経は、「二八六三号」と「二一七号」の二点である。「二一七号」の場合、則天文字でしるされた奥書によって、天冊万歳二（六九六）年正月十五日に、清信仏弟子の陰嗣が、見存の父母、七世の父母、それに自分自身と法界の蒼生のため、『観世音経』を写していているのがわかる。それ以上の事情は知り得ないが、「二八六三号」では、武后時代の文明元（六八四）年六月五日に、仏弟子の索仁節が写しおわり、七世の父母と、産んでくれた父母とが、西方阿弥陀仏国に託生せんこと、ならびに兄弟妹らが恒に善願を発せんことを願っているさまが明記されている。

このスタイン本「二八六三号」『観音経』の書写された文明元年、六八四年は、『観音経』の書写に言及した、さきの「一五一五号」『観無量寿経』の書写された上元二年、六七五年の九年後にあたり、この時期には、観音菩薩が阿弥陀仏の脇侍であるという信仰が濃厚であった、とみてよかろう。ふつう観音信仰といえば、危難救済といった現世利益が主眼となっているとうけとられやすいが、この両写経によるかぎり、高宗・武后朝の時期では、西方阿弥陀仏国・浄妙国土への往生を願って『観音経』の写経がひろく行なわれていたことがわかる。「五六八二号」は、書写年次はないが、冊子本であるから、[19]九世紀か十世紀の写経と考えられるが、そこでも、弟子の張和和は、亡き父母の浄土往生を願っている。したがって、『観音経』の書写・受持から、ただちに現生に息災・延命等の利益を求めているとみなしてはなるまい。

とはいえ、中年の五月に、賀三娘が写した、と書かれた、おそらく吐蕃支配期のものとみられる「二九九二号」では、異郷に落ちた不安から平安を願い、広明元（八八〇）年四月に武人の梁矩が発願した「四三九七号」では、深蕃に屯戍する危険な身の保護を願うといったふうに、明らかに現世利益を願っており、[20]時代が下るほど、この傾向が強まることは否定しがたい。『観無量寿経』のばあいとはちがって、『妙法蓮華経』「観世音菩薩普門品」、『観音経』はかなり短い経典なので、他の同様な短い仏典と同じ巻物に写経されたり、同じ冊子に連写されたりした。

そこで、スタイン本で、『観音経』がどのような仏典と連写されているかを調べてみると、「一八五五号」や「六八一八号」のように『般若心経』と合巻されているもの、「五一五三号」のように『金剛経』と合巻されているものもあるが、九世紀以後の形式たる冊子本の場合には、つぎのような特徴的な結果がみられる。

すなわち「五五三五号」は『般若心経』『続命経』『地蔵菩薩経』『八陽神呪経』と同冊、「五五八一号」は『続命経』『延寿命経』『仏母経』『金剛般若経』と同冊、「五六七八号」は『延寿命経』と同冊であり、とくに「五五三一号」では、『解百生怨家陀羅尼経』『地蔵菩薩経』『天請問経』『続命経』『摩利支天経』『延寿命経』『小乗三科』『閻羅王授記経』『般若心経』と同冊に連写されているのである。最後の「五五三一号」には、「庚申年十二月廿日」という奥書がみられ、あるいは九二一年の書写にかかるかと思われる。牧田諦亮氏が「敦煌文献に見る疑経群」で指摘されるように(21)、これら疑経類の連写本は敦煌での書写と思われるが、いずれも救難延寿の経典を書写していて、そのなかに『観音経』が含まれているのである。

このように、『観音経』が、救難延寿という呪術力をもった霊験あらたかな経典として、密教の流行にともない、唐後半期以後の社会に広範に受容されていったことは確かなのであるが、七世紀の後半、唐の高宗・武后朝のころには、『観音経』が『観無量寿経』の説く西方阿弥陀浄土思想とつよく結びついていたことも否定しがたいのである。小林太一郎「晋唐の観音」が述べるように、[22]隋唐以後における浄土教ひいては観音信仰の飛躍的発展を推進したのが『観無量寿経』であった。『浄土三部経』のうち、鳩摩羅什が訳した『阿弥陀経』には、観世音と大勢至はまったく説かれていず、『無量寿経』には二カ所に観世音の名がみえるが、重要な地位を占めているようには見えない。阿弥陀仏の脇侍としての観音と勢至を前面におしたてたのは、『浄土三部経』のうちもっともおそく中国社会に出現した『観無量寿経』だったのである。ペリオ本「二二七六号」『優婆塞戒経』写本の奥書には、

仁寿四年四月八日。楹雅珍為亡父写灌頂経一部・優婆塞一部・善悪因果一部・太子成道一部・五百問事経一部・千五百仏名経・観無量寿経一部。造観世音像一軀。造卌九尺神幡一口。所造功徳。為法界衆生一時成仏。

とみえ、七世紀の初頭、隋文帝の仁寿四（六〇四）年四月八日に、楹雅珍が亡父のために観世音像一軀を造った際、他のいくつかの仏典にまじえて、『観無量寿経』一部を写経していることも、[23]注目されてよかろう。

高宗・武后時代に、『観音経』が西方阿弥陀浄土思想と結びついていた一端を、スタイン本敦煌写本の検討を通じてみてきたわけであるが、最後に、羅福萇「古写経尾題録存」[24]

について触れておきたい。この尾題録存の『妙法蓮華観世音経』の条には、さきに引用したスタイン本「二一七号」の奥書とともに、つぎの奥書を著録している。

永淳二年三月九日。弟子宋才幹。謹為亡父敬写妙法蓮華観世音経一巻。伏願已亡之父。託生西方妙楽浄土。

この『観世音経』は、日本富岡謙蔵氏蔵と注記されているが、現在、『守屋孝蔵氏蒐集古経図録』[25]二二一（図版九二）としてみえる『観世音経』一巻がこれに当たると思われる。この奥書によれば、高宗・武后時代の永淳二（六八三）年三月に、宋才幹が『観音経』を写して、亡くなった父が西方妙楽浄土に託生せんことを願っている次第がよみとれるわけである。本章では、各地の収蔵家の蒐集にかかる敦煌写本にはなるべく言及しない方針をとりたいので、これはあくまでも参考文献として引用するにとどめておきたい。

敦煌写本の『観音経』を取上げた機会に、偈頌を含む現行本の『観音経』の形態が、いつごろ出現したかの課題に言及しておきたい。

元来、「普門品」は、『法華経』諸品のなかでも、ずっと後世になって、成立編入された部分とされているが、それはさておき、鳩摩羅什が四〇六年に訳出した『妙法蓮華経』「観世音菩薩普門品」は、長行といわれる散文のみであった。パミールをこえて河西にきた曇無識が、北涼王の沮渠蒙遜の難病をみて、観音菩薩はこの土に縁ありといって、「普門品」を念誦することを勧め、ために病苦を除いたので、この時から『観音経』が別行して流布するようになった、という因縁譚がつたえられる（智顗『観音玄義』下）。

また、『論語義疏』の撰者として著名な南朝梁の皇侃が、『観世音経』に擬して、『孝経』を日に二十遍ずつ誦した（『梁書』巻四八）というのは、当時、『観音経』が単独でひろく読誦されていたことを示す史実であるが、(26)このころの『観音経』には偈頌は含まれていなかったはずである。天台大師智顗の『妙法蓮華経文句』第十下・釈観世音菩薩普門品の条や、智顗説・灌頂記の『観音義疏』では、偈頌には言及していない。これまで聖徳太子自筆本とされて伝来してきた御物本『法華義疏』が注釈している原本の『妙法蓮華経』にも「提婆達多品」と「普門品」の偈頌とを欠いていて、これが本来の姿なのである。俗に「世尊偈」とよばれる偈頌の部分は、闍那崛多が伝訳したもので、隋文帝の仁寿元（六〇一）年に闍那崛多と達摩笈多の共訳としてでた『添品妙法蓮華経』に収められた。そして、いつのころからか、鳩摩羅什訳の『妙法蓮華経』「観世音菩薩普門品」第二十五、『観音経』のなかに、この偈頌の部分が挿入され、現在にいたるまで、何のためらいもなく用いられているのである。

『法華経』の各品は、成立年代が一様でなかったために、偈頌と長行との関係についても、偈頌を敷衍するかたちで長行が存している諸品や、偈頌と長行とを合して全体の意味が通ずる諸品などがそれぞれ存在するが、「普門品」の長行と偈頌は、羅什訳の長行と闍那崛多訳の偈頌とをつなぎあわせたこともあって、きれいな対応は示していない。長行では、大火・大水・羅刹鬼・刀杖・悪人・杻械枷鎖・怨賊などの七難からのがれることができる、と説かれているのに対し、偈頌では、十二難からの解脱がうたわれている。玄奘の弟子で、道宣とも親交があり、〝百本の疏主〟と称された（『宋高僧伝』巻四）慈恩大師窺基（六三二―六八二）の釈、すなわち『妙法蓮華経玄賛』巻第十末で、はじめて偈頌への注釈がみえるのである。この玄賛の執筆は、年月は明示されてはいないが、七世紀の後半にかかることは確実であろう。では、羅什訳の長行と闍那崛多訳の偈頌とを合せた「普門品」、『観音経』の現行本の形態は、いつ頃から現れるかを、スタイン本敦煌写本に即して考察しておきたい。

牧田諦亮氏は「漢訳仏典伝承上の一問題――金剛般若経の冥司偈について」[27]で、行論の都合上、この問題に注意を喚起され、前項で奥書の部分を引用した、天冊万歳二（六九六）年の書写年次をもつスタイン本「二一七号」『観世音経』が、すでに現行本の形態をとっていることを注記されている。しかし、この点は、他のスタイン本を探査することによって、もう少しはっきりしうるのである。前項に、奥書の部分を引用し、その写経をすることによって西方阿弥陀仏国に託生せんことを願っている例として検討を加えた「二八六三号」は、尾題は書かれていないが、明らかに現行の形態をとった「普門品」のみの写経であって、文明元（六八四）年六月五日の年次が明記されている。

そのほか、スタイン本「一一四号」は、首部はほんの僅か欠けているが、『妙法蓮華経』巻第七の写本で、巻尾に、

上元三年。清信士張君徹。為亡妹敬写。

という奥書があって、高宗の上元三年、六七六年の書写であることが判明するが、このなかに、『妙法蓮華経』「観世音菩薩普門品」第廿五があり、偈頌も含まれた現行品の形態をととのえている。すなわち、「普門品」のみの別行ではないが、現行本の形態の出現を少なくとも六七六年にまでさかのぼれることが確認されたわけである。しかも、スタイン本「二八四一号」と「五二二〇号」のおなじ『妙法蓮華経』巻第七の写本は、やはり首部は切れているが、いずれも「普門品」第二十五は完全に残っており、このテキストには偈頌は含まれていないのである(28)。この標準形式で写された「二八四一号」と「五二二〇号」とには奥書もなく、書写年次を確定することは不可能であるが、筆跡から、七世紀、それも中葉ないし中葉以後の写経とみられる。すなわち、筆跡から判断して、「二八四一号」「五二二〇号」と「一一四号」の三つの『妙法蓮華経』巻七は、ほぼ同時期の写経とみられる

が、前二者には「普門品」に偈頌がなく、後者には偈頌がつけ加えられていることになる。この三つの写経によって、「普門品」、『観音経』の現行本の出現は、「一一四号」の書写された六七六年をさかのぼること、さほど遠くない時期とみて大過なきことを示している。ということは、これらの史料によるかぎり、偈頌をふくんだ『観音経』は、本章が対象としている時期たる、唐の高宗朝に出現し、その後ながく、中国および日本で、ひろく読誦されて現代までつづいてきた、と考えられるのである。

羅什訳の『観音経』に、いつごろから偈頌が加わって、現行本の形態になったかを確かめるべく、窺基による注釈の出現と前後する時期のスタイン本写本を検討してきたのであるが、それとの関連で、つぎに、八世紀後半に活躍した湛然（七一一—七八二）述の『法華文句』十下の「普門品」の条をみておこう。そこには、

文後の偈頌、什公は訳さず。近代みな云う、梵本の中に有り、と。此れ亦未だ什公の深意を測らず。続僧伝の中に云う、偈は是れ闍那崛多の訳する所なり、と。いま旧本に従い、故に釈する所なし。還著本人は、具さに止観第八記の如し。（文後偈頌。什公不訳。近代皆云梵本中有。此亦未測什公深意。続僧伝中云。偈是闍那崛多所訳。今従旧本。故無所釈。還著本人。具如止観第八記。）

とあり、八世紀の後半には、偈頌を含んだテキストが通行していたが、湛然は、羅什訳の

旧本にしたがい、解釈をほどこさなかった次第がよみとれる。そして、湛然が「還著本人」について参照をもとめている止観第八記、すなわち湛然の『止観輔行伝弘決』巻第八之二には、「正是観音経中還著於本人之文。云云」なる文章がみられ、これこそまさに「還って本の人に著く」の恰好の例だとして挙げた偈を、「普門品」からの引用としてではなく、『観音経』からの引用にしている。いずれにしろ、当時「呪詛と諸の毒薬に、身を害われんと欲《せ》られん者は、彼の観音の力を念ぜば」の三句につづいては「還って本の人に著きん」すなわち「還著於本人」という五字一句が、『観音経』の偈頌の一句として一般に通行していたことが明らかなのである。

ところで、さきに取上げた、高宗の上元三年、六七六年の写経であるスタイン本「一一四号」の偈頌では、この「還著於本人」の五字がなく、かわりに「彼即転迴去」の五字が書かれている。ちなみに、書写年次は明記されてはいないが、七世紀の写本とみられる、スタイン本「六六号」と「六三五五号」の『妙法蓮華経』「普門品」の偈頌、おなじく「一六五九号」と「二三六四号」の『観音経』の偈頌では、いずれもこの箇所は「還著於本人」と書かれているのである。では「彼即転迴去」につくるテキストは皆無かといえば、そうではなく、先学達によって既に注目されていた通り、『添品妙法蓮華経』の高麗版大蔵経本のみが「彼即転迴去」なのである。ただし、高麗本には、偈頌の直前に、諸本にはみえない「爾時荘厳幢菩薩……」なる六十二字がふえているが、スタイン本「一一一四号」にはなく、全く同一とはいえない。

かつて本田義英氏は『法華経論』(29)を発表された際、この「還著於本人」の句について、現行の羅什訳本に編入されているものに就いても古来「彼即転迴去」とあったものも存したと伝えられ、現に敦煌出土本中にも氏が親しくスタイン蒐集本中に検した時にその本文を有するものを見たのである、と述べておられたが(同書二七八頁)、このスタイン本「一一四号」がその一つに該当することになる。なお、「彼即転迴去」に作る敦煌写本は、北京図書館所蔵本の「芥三四号」「歳五七号」「騰四〇号」「裳四七号」のそれぞれの『観世音経』にもみられ、「来八七号」では「彼即自迴去」となっている。そして「生五七号」では、五字分を抹消して「還著於本人」と改作しているが、もとは「彼即転迴去」と書かれていたように見うけられるのである。

スタイン本「一五一五号」『観無量寿経』の跋文奥書には、『観無量寿経』と『観音経』をそれぞれ一部ずつ敬写し、その功徳によって、七代の父母たちが浄妙国土に登らんことを願っていた。その願いの意味を見きわめんとし、ついでそれとの関連から、偈頌をふくんだ現行本『観音経』の成立過程を追跡してきたのであるが、ここで項をあらためて、「一五一五号」の奥書にみえた、天皇・天后という尊号について考察しておきたい。

3　天皇・天后の尊号

スタイン本「一五一五号」『観無量寿経』の奥書には、写経の功徳によって、七代の父母ならびに法界の蒼生が、煩悩の門を超えて、浄妙の国土に登ることとともに、天皇・天后の聖化が無窮であることを願っている。このような願経が、亡父母や七代の父母などの追善のために書写されるのは、ごくありふれているが、天皇・天后の聖化無窮を願っている写経としては、スタイン本「一五一五号」のほかには、「二四二四号」『阿弥陀経』が唯一の例であって、その奥書には、

景龍三年十二月十一日。李奉裕在家未時写了。十二月十一日。清信女鄧氏。敬造阿弥陀経一部。上資　天皇天后。聖化無窮。下及法界衆生。並超西方。倶同上品之果。

と書かれている。ここにみえる景龍三年は、西暦七〇九年にあたる。さきに述べたごとく、六七四年八月に、上元と改元するに際して、皇帝の高宗を天皇とよび、皇后武氏を天后とよんだのであったが、その高宗は弘道元（六八三）年十二月に亡くなり、やがて武周王朝をたてた武氏も、神龍元（七〇五）年十一月には、幽囚の身で亡くなっている。したがって、景龍三年十二月十一日という時点で、天皇・天后、すなわち高宗・武后の聖化が無窮であれかしと願うのは、奇妙な願いになるのである。

では、「二四二四号」『阿弥陀経』写本の奥書にみえる天皇・天后とは、だれとだれとを指すのであろうか。実は、ジャイルズが、何のためらいもなく中宗と韋后に比定している(30)のが、結果的には正鵠を射ていると考えられる。天皇・天后とは、高宗・武后を一義的にさす封号なのであるが、七〇七年八月、中宗に応天神龍皇帝、皇后韋氏に順天翊聖皇后という封号が、たてまつられていることも、清信女鄧氏をして、当時の皇帝・皇后のことを天皇・天后と錯覚させたのであろうと思われるからである。

敦煌本仏典写経の跋文奥書に、ときの皇帝に言及するのは、案外に珍しい。それも、隋代の写経と考えられる、スタイン本「四六一四号」『大智度経論』の奥書に、

……仰為皇帝。文武官僚。七世父母。過見師尊。及法界衆生。敬写一切経論。願共成仏。

とある例のように、皇帝だけを挙げて、皇后の名を書かない。その点からみて、ペリオ本「二〇五六号」『阿毗曇毗婆沙』巻第五二の奥書に、

龍朔二年七月十五日。右衛将軍鄂国公尉遅宝琳。与僧道爽。及鄠県有縁知識等。敬於雲際山寺潔浄写一切尊経。以此勝因。上資　皇帝皇后。七代父母。及一切法界蒼生。……

と書かれているのは、注目に値する。事実上の武后執政の始まったのは、顕慶五(六六

〇）年の十月であって、武后は自己の力を誇るかのように、翌年二月に龍朔と改元し、その翌龍朔二（六六二）年二月には、主要な官庁と官職の名称をすべて改めたのであった。

これまで、『資治通鑑』などで皇后武氏の権力が皇帝高宗のそれとひとしい状態にたちいたったとみなされてきたこの頃、龍朔二年七月に、右衛将軍鄂国公尉遅宝琳らの発願になる一切経の写経が、皇帝・皇后のためと明記されているのは、則天武后の存在が、当時の政界上層部の者の目に、ひときわ大きく映っていたことを示しているといえよう。自らの政治的基盤を固めおわったと判断した武后は、自己の存在を天下の万民に誇示せんとして、高宗を天皇とよび、武后を天后とよばせ、上元と改元したのであった。その翌年にかかれたスタイン本「一五一五号」『観無量寿経』写本には、天皇・天后の聖化無窮を願う旨が記されていた。武后の死後、かつての武后のごとき存在と化した中宗の皇后韋氏が、中宗をないがしろにして権力をふるうようになると、スタイン本「二四二四号」『阿弥陀経』写本では、また天皇・天后の聖化無窮に資することを願っているのである。国家の中枢部における権力の推移は、そのときどきの写経の奥書にも敏感に反映している。

敦煌本写経跋にみえる皇后・天后の名に言及したついでに、唐代における皇后の冊立について触れておこう。はじめに述べた如く、本章は、則天武后が皇后に冊立された時点から安史の乱勃発にいたる時期の中国社会で、仏教がいかに受容されたかを瞥見しようとするものであるが、高宗朝から玄宗朝にかけてのこの時期には、ときの皇帝によって、皇后は正式に冊立されていた。

ところが、安史の乱の終末期たる七六二年、上皇となっていた玄宗が亡くなった直後に即位した代宗から、黄巣の反乱期の皇帝であった僖宗にいたる十一帝は、なんと在位中には正式の皇后を立てなかった。

乾寧五（八九八）年四月、百三十六年間にわたるながい空白ののち、昭宗によって正式に皇后に冊立された何皇后は、唐朝最後の皇后でもあったのである。皇后の空位という事態がほとんど見られないのちの宋王朝とくらべて、これほどまでも皇后の空位のつづく唐後半期は、やはり異常な時代というべきであろう。十一人の皇帝をして正式に皇后を立てないというような異常事態を惹起させたのは、表の政治の世界に強く介入しすぎた則天武后・韋后、それに粛宗の皇后張氏のごとき皇后が、ふたたび出現するのを警戒してのことだったのであろう。唐代における皇后の空位については、入谷仙介氏の研究(31)を参看されたい。

ところで、天皇・天后の尊号を奥書に記していたスタイン本「一五一五号」と「二四二四号」は、『観無量寿経』と『阿弥陀経』の写本であって、この両経は『無量寿経』とあわせて、いわゆる『浄土三部経』を構成する。『無量寿経』の敦煌写本は、スタイン本には四点しかないが、いずれも六世紀頃の写経であり、また、ペリオ本にある唯一の『無量寿経』たる「四五〇六号乙」は、いわゆる「五悪段」の部分のみの、めずらしい北魏の絹本写経である(32)。すなわち、『無量寿経』の場合には、盛唐以後の写経は残されていないのであって、この事実は、隋唐以後、『観無量寿経』を中心とする浄土教が盛行して、『無量寿経』を圧倒していった一斑を端的に示しているといえよう。

4 天授の邪三宝

敦煌写経跋の検討をとおして武后時期の仏教受容の一面を考察してきた以上、矢吹慶輝氏による、かの雄篇「大雲経と武周革命」およびそれを含むところの大著『三階教之研究』(33)の成果について、言及せざるをえないであろう。矢吹氏が、三階教と特に密接な関連があるようにもみえない「大雲経と武周革命」なる章を、何故に『三階教之研究』の附篇として収められたのか、その理由は、該書第一部の二「三階教三百年史」の章で、つぎのように書かれている。

智昇は開元録中、三階教に対する歴代の勅禁を列挙し、且つ注して曰く
即以㆓信行㆒為㆓教主㆒別行㆓異法㆒、似㆔同天授立㆓邪三宝㆒
と。茲に「似同天授立邪三宝」とは武周、天授の革命に於ける邪三宝を指す。即ち則

天武后を弥勒（仏）の再生となし、偽作大雲経（法）を神皇（武后）受命の讖となし、偽僧懐義等（僧）によりて諸州に大雲経寺を建つるに至りし顚末に類似すとの意義とす。久しく「天授立邪三宝」の語義明瞭を欠きしが、今幸にスタイン写本中に偽作の経文幷に其の解釈を捜出し、親しく武后登極の讖文に由りて所謂邪三宝の何物たりしかを確むるを得たり。……智昇が三階教を以て天授の邪三宝に擬するは明に三階教を誣ふるものとすべきも、普仏を説き普法を論じ普行を勧め、信行を教主となし集録を経典となし三階院に別住し、三階教徒たらずむば断じて末代濁世の解脱を期すべきに非ずとせるは、確かに別行異法の一新仏教たりき。（六二頁）今其の偽経の本文並に経疏によりて審かにその内容を検するに確に偽仏、偽法、偽僧の邪三宝たりき。その詳細は別篇「大雲経と武周革命」及び「宝雨経後記に就いて」に譲り、茲には唯だ三階教の別行異法と天授の邪三宝とを対比するに止めん。（六七頁）

矢吹氏は、開元十八（七三〇）年撰の『開元釈教録』巻一八で、三階教について酷評した文中の「天授立邪三宝」とは何を指して言ったのかを久しく疑問とされていたところ、スタイン将来・ペリオ将来等の敦煌写本のなかから関係資料を蒐集した結果、則天武后朝の秘史であることが明瞭になったとされるにいたったのである。矢吹氏は、天授の邪三宝の文義を解明しえたことをすこぶる得意とされ、『三階教之研究』刊行の前年、一九二六年秋に発表された論文「三階教」[34]でも、その点を特筆された。そこでは、「天授聖図」や『大雲経』の偽作や『宝雨経』の曲解や、その他、『証香火本因経』や「広武銘」などに依って、則天武后は弥勒の降臨すなわち活き仏（仏宝）だとしたことなどが天授の邪三宝を指したのである、と述べられた上で、

其の顚末は総べて三階教の研究に譲るが、『開元釈教録』の著者、智昇は三階教を評して、此の咄々怪事たる則天武后朝の邪三宝に類似してゐると言つてるのは、今日から見れば洵に残酷な批評である。（三九頁）

と書いておられるのである。

「天授聖図」に関しては、「大雲経と武周革命」の「六　証明因縁讖疏」の条で詳細な解説がなされているが、要するに、垂拱四（六八八）年夏に洛水から獲たという、「聖母臨人永昌帝業」なる讖文のしるされた石をさすのである。武后はこの瑞石の出現を大いに喜び、その石を「宝図」とよび、自身に聖母神皇という尊号を加え、秋には天下に大赦し、「宝図」を「天授聖図」とよび改めた。翌年、永昌と改元したのはこの讖文の文句によったものであり、その翌年、国号を周と改めた際、改元して天授と称したのも、この「天授聖図」に起因したものであった。天授、すなわち天から授かりしもの、という名は、年号

に採用するにふさわしく、高麗の太祖（九一八―九四三年）、大理の段正淳（一〇九六年）の年号であったし、わが国でも室町時代にこの年号（一三七五―八一年）が使われている。
武周革命にもっとも有力な弁疏を与えたのが洛水からでたという「天授聖図」であり、革命に際して天授という年号を採用したという歴史事実をふまえて、矢吹氏が、天授の邪三宝とは武后朝の邪三宝である、と断定されたことは、いかにも説得力に富んでいた。それが、名著としての誉れ高い『三階教之研究』の所説であったので、千古の鉄案としてうけつがれているかのごとくである。[35] 牧田諦亮氏が『疑経研究』（一九七六年）の第一章の「一の㈥則天武后と疑経」の条で、『大周刊定衆経目録』の撰集姿勢に疑問を呈された際に、智昇が信行の三階教を批判した中に、則天武后時代の仏教を評した言として、「天授（年号）に邪三宝を立つるに同じきに似たり」といい、天授元年（六九〇）大雲経をもって、則天武后に受命の符讖なりとし、また則天武后をもって弥勒仏の下生とし、さらに妖僧薛懐義（?～六九五）らが諸州に大雲経寺を建てたことを諷している（開元録巻十八）。このような時代に、厳正な経録の出現を期待することは困難であった。
云云。（二一〇頁）
と述べられたのも、矢吹氏の見解をそのまま継承された上での所論であることは明らかであろう。

しかしながら、『開元釈教録』で智昇が信行の三階教を批判した文中の天授は、実は釈迦教団の分裂を企てた人物として悪名高い提婆達多の漢訳名なのであって、「天授聖図」・天授の年号とは何の関係もないのである。このことは、既に『三階教之研究』に対する湯用彤氏の書評(36)の中で、簡勁に指摘されている。かの玄奘撰の『大唐西域記』巻六・室羅伐悉底国の条に、

伽藍の東、百余歩に、大深坑あり。是れ提婆達多、毒薬をもって仏を害せんと欲し、生身もて地獄に陥入せし処なり。提婆達多――(原注)唐に天授と言う――は、斛飯王の子なり。云云。(伽藍東百余歩。有大深坑。是提婆達多欲以毒薬害仏。生身陥入地獄処。提婆達多〈唐言天授〉。斛飯王之子也。云云。)

と見え、提婆達多について「唐言天授」という原注が施されている。deva-datta は、音訳すれば提婆達多であり、意訳すれば天授・天与あるいは天熱となる。したがって、『開元釈教録』の「似同天授。立邪三宝」は、「天授(＝提婆達多)のように、邪三宝を立てた」と読むべきなのである。

智昇が、『開元釈教録』で、信行撰の「三階法」および「雑集録」を著録した際に、三階教団にきびしい批判を加えていることは確かである。しかし、「天授の邪三宝」は武后朝の仏教とは何の関係もない記事なのであって、智昇は武后朝の仏教に批判的であった、

とみなすべき論拠とはならない。むしろ、逆に、「我唐天后」の証聖元（六九五）年に、三階教門は仏意に背き異端を称しているとの制令をだし、また「天后」の聖暦二（六九九）年に、三階教徒はただ乞食・長斎・絶穀・持戒・坐禅することのみができ、そのほかの行は、みな違法として禁止するとの勅をだした、と書いていることからみて、智昇は「我が唐の天后」朝、すなわち則天武后朝の仏教政策に好感を示しているとさえ言うことができるのである。

『開元釈教録』の原注にみえる「天授の邪三宝」の文義についてのまったくの誤解に立脚した矢吹氏の『三階教之研究』が、そのような瑕瑾にもかかわらず、当代の仏教史研究として今なお、最有益の書物であることは、更めて確認するまでもあるまい。ただ、以後の研究者が、『微妙声』第三期（民国二十六年）に転載され、さらに論文集『往日雑稿』[37]に再録された、さきの湯用彤氏による書評を、無視しつづけてきたことが惜しまれるわけである。

二　造像銘に現れた唐仏教

1　造像紀年銘

前節では、敦煌写本、とくにスタイン本「一五一五号」の『観無量寿経』写本跋を中心として、武后時期の仏教受容の一面をみてきた。扱った写本は、中原からかなり隔った敦煌からの出土という限定はつくとはいえ、それら写経のかなりの部分が、長安などの中国本土からもたらされたものであるという点は、勘案されてしかるべきであろう。塚本善隆氏が「敦煌仏教史概説[38]」で説かれたごとく、八世紀末以後の吐蕃支配期になるまでは、敦煌仏教は中原仏教の拡大圏内にあったのである。

中原における唐仏教を第一次史料に即して考察しようとするとき、写経は伝わっていない現状に照らすと、造像銘が唯一のものになる。その場合、造像には龍門石窟などの石窟造像と、各地のコレクションに入っている金銅仏などに大別できるが、本章で取上げるのは、石窟造像など伝承のほぼ確実なものに限ることにしたい。すなわち一括史料である。これは、敦煌写経を扱った際、各地のコレクターの蒐集品に言及しなかったのと同じ態度であって、「特に金銅仏及び石窟造像以外の石仏についての論考」という副題をつけて書かれた松原三郎『増訂中国仏教彫刻史研究』[39]とは、対蹠的な立場にたつということになるであろう。このような研究方法をとって先駆的な業績をあげられたのは、塚本善隆氏の「龍門石窟に現れたる北魏仏教」[40]という雄篇であり、その成果は以後の研究者に継承されている。本節の論述に先立ち、その前提として、この塚本論文の紹介から始めることにしたい。

洛陽ちかくの龍門の石窟造像は、規模の雄大さにおいては北魏の古都であった大同ちかくの雲岡の石窟造像に及ばないが、雲岡のが大体において北魏数十年間の短期間の成果であるのに対し、龍門では中国仏教の発達期・全盛期たる、北魏から唐中期までの二百五十年間にわたる、芸術史・信仰史の流れが見られる点において、更に雲岡には殆んどない刻記が、龍門では大小無数に存する点において、少なくとも仏教史の研究者にとっては、特別の価値をもつものである。中国には古文書と称すべき史料が殆んど伝わらない。南北朝隋唐の中央文化域における実際の宗教生活を見るべき、上層階級の日記、古文書も、庶民の記録もない所において、当時すでに中国国民の宗教となっていた仏教が、その礼拝像と祈願文とそろえて一所に陳列保存しているのであるから、このすばらしい第一の資料を度外視して、中国仏教全盛期の中国仏教徒の信仰を論ずべきではない、と塚本氏は論じられる。かくて、氏らの長年の苦心になる「龍門石刻録」(『龍門石窟の研究』所収)によって、龍門における造像の盛衰と尊像の変遷を大観し、この石刻録がいかに中国仏教研究上に興味ぶかく役立てうるかの一例を示された。

塚本論文の序説の「三　龍門造像の盛衰と尊像の変化」の章には、まず紀年造像記のみによる表が掲げられている。龍門の造像は、北魏が洛陽に都した時代を通じて盛んであったが、とくに盛んであったのは、世宗・粛宗の二代（五〇〇―五二七年）の三十年たらずの間である。その後衰えて、唐の高宗から則天武后の時代にわたる約五十年間（六五〇―七〇四年）に、ふたたび龍門造像の全盛期を迎える。そして玄宗の盛期になるとやや衰えはじめる。ついで代宗・徳宗の時代（七六七―八〇四年）に、ふたたび唐室を中心とした中原仏教の盛時がくるのであるが、龍門における造像はふたたび旧のごとき盛況を迎えるには至らなかった。[41] かく、塚本氏は論じられた。龍門における造像の第二の盛期たる高宗・則天武后の時代が、本章で取扱っている時期にあたることは、更めて述べる必要はないであろう。

塚本氏はつづいて、龍門の造像記に固有尊像名の記されているものによって、尊像数を示すいくつかの表を作成され、つぎのような興味ある結果を報告された。龍門では、阿弥陀・観世音および釈迦・弥勒の四尊が固有名尊像の大半を占め、なかんずく阿弥陀と観世音の二尊が多く、中国人の信仰が、この二尊にいかに集注したかがうかがわれる。しかし、南北朝時代の洛陽地方における仏教信仰は、阿弥陀・観世音の二尊を主とするものではなかった。少なくとも龍門造像の示すところでは、中国の仏教信仰が、諺にいう「家家観世音、処処弥陀仏」のごとき状態になったのは、唐以後であることが知られる。すなわち、紀年造像記のみをとって、造られている尊像を年代順に整理してみると、南北朝と唐朝との間に、中国仏教徒の一般的信仰対象が、釈迦・弥勒から、弥陀・観音・地蔵へと変化していったことが察知される。とくに、龍門における造像の二大盛期たる北魏と唐の高宗・則天武后朝の尊像を対照して、両時代の仏教信仰の対象がいかに異なるかを示された表を移録してみると、つぎのようになる。

	北魏（四九五―五三五）	高宗・則天（六五〇―七〇四）
〔造像総数〕	二〇六	四五九
釈迦	四三	九
弥勒	三五	一一
多宝	三	〇
定光	二	〇
無量寿	八	〇

阿弥陀	〇	一一〇
観世音	一九	三四
救苦観音	〇	一一
地蔵	〇	七

洛陽地方の仏教徒は、北魏時代には主として釈迦・弥勒を造って礼拝祈願していたのに、百年余の後に阿弥陀の造像礼拝に移っていることが分る。北魏時代も、阿弥陀は無量寿仏なる訳名で造られているが、その数は釈迦の五分の一弱、弥勒の四分の一弱にすぎなかった。しかるに唐の高宗・則天武后の時代には、逆に阿弥陀仏が釈迦の十二倍強、弥勒の十倍に躍進している。

釈迦は「此の土」たる人間世界に出でた仏で、定光・多宝・弥勒はみな此の世界の釈迦仏伝中の尊像であるのに対し、阿弥陀は五濁悪世の「此の土」から衆生を西方十万億の仏土を過ぎた「彼の浄土」へ引接往生させるという「彼の土」の主である。このような序説をすえた上で、本論に入り、二大盛期のうちの最初の北魏時代における龍門石窟に現れた仏教の諸相を実に綿密に分析されたのである。結語の「八　龍門北魏仏教の歴史的性格」においては、龍門の北魏窟と、その前に接する雲岡石窟と、後に発展する龍門の唐時代造像との三者をつらねて、中国仏教発展の主要な三段階を大観できるとされ、雲岡石窟には

「印度の悉達太子が如何にして仏になったか」という釈迦伝中心の仏教が現れていたのが、龍門北魏窟では「印度の釈迦仏は何を説いたか」が示され、さらに唐代造像になると「中国の我々は如何にして救われるか」という中国国民のものになった仏教が表現せられている、と述べられた。すなわち、中国における仏教受容の姿が、これら三段階にわたって、外来仏教の素朴な受容からその中国的理解へ、そして中国自身の仏教の成立へ、とつぎつぎに深化していったことを、石窟尊像の変化のうちに読みとられたわけである。

龍門北魏窟に焦点を合せた塚本氏の見事な研究成果は、その後、多くの研究者に引継がれた。井上光貞氏はこれを踏まえて『日本浄土教成立史の研究』[42]を発表し、最近では速水侑氏の『観音信仰』『弥勒信仰』『地蔵信仰』[43]に叙述の前提として利用されている。また藤堂恭俊氏は「北魏時代における浄土教の受容とその形成——主として造像銘との関連において」[44]を書き、横超慧日編『北魏仏教の研究』[45]所収の諸氏の研究にも、その影響が随処にみられる。

本節では、塚本氏が簡単に触れるにとどめておかれた〝龍門石窟に現れた唐仏教〟の一面に考察を加えようとするものであるが、同時に、「龍門石刻録」の唐代の部分以外に、つぎの三資料をあわせて検討の対象に選ぶことにしたい。第一は「響堂山石刻録」で水野清一・長広敏雄共著『響堂山石窟』[46]に附録されたものを利用し、第二は「鞏県石窟寺石刻録」で河南省文化局文物工作隊編『鞏県石窟寺』(47)所載のもの、第三は楊伯達「曲陽修徳寺出土紀年造象的芸術風格与特徴」(48)である。これら三者は、いわば一括史料であり、紀年の年代が数百年に及ぶ点で共通しており、「龍門石刻録」の厖大さに比べると、ずいぶん見劣りはするが、「龍門石刻録」の客観性を吟味するには、またとない史料なのである。

響堂山石窟は、河北省の南端、北斉の首都たる鄴の近くに営まれた北斉の石窟寺院なので、前掲の『響堂山石窟』の副題も「河北河南省境における北斉時代の石窟寺院」となっているのであるが、唐代に造られた小仏龕がかなり残っている。巻末の「響堂山石刻録」に即して数えると、紀年銘の総数一一七のうち、肝心の北斉時代のものは僅か一つにすぎず、隋代のが八、唐代のが九一もあるのである。しかも、本章が対象とする唐の高宗から玄宗の開元年間にかけてのものだけでなんと八四もあり、全体の七割強を占めている。これは注目に値するであろう。

鞏県石窟寺は、洛陽と鄭州の中間、河南省鞏県城の西北二・五キロの洛水北岸の地点に造営された北魏時代の石窟寺院なのであるが、それ以後に作られた小仏龕も多く、「鞏県石窟寺石刻録」によると、紀年銘の総数一五九のうち、肝心の北魏のものは僅かに三にすぎず、東西魏のもの一一、北斉のが三七、唐代のが九四であって、北斉のものが全体の二割強、唐のが六割弱をも占めているのである。これらの紀年銘の内容を、塚本方式で尊像

別に表示すると、

	北魏	東西魏	北斉	唐の高宗・武后
釈迦（優塡王）	二	二	一	一二
弥勒		〇	一	〇
阿弥陀		一	〇	一八
観世音		二	九	四

となり、北魏時代では釈迦が、北斉時代には観世音が、唐の高宗・武后時代には阿弥陀ついで釈迦がこの地で尊崇されていた有様が、この表によって明らかとなるのである。

曲陽修徳寺は、河北省定県の西北なる曲陽県にあった仏寺で、一九五三年と翌年にかけて、その寺の遺址の二つの深坑から、小さな白色の大理石像の一群が発掘された。恒山の北岳廟にほど近い修徳寺からのそれら出土品は、仏像と楽人で、全部で二千二百余体にも達し、しかもその一割強には、紀年をともなう銘文が刻されていたのである。これらの石像発掘の次第は、『考古通訊』の一九五五年第三期に、羅福頤「河北曲陽県出土石像清理工作簡報」と李錫経「河北曲陽県修徳寺遺址発掘記」の二論文として発表された。それらによると、造像紀年銘が、もっとも古い北魏晩期の神亀三（五二〇）年から唐の天宝九

（七五〇）年にいたる二百三十年間にわたるところからみて、この寺は安史の乱に遭遇して毀されたのであろうとの推測がなされている。もともと曲陽県をふくむかつての定州近辺は、北斉ごろにも白色大理石の仏像が盛んに造られていた地として名高い[49]が、それにしても、一括してかくも厖大な仏像群が、紀年銘文をともなった仏像を多数ふくんで発掘されたのは画期的なことであったので、そのうちの優品が早速、北京の歴史博物館で開催された全国基本工程中出土文物展覧に出品され[50]、一九五五年九月に中国古典芸術出版社から刊行された『全国基本工程中出土文物展覧図録』にも、図版二五―三二として掲載されたのであった。その後五年して発表されたのが、前掲の楊伯達「曲陽修徳寺出土紀年造象的芸術風格与特徴」なのである。

　楊伯達氏によると、二千二百余体の造像のうち、紀年銘をともなったものは二百四十七体で、うちわけは、北魏晩期のが十七体、東魏のが四十体、北斉のが百一体、隋のが八十一体、唐のが八体であり、紀年銘のある造像は、殆んどが高さ二〇センチないし三〇センチの小型ということである。大部分が東魏・北斉・隋のおよそ七十年間に集中していて、唐のは僅か八体にすぎないのは残念であるが、そのうちわけは、多宝仏・双弥陀仏・坐仏・双坐仏・僧立像がそれぞれ一体で、弥陀仏が三体となっている。紀年銘をともなった各時代の造像を精査された楊伯達氏によると、紀年造像は、はじめは釈迦・弥勒が主であったが、やがて弥陀仏に席をゆずり、菩薩像もますます多くなっていく。

すなわち、北魏晩期には釈迦像は二体、弥勒像は七体であったが、東魏以後になるといよいよ少なくなる。無量寿仏・弥陀仏ははじめて北斉時代に出現したばかりだというのに、隋代にはすでに弥勒像の数を超過した。菩薩像も、北魏晩期には六体で全体の三五パーセントであったのが、東魏では七五パーセント、北斉では八二パーセントとなり、隋代では全体の九三パーセントをも占め、なかでも双体像の占める分量がいよいよ大きくなる。このような供養対象の変化は決して偶然ではなく、北朝統治下における曲陽地方の僧俗たちの仏教信仰の変遷を反映しているであろう。釈迦・弥勒から無量寿仏・弥陀仏へということのような変遷は、龍門石窟のばあいと一致する。菩薩像が多いのは、修徳寺の信士の多数が下層庶民であったからであろう。この点が、雲岡・龍門・南北響堂山と異なる。このように楊伯達氏は結論しているのである。楊氏が単に菩薩像といっている像のかなりの部分は観音菩薩像であろうと推測されるが、その詳細は不明である。

以上の概括によって、龍門石窟の紀年造像記の検討を通してなされた、北魏から唐にいたる時期の礼拝尊像の変遷を跡づけた塚本善隆氏の見通しは、響堂山石窟・鞏県石窟寺・曲陽修徳寺のそれぞれの紀年造像銘によってもほぼ裏付けされた、ということができるであろう。つぎに項を改め、龍門・響堂山・鞏県の各石窟の石刻録を読み進めつつ、第一節で検討を加えた二つの問題、すなわち唐の高宗・武后時期の浄土信仰・観音信仰と、天皇・天后の称号について考察することにしたい。

2　西方浄土信仰と観音像

塚本善隆氏の前掲「龍門石窟に現れたる北魏仏教」は、同氏らの編纂した「龍門石刻録」の解説をかね、多岐にわたる斬新な見解を披露された大論文であった。龍門における西方浄土信仰の展開についても、つぎのように述べられている。無量寿仏のもっとも古い北魏の神亀二（五一九）年の造像記や正光三（五二二）年の無量寿仏像の造像記には、必ずしも西方極楽世界へ往生せんとする専心願求が示されていない。また当時の釈迦像や弥勒像をつくる造像記に、西方妙楽国土に託生せんことを願っているのがある。龍門の北魏造像記は、当時の一般の俗人信者のみならず僧尼さえもが、死後に往生しうる、弥勒菩薩や無量寿仏などの、特定の浄土に関する知識をもちながら、その信仰の実状は、漠然と天上の諸仏諸菩薩の楽土を願求する程度のものであったことを示す。いまだ唐時代の浄土教のごとく、一仏の一浄土へ信と行を専注し、阿弥陀浄土と弥勒浄土との優劣を論戦するような熱烈純一な信仰によって導かれていない。そして龍門の石窟における、弥勒菩薩と無量寿仏から阿弥陀仏・観音菩薩へという造像対象の変化は、北魏中原のこのような漠然たる浄土信仰が、北斉・隋から唐の盛期にいたる間に、阿弥陀仏の西方浄土を専念要求する浄土教によって、教化せられてしまったことを明らかに物語っている。塚本氏は、このような見当をつけられたのである。

いま更めて「龍門石刻録」の唐代の部分をみてみると、阿弥陀像あるいは観音像の造像記は枚挙に遑なしの多数に及ぶのであるが、一方、造像の尊像名が分りかつ西方浄土への欣求を明記するものとしては、同石刻録の編号で示すと、「八一一号」王宝泰趙玄勣等造西方浄土仏龕記（延載元年八月三十日、六九四年、浄土洞）を別にすると、次の五点、すなわち「一九八号」「三七〇号」「三八〇号」「五三六号」「八一三号」を挙げることができる。

「一九八号」鄭県王思業造薬師観音像記

大唐太州鄭県王思業。為太后皇帝。一切衆生。及七世父母。今為亡女妙法。造薬師像一区。幷観音像一区。以思業患□得可。故造。今並成就。願亡者託生西方。見存者無諸哉障。

「三七〇号」偃師県□□郎楊□□造盧舎那像記　龍朔二（六六二）年□月□四日

大唐龍朔二年歳次壬戌□□□□四日。□州偃師県□□郎楊□□□亡考妣。於龍門南□□□舎那像一龕。今得□□□弟妹等供養。所願□□□厳考妣往生西方。復登浄土。法界衆生。咸同其福。□□□□

「三八〇号」任智満造阿弥陀地蔵観音像記　長寿二（六九三）年四月廿三日

長寿二年四月廿三日。任智満。為亡母。敬造弥陀像。地蔵菩薩。観音菩薩。願亡母往生西方。

「五三六号」王貴和造弥陀像記　顕慶元（六五六）年

……王貴和□□…願西……□□□□□阿弥陀像………顕慶元年。

「八一三号」宣義郎周遠志等造阿弥陀像記　上元二（六七五）年十二月八日

阿弥陀像文。……弟子宣義郎周遠志等。並翹想法於法浦。迺結願於西方。………奉為天皇天后。太子諸王。遠劫師僧。七代父母。敬造阿弥陀石像一龕。今得成就。……大唐上元二年十二月八日功□。

これら五点のうち、「一九八号」の王思業の造像記の年次は不明であるが、文中に「太后皇帝」と「太州鄭県」の語句が見え、鄭県の属する華州が太州とよばれたのは、『元和郡県志』巻二・華州の条に「垂拱元年。改為太州。避武太后祖諱。神龍元年。復旧」とあるように、垂拱元（六八五）年から神龍元（七〇五）年の二十年間であり、しかも西暦六九〇年には武周革命をおこして武太后は皇帝になるのであるから、この王思業の造像記は、六八〇年代に書かれたことが確実となる。さすれば、西方浄土に言及した五点の造像記は、六五六年から六九三年の間に収まり、いずれも高宗・武后時期の作品ということになるわけである。

つぎに五点の造像記の内容をみていくと、まず「三七〇号」の造盧舎那像記は、欠字が多いが、盧舎郡像一龕を造って西方浄土に往生せんことを願っていることが分る。盧舎那像は直接には西方浄土と結びつかないのであって、北魏時代に釈迦像や弥勒像を造って西方浄土への往生を願った人たちと同様な程度の信仰の実情であったといえよう。教義書によるのであれば別であるが、このような造像銘を資料にするかぎりは、唐代になると教義が滲透し阿弥陀仏の西方浄土を専念要求する浄土教によって教化せられてしまった、などとは簡単に言えないことになろう。

「龍門石刻録」「五三六号」と「八一三号」の造像記の場合には阿弥陀像を造って西方浄土を願っていて、ごく自然な姿なのであるが、同じく西方浄土を願うのに、「三八〇号」では弥陀像とともに地蔵菩薩と観音菩薩を造り、「一九八号」では薬師像と観音像を作っているのが注目される。観音像が西方浄土と結びつく点は、前節の敦煌写経跋で取上げた高宗・武后時期における『観音経』と『観無量寿経』との近しさと共通しているわけである。

高宗・武后時期に観音像の造像が西方浄土信仰と密接に結びつく例は、「龍門石刻録」

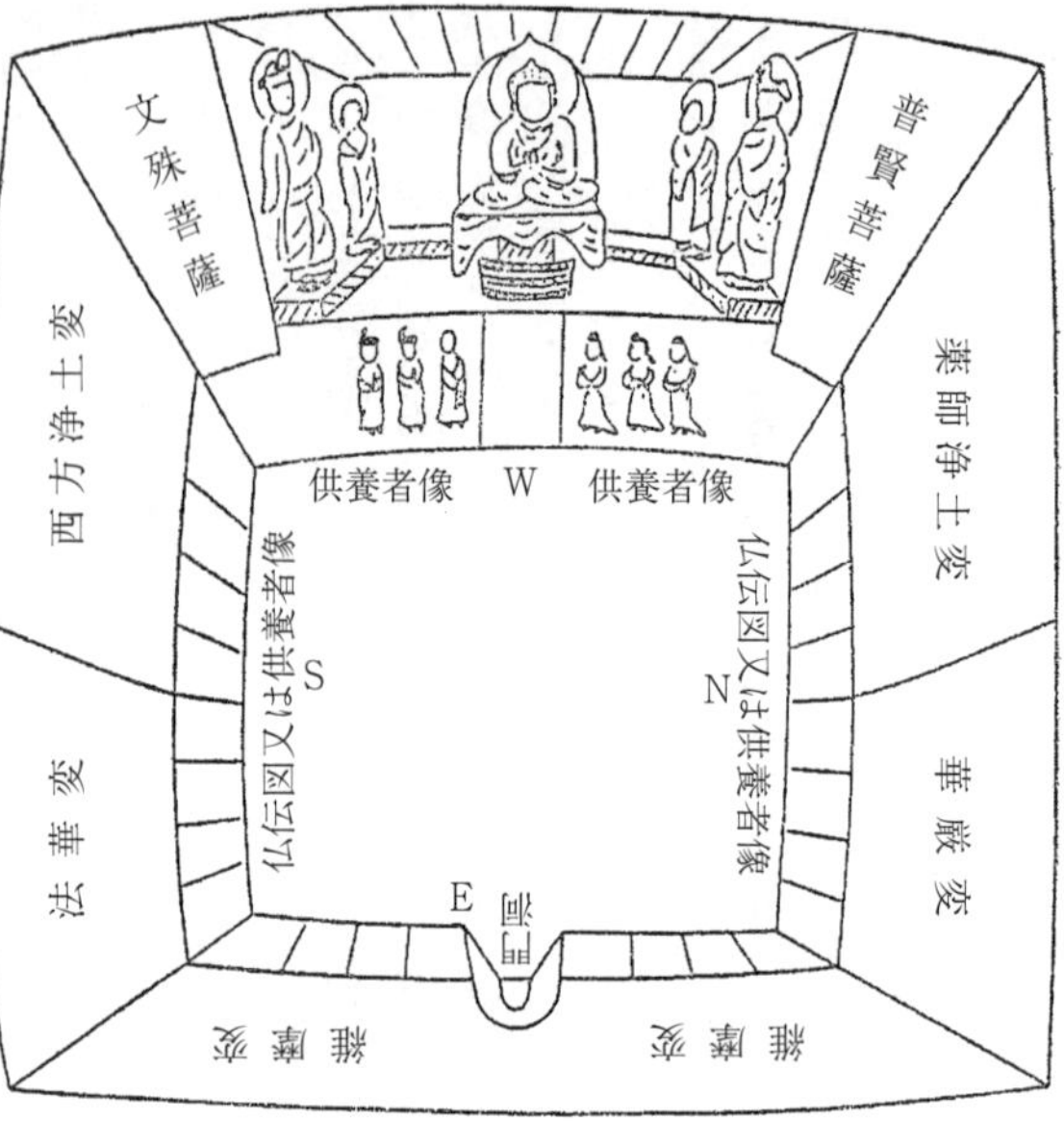

盛唐式奥龕方形窟の壁画配置（藤枝晃氏による）

のみならず、前掲の「鞏県石窟石刻録」においても見出だすことができる。すなわち同編号の「九九号」咸亨元（六七〇）年二月三十日の成思斉造像記には、

咸亨元年二月卅日。弟子成思斉兄弟及姉妹。為亡父。造観音菩薩一区。願亡父託生西方。見□□□□福……

とみえている。ただし、ここ鞏県石窟寺の場合には、同編号の「六号」東

郵便はがき

料金受取人払郵便

京都中央局
承認

4757

差出有効期間
2024年3月
31日まで

(切手をはらずに
お出し下さい)

6008790

110

京都市下京区
正面通烏丸東入

法藏館 営業部 行

愛読者カード

本書をお買い上げいただきまして、まことにありがとうございました。
このハガキを、小社へのご意見またはご注文にご利用下さい。

お買上 **書名**

＊本書に関するご感想、ご意見をお聞かせ下さい。

＊出版してほしいテーマ・執筆者名をお聞かせ下さい。

お買上 書店名	区市町	書店

◆新刊情報はホームページで　http://www.hozokan.co.jp
◆ご注文、ご意見については　info@hozokan.co.jp

22. 06. 50000

ふりがな
ご氏名　　　　　　年齢　　　歳　　男・女

〒□□□-□□□□　　電話

ご住所

ご職業
(ご宗派)　　　　所属学会等

ご購読の新聞・雑誌名
（ＰＲ誌を含む）

ご希望の方に「法藏館・図書目録」をお送りいたします。
送付をご希望の方は右の□の中に✓をご記入下さい。　□

注 文 書

月　　日

書　　名	定　価	部　数
	円	部
	円	部
	円	部
	円	部
	円	部

配本は、○印を付けた方法にして下さい。

イ. **下記書店へ配本して下さい。**
（直接書店にお渡し下さい）

（書店・取次帖合印）

書店様へ＝書店帖合印を捺印の上ご投函下さい。

ロ. **直接送本して下さい。**
代金（書籍代+送料・手数料）は、お届けの際に現金と引換えにお支払下さい。送料・手数料は、書籍代計16,500円未満780円、16,500円以上無料です（いずれも税込）。

＊お急ぎのご注文には電話、ＦＡＸもご利用ください。
電話 075-343-0458
FAX 075-371-0458

（個人情報は『個人情報保護法』に基づいてお取扱い致します。）

魏天平三（五三六）年三月三日の楊大昇造像記、「三一号」北斉天保八（五五七）年十二月二十五日の梁弼造像記、「四八号」北斉天統二（五六六）年四月七日の秋進和造像記の三つにも、観世音像を造って亡くなった親族が西方妙楽国土に託生せんことなどを願っていて、ここではすでに東魏の時代から、この傾向がつづいていたのである。

前節でみた敦煌写経跋の場合と同様、龍門石窟寺といった中原の石窟寺においても、西方浄土信仰と結びついた観音像の造像の盛行という事実を見出だせるわけであるが、それとの関連で、敦煌石窟内における経変・浄土変の位置について触れておきたい。

敦煌石窟内の経変・浄土変などについては、美術史家たちによって、一つ一つの画面を対象とした図像学的な研究や様式論、また画風の変遷といった分野で多数の研究が発表されてきたが、ここで参照したいのは、敦煌莫高窟の主要仏洞内の主室四壁の壁画画題の組合せを追究された藤枝晃氏の「敦煌千仏洞の中興――張氏諸窟を中心とした九世紀の仏窟造営」(51)である。藤枝氏は、主題をなす帰義軍期の諸窟を取上げる前に、その前史として吐蕃支配期（七八一―八四八年）の造窟を検討された。吐蕃期七十年の間に造られた諸窟はまったく似たような型式のものばかりであって、そこに変化も発展も見出だし難いが、このことこそ重要なのであって、つまり盛唐期に完成した浄土変に重心をおく荘厳形式が、唐との往来が絶えた結果、そのまま何の変異も加えずに踏襲せられていたことを示している、と藤枝氏は述べられた。そして、吐蕃期を通ずる定型のもととなった盛唐期の基準形式を復元し、盛唐式奥龕方形窟の壁画配置を図示された。それによると、主室は十尺ないし十五尺四方の正方形で、正面仏台の本尊は釈迦牟尼仏であることが多く、複数の脇侍を配した塑像が造られ、仏台の両袖のせまい壁面には、向かって左に文殊、右に普賢の両菩薩をそれぞれ画くのであるが、藤枝氏はさらに、つぎのような興味ぶかい論を述べておられる。

左右壁には中型窟で二面、まれに三面の変相が画かれる。その場合、左壁（南壁）には必ず『西方阿弥陀浄土変』すなわち『観経変相』が画かれ、右壁（北壁）のそれに向い合った面には必ず『東方薬師浄土変』すなわち『薬師瑠璃光経変相』が画かれる。また二面以上の場合、『法華経変相』が常に南壁に、『華厳経変相』が北壁に画かれるきまりの如くである。東壁には入口を挟んで文殊菩薩と維摩居士との向い合う『維摩経変相』が画かれる。……盛中唐諸窟の華麗な変相を並べる荘厳法のもっとも根本となっているものは、左右両壁に向い合った東西浄土であることが容易に理解できるであろう。これ以外の変相は、小さい窟であれば省略することも許される。……東西浄土図こそ、窟内壁画の主役であって、この型の窟の諸壁面は、両面の変相を基準にして、その他の脇役的諸画面を配したものと解せられる。仏殿が南面していれば、もちろんこれは東西両壁に画かれたはずである。莫高窟は東に向っているから、九〇度廻転して弥陀浄土は南壁に、薬師浄土は北壁に画かれることになったのである。……この両変相のもととなった浄土信仰は六―八世紀の中国で独自の発達を遂げたものである。敦煌仏洞の壁面に浄土変相が現れる頃には、インド風・西域風の要素はほとんど認められなくなって、仏伝図の如きものまで中国化してしまう。

藤枝氏は、以上のように、盛唐期に造営された敦煌莫高窟の諸窟は、いわば浄土窟[52]とも呼びうるほどに東西浄土変相図が重視されていることを指摘されたのであるが、中国における仏教の受容という観点からみて、両変相のよってたつ経典の『観無量寿経』と『薬師瑠璃光経』(=『灌頂経』)とが、ともに中国撰述経、すなわち疑偽経典であるとみられる点は見逃しがたいといえよう。

ところで、本章の論点からみて言及せざるをえないのは、盛唐期の敦煌石窟内で、「観音普門品」をふくむところの「法華経変相」が、何故に「西方浄土変相」と並んで画かれるに至ったのか、という点である。敦煌文物研究所編『敦煌壁画』[53]を見れば明らかなように、隋窟の第四二〇窟(敦煌文物研究所による編号、以下同じ)では、「法華経変」が窟頂の四面に画かれていたのに、盛唐の第一〇三窟では南壁に、同じく盛唐の第四五窟では「観音普門品」が南壁に画かれているのである[54]。これこそ、前節で検討したように、観世音菩薩を媒介にして、西方浄土信仰と『観音経』（＝『妙法蓮華経』「観世音菩薩普門品」）との結びつきが生みだしたものとみることはできないであろうか。

写経と造像が盛大に行なわれた唐の高宗・武后期は、『観無量寿経』を中心とする浄土教が盛行し、それと一体となった観音信仰が普遍化していた時期であった。要するに「唐の観世音造像も、前代を継承して盛んであるが、唐代の観世音信仰は単に法華経的な観世音たるのみならず、浄土教的な観世音へ、地蔵菩薩と共に死後の浄土往生の信仰に密接に結びついて信仰せられる傾向が、著しくなって来ている」（塚本善隆氏前掲論文）ことが再確認されるわけである。

3　天皇・天后

「龍門石刻録」の唐代の部分から、造像の尊像名が分りかつ西方浄土への欣求を明記した造像記を前項に五点移録したが、そのうちの「一九八号」には「太后・皇帝……の為に」とあり、「八一三号」には「天皇・天后、太子・諸王……の奉為に」の文句が記される。前節の第3項で敦煌写経按にみえる「天皇・天后」の尊号を検討した際、「敦煌本仏典写経の跋文奥書に、ときの皇帝に言及するのは、案外に珍しい」と書いたが、造像銘にはかなり頻繁に現れるのである。「龍門石刻録」の唐代の部分で「皇帝」「皇帝・皇后」

「天皇・天后」のためにと書いている造像記は何時から何時までかをみていくと、「皇帝」のみが書かれているのは「八七五号」乾封三（六六八）年二月の雍州櫟陽県東面副監孟乾緒造弥陀像記までつづき、則天武后の登場にともない「皇帝・皇后」と並記されるようになったのは「八七七号」咸亨四（六七三）年五月の薛仁貴敬造阿弥陀二菩薩像記や「一八号」咸亨四年十一月七日の西京法海寺僧恵簡造弥勒像記からである。そして「天皇・天后」の奉為にというのは、すでに前項に引用した「八一三号」上元二（六七五）年十二月八日の宣義郎周遠志等造阿弥陀像記が最初ということになる。

「龍門石刻録」に「天皇・天后」の名がみえるのは、「八一三号」のほかには、「七六九号」儀鳳四（六七九）年六月八日の太常主簿高光復等造阿弥陀像記、「一〇一号」永隆元（六八〇）年十一月卅日の沙門智運造一万五千尊像記、「二四号」垂拱三（六八七）年□月八日の劉孝光造阿弥陀像記、「一七九号」如意元（六九二）年五月五日の丁君義造阿弥陀像記の四点がある。このうち、「一〇一号」のは、内道場の智運禅師の発願によって、万仏洞の周壁に一万五千の尊像を造った際の造像記なので、「天皇・天后、太子・諸王」の奉為にと書かれたのは、ごく当然のことであろう。ただし、天皇たる唐の高宗は弘道元（六八三）年十二月丁巳に崩じて、天后たる武后は太后となり、また西暦六九〇年に武周革命が行なわれて皇帝となっているのに、その前後の時期を通じて「天皇・天后」の名がみられるのは注意すべき事柄であろう。その点では、「七七一号」垂拱三（六八七）年正月十五日の比丘僧思亮等造像記に「皇太后」らの奉為にとみえ、「七七二号」垂拱四（六八八）年二月廿□の秦弘敬等造像記に「皇太后・皇帝・皇后」らの奉為にとし、「七七三号」永昌元（六八九）年五月七日の皇甫□仁造阿弥陀像記に「聖母皇帝」らの為にとあるのが、当時の現実を反映しているはずなのである。

「龍門石刻録」では、天皇の尊号をもった高宗が崩じ天后の尊号をもった武后が太后となり皇帝となった時期になっても、相変らず「天皇・天后」の為にの文句を含んだ造像銘が書かれていた点は、やや奇異の感を抱かされるが、その意味では「響堂山石刻録」の場合はより極端なのである。

すなわち、同石刻録の「五号」聖暦二（六九九）年の董智力母陽氏造弥勒像記、「五四号」長安三（七〇三）年九月八日郭方剛造阿弥陀記、「五七号」神龍元（七〇五）年八月の李義節造阿弥陀像記、「二八号」景龍二（七〇八）年三月の傅大娘造観音像記、「三〇号」景龍四（七一〇）年二月十日の呉四娘造地蔵観音勢至像記、「五九号」開元五（七一七）年正月廿三日の郭方山造阿弥陀像記に、それぞれ上は「天皇・天后」から法界の蒼生にいたるまでともに正覚に登ることを願い、また同「六〇号」開元五年正月の郭五□造阿弥陀像記と「六一号」開元十二（七二四）年正月の郭方剛造阿弥陀像記には、上は「天皇」からの文句がみえる。「龍門石刻録」に天皇・天后の名がみえるのは、すべて武后が健在であった時期であるからまだしも、この「響堂山石刻録」の場合には、武后の死後である玄宗朝になっても「天皇・天后」あるいは「天皇」の名の見える点が奇異なのである。これは理解に苦しむ所であるが、これら開元年間の造像者が、「五四号」の造像者たる郭方剛その人かその一族と見られる点からして、新たな造像銘を刻するに際し、手近にある前例の造像銘文を参照し、ほぼ踏襲したからで、天皇と天后が高宗と武后とに固有の尊号であったことへの関心が欠落してしまっていた結果と考えるべきであろう。

以上、二節にわたり、敦煌写経跋と石窟造像銘を材料として、唐の高宗・武后時期における仏教受容の一面を垣間みてきた。石刻からみた武后の宗教信仰については、近年、饒宗頤「従石刻論武后之宗教信仰(55)」が発表され、武后の命による『三教珠英』一千三百巻編纂の意義が強調され、武后は始めから一貫して儒仏道の三教を調和させようとする傾向があったと述べられているが、それはさておき、仏像の造像と仏典の写経が、高宗朝から武后・韋后期にかけて、未曾有の盛況をみたことは、まぎれもない事実なのであった。当時の有様は、『隋書』巻三五・経籍志四の末に「民間の仏経、六経より多きこと、数十百倍なり」と評された隋の高祖時期の造像写経の盛大さに勝るとも劣らない状態であった。当時における造像写経の盛況は、陳寅恪氏が「武曌与仏教(56)」で述べられたごとく、武后の母が隋宗室の楊氏の出で篤信の仏教徒として造像写経に熱心であったこと、武后自身が幼少の頃に一度、沙弥尼になったであろうとの推測と関連があったのかもしれないが、それ以上に、当時の政治・社会の分野における濫官・食実封・偽濫僧の横溢などの現象と軌を一にするものであった。

玄宗の開元年間になって、民間における写経と造像が少なくなり衰えるのは、唐朝の政治・社会の大きな動きの一環だったのであり、それについては節を改めて述べることにしたい。

三　玄宗朝の仏教政策

1　造寺造仏への批判

高宗が王皇后を廃して武昭儀を皇后に冊立する詔を出し、武后の政権掌握への道が開かれたのは、永徽六（六五五）年十月のことであった。それから半年後の顕慶元年四月戊申の日に、高宗は安福門楼に御し、高宗親筆の慈恩寺の碑文を慈恩寺の僧の玄奘らが奉迎して寺に向かうのを観覧した。その時のパレードは、金宝の飾りをほどこした幢蓋を造り、太常所属の音楽隊をものせた数百輛の車、そして僧尼たちが幡をもって二列に並んで行進するといった、まったく天竺の法儀にのっとって行なわれたので、見物に集まった長安の士女たちが、慈恩寺までの沿道に満ちあふれ、『冊府元亀』巻五一・帝王部・崇釈氏の条に、「魏晋より以来、釈教を崇事すること、いまだ嘗てかくの如く盛んなる者あらざるなり」と評されている。この仏教徒にとっての空前の盛儀は、これ以後の高宗・武韋期における造寺造仏の未曾有な流行の嚆矢となるものであった。高宗は君臨してはいても、顕慶五（六六〇）年以後の二十五年間は、事実上は武后執政の時代であった。

東都洛陽ちかくの龍門の唐窟が開かれたのは、貞観十五（六四一）年ごろ太宗の第四子の魏王泰が母の文徳皇后の供養のために石窟造営を発願した時であるが、ふたたび大々的に開掘がつづけられるに至ったのは、この武后執政の時期なのであった。まず、永徽・顕慶の頃に敬善寺洞が開かれた。ついで盧舎那仏大像で知られる奉先寺洞が着工されたのは咸亨三（六七二）年四月で、完成したのは上元二（六七五）年末のことであった。この大仏は高宗の勅願にかかり、武后がお化粧料二万貫をだして造営をたすけたのである。同じ頃に恵簡洞、ついで獅子洞・万仏洞の順に営まれた。恵簡洞には、皇帝・皇后・太子周王（のちの中宗）の奉為につくるという、咸亨四（六七三）年十一月七日の僧恵簡造弥勒像記が残されている。ついに龍門の西山には造窟の場所が乏しくなり、伊水対岸の岩壁に東山の諸洞が開かれるに至るのも、武后の時代なのである。また咸亨年間から儀鳳年間にかけての六七〇年代は、国都長安の宮廷で大規模な仏典写経事業も行なわれたのであった。

高宗は麟徳三（六六六）年正月、武后とともに泰山に行幸して昊天上帝を親祀し、乾封と改元した。そして泰山の属する兗州に道観と仏寺おのおの三所を置き、また天下の諸州には一観一寺をおき、おのおの七人を度すべしとの詔をだした。全国の各州に国家によって官寺が設置されるという出来事は、ときの仏教徒たちをいたく感激せしめたのであった。この唐の国家による各州官寺の設置は、日本の国分寺制の先蹤となるものである。やがて、『大雲経』によって革命の理論づけをし、天授元（六九〇）年に周王朝の聖神皇帝となった武后は、両京と全国各州に大雲経寺を設け、『大雲経』を奉安させた。そして仏教を道教の上におき、公式の会合でも僧侶は道士よりも上位の席次を与えられることになった。

それから十五年後の神龍元（七〇五）年一月、張柬之を中心とする軍事クーデタによって武后が幽閉され、太子の中宗が即位するや、翌月、国号をもとどおり唐にもどし、全国の大雲経寺は名を大唐中興寺と改められ、ついでまた龍興寺と改称された。乾封元年・天授元年・神龍元年の三度にわたる、国家による各州官寺の設置の詳細については、塚本善隆氏の「国分寺と隋唐の仏教政策並びに官寺」(57)に譲ることにしたい。

中宗は苦労をともにしてきた韋氏を皇后としたが、この韋后はかつての武后のごとき存在となった。この韋后らを殺害して父の睿宗を即位させた李隆基が、父の譲りをうけて皇帝となったのは七一二年八月のことで、ここに玄宗皇帝が出現し先天と改元された。この玄宗が、宮中で勢力をふるう則天武后の末娘太平公主とその一党を誅殺し、名実ともに皇帝の地位を確保したのは、翌先天二（七一三）年七月で、この年の十二月に開元と改元され、いわゆる「開元の治」が始まる。則天武后が事実上の執政を始めてから玄宗の親政が始まるまで、五十年の年月が経過していた。

本章の第一・二節では、この半世紀の時期における仏教信仰の実態の一端を、写経跋文と造像銘を手がかりとして眺めてきたのであるが、この時期に顕著な造寺造仏の仏教の行過ぎは、当時の国家にとって、重大な政治問題にならざるをえなかったのである。

武氏立后が強行された永徽六（六五五）年から、玄宗の親政が開始される先天二（七一三）年にいたる五十数年間は、武后と韋后に代表される女性が政治を乱した女禍の時期として、伝統的な史観からは、「武韋の禍」と称され、非難の対象とされてきた。だが、この「武韋の禍」と目された時期こそ、実は庶族地主・新興地主層が経済力を背景に華々しく官界に登場してくる活気に満ちた社会だったことについては、すでに別稿「唐中期の政治と社会」に述べた通りである(58)。この武后と韋后の勢力が華やかなりし時代に政治問題化・社会問題化したのは、斜封官に代表される濫官と、公主や寵臣たちへの食実封の激増、それに数十万人に及ぶ偽濫僧の横溢と造寺造仏に夢中になる仏教教団なのであった。

武后が久視元（七〇〇）年に洛陽の白司馬坂に大仏を鋳造・建立せんとした時には、まず狄仁傑の諫言にあい、その後も李嶠や張廷珪の反対もあって中止され、中宗が武后の志を継いで長安の長楽坡につくろうとした大像も、余りの大工事の為に怨嗟の声おおく、神龍三（七〇七）年七月、ついに中絶の止むなきにいたった次第は、松本文三郎氏の「則天武后の白司馬坂大像[59]」に説かれる如くである。武后の発願になる白司馬坂の大像こそ、建設は途中で中止せざるをえなかったが、これは全くの例外であって、武韋時期には、豪壮な寺塔の造立がつづいていたのであり、それに対する批判者たち、すなわち李嶠・蘇瓌・辛替否・成大琬・宋務光・呂元泰・蕭至忠・韋嗣立らの意見が史書に残されている。そのうち、辛替否についてみると、中宗の景龍年間にかれが左拾遺として時政を論じる上疏をした際の、『文苑英華』巻六九八に「諫中宗置公主府官疏」（景龍元年）と題して収められた文章には、

当今、財を出し勢に依る者、尽く度して沙弥[60]となり、役を避け姦訛する者、尽く度して沙弥となる。其の未だ度さざる所は、唯だ貧窮と善人とのみ。将た何を以て作範せんや。将た何を以て租賦せんや。将た何を以て力役せんや。……いま天下の寺、蓋し其の数なし。一寺は陛下の一宮に当る。壮麗これより甚だし。用度これに過ぎん。これ天下の財を十分し、而して仏は其の七八を有せり。陛下なにをか之を有せん。百姓

なにをか之を食せん。……沙弥は干戈を執るべからす、寺塔は飢饉を攘うに足らず。（当今出財依勢者。尽度為沙弥。避役姦訛者。尽度為沙弥。某所未度。唯貧窮与善人耳。将何以作範乎。将何以租賦乎。将何以力役乎。……今天下之寺。蓋無其数。一寺当陛下一宮。壮麗甚之矣。用度過之矣。是十分天下之財。而仏有其七八。陛下何有之矣。百姓何食之矣。……沙弥不可執干戈。寺塔不足攘飢饉。）

と述べている。天下の財の七、八割を仏寺が有しているとのこの言葉は誇張にすぎようが、それほどまでに当時の仏寺は贅をつくしていたのであった。また景雲二（七一一）年に睿宗に対し、かれ辛替否が左補闕として上疏し時政を論じた文章には、『冊府元亀』巻五四五・諫諍部・直諫の条によると、

中宗孝和皇帝は、陛下の兄なり。先人の業を嗣ぎ、先人の化を忽かにされ、賢良の言を取らず、而して女子の意に恣《まか》さる。官爵に択ぶなく、虚しく禄を食む者は数千人。封建に功なく、妄りに土を食む者は百余戸。寺を造りて止まず、枉《むな》しく財を費す者は数百億。人を度して休まず、租庸を免がるる者は数十万。これ国家をして出づる所は数倍を加え、入るる所は数倍を減じ、倉に卒歳の儲を停めず、庫に一時の帛を貯えざらしむ。云云。（中宗孝和皇帝。陛下之兄。嗣先人之業。忽先人之化。不取賢良之言。而恣女子之意。官爵非択。虚食禄者数千人。封建無功。妄食土者百余戸。造寺不止。枉費財者数

百億。度人不休。免租庸者数十万。是使国家所出加数倍。所入減数倍。倉不停卒歳之儲。庫不貯一時之帛。云云。）

と述べられ、目前に政府が対処すべき緊急の課題として、濫官・食封制と並べて、造寺の莫大さと偽濫僧の横溢の実態を指摘するとともに、太宗の貞観年間の故事に依って粛正するようにと提案したのであった。貞観時代には、仏像の売買を禁じた「唐太宗断売仏像勅[61]」が出されさえしたのである。しかし、辛替否の諫言をうけた睿宗は「用うるあたわず。然れども切直を嘉み」したにすぎなかった。睿宗は即位したばかりの唐隆元（七一〇）年七月十九日、すなわち景雲と改元する前日に出した「誡励風俗勅[62]」には、私度を禁止し、寺観による広大な田地所有の制限を命じてはいるが、この当時の権力基盤は、宮中で勢力をふるう太平公主一派の意向を無視してまで、この改革案を実行できるほど強力ではなかったからである。この時期の政争については、谷川道雄氏の「武后朝末年より玄宗朝初年にいたる政争について[63]」を参看されたい。

武韋時期には、売官と売度とが公然と行なわれた。武后は、官職を濫造し、そのポストを貴族層に対抗する新興地主層や商人たちに売りつける濫官政策を推進し、自己の権力を強化していったのであった。家柄がどんなに低かろうと、三十万銭さえ出せば官吏になる道が開かれ、三万銭さえ出せば僧侶になり、賦役の徴収を免ぜられた。庶民の上層部たる富商や地主たちは、買官と買度によって、賦役や兵役からの解放や、蓄積した財産の擁護を実現しようとした。このようにして出現した偽濫僧は数十万人に及んだのである。この濫官政策は、魏晋以来の貴族社会を崩壊させる上で大きな役割を果たすのであるが、それはさておき、売官と売度の普及、すなわち濫官と偽濫僧の激増は、租税負担者を租税寄食者に転化させたことを意味した。これは国家財政に危機をもたらすにとどまらず、その分の収奪を転嫁させられた下層農民たちが、賦役の重圧にたえかねて逃戸になっていく現象を生みだした。武韋時期は庶族地主・新興地主層が経済力を背景に華々しく政治の世界に進出してきた活気に満ちた社会であったが、それらに伴う歪み現象として、大量の浮客や逃戸を生みだすことを余儀なくさせ、新たな社会矛盾を醸成したのであった。谷川道雄氏が前掲論文で説かれたごとく、玄宗親政による開元初年の政治は、こうした矛盾の緩和という方向ですすめられたのである。

先天二（七一三）年七月に、太平公主一派を誅殺して、名実ともに親政を始め、武韋時期以来の政治に大改革を加えんとした玄宗が、もっとも頼りにしたのは、姚崇であった。首相の任に抜擢された姚崇は、玄宗の負託にこたえ、つぎつぎと綱紀の粛正を目ざした諸政策をうちだした。その政策のうちには、偽濫僧への沙汰や豪奢な造寺造仏への規制といった仏教教団への抑圧策が重要な綱目となっていたのである。

首相となった姚崇は、『旧唐書』巻九六・姚崇伝にもとづき、『全唐文』巻二〇六に「諫造寺度僧奏」と題して収める上奏をした。「仏は外に在らず、之を求むるに心に在り」の句を含む姚崇の文章については、吉川忠夫氏の論文「仏は心に在り」(『中国中世の宗教と文化』京都大学人文科学研究所、一九八二年。のち『中国古代人の夢と死』平凡社、一九八五年に再録)を参看されたい。

姚崇の提案をうけた玄宗は、開元二(七一四)年正月丙寅七日、まず僧尼を検責させる命をだし、一万二千余人とも二万余人ともいわれる偽濫僧を還俗させた(64)。ついで翌二月丁未十九日、『全唐文』巻二六に「禁創造寺観詔(65)」と題して収める詔をだし、寺院の創建を禁じ、旧寺の修理も官が審査した上で聴すことにした。ここに造寺とそれにともなう造仏が公式に規制されるに至ったのである。閏二月三日にだされた、僧尼をして父母に拝を致させる勅については、後項で更めて取上げることにしたい。同年五月己丑三日には、武韋時期の濫官の一掃をはかり、員外官・試官・検校官の廃止を断行した。さらに七月には、仏教粛正に関する二つの詔勅がだされた。すなわち戊申二十三日には、『全唐文』巻二一に「禁百官与僧道往還制(66)」と題して収める制をだし、僧尼・道士らが門徒たる百官の家に往来するのを禁じ、壬子二十七日には、『全唐文』巻二六に「禁坊市鋳仏写経詔(67)」と題し、『唐大詔令集』巻一一三には「断書経及鋳仏像勅」と題して収める詔勅がだされたのである。「仏は外に在るに非ず、法は本より心に居り」の文句を含むこの詔勅は、さきの姚崇の上奏文の句と呼応するものであるが、この詔勅には、両京城内の情況として、

聞くが如くんば、坊巷の内、鋪を開いて写経し、公然と鋳仏し、口に酒肉を食し、手に羶腥を漫《けが》す。尊敬の道すでに虧き、慢狎の心ついに起こる。云云。（如聞坊巷之内。開鋪写経。公然鋳仏。口食酒肉。手漫羶腥。尊敬之道既虧。慢狎之心遂起。云云。）

と述べられ、今後は、酒肉を食べ生臭を手にするような市井の商人が鋳仏・写経を売ることを禁じ、仏像を瞻仰したければ、寺院へいって礼拝し、経典を読誦したければ、寺院で買い求め、もしや経が足りなくなれば、僧侶が写経して提供するように、と命じている。両京のみならず、諸州の仏寺と道観も同じ規制をうけた。すでに見てきたように、玄宗朝になるや、民間にでまわる造像と写経が激減するに至ったのは、これら姚崇の主導にかかる開元二年の詔勅が発布された結果だったのである。

2　無尽蔵院の閉鎖

武韋時期にみられた偽濫僧の横溢と節度なき造寺造仏は、開元二年に発せられた一連の詔勅によって、厳しい制限をうけることになった。しかし、それは廃仏の色彩をおびるものではなかったので、唐初以来のめざましく発展してきた仏教教団の基礎をおびやかしは

しなかった。開元三年十一月乙未十七日にだされた「禁断妖訛等勅」（『冊府元亀』巻一五九、『唐大詔令集』巻一一三）が弥勒下生に言及しているように、仏教が左道と結びつくのが警戒されたのであり、仏寺のみでなく道観も同じような規制をうけたのである。また開元二年八月には「誡厚葬勅」もだされている。そして、これら開元二年にだされた詔勅の趣旨を踏まえた詔が、その後も発布されることがあった。たとえば、さきの「禁百官与僧道往還制」を更めて確認する開元五年三月の詔が、『冊府元亀』巻六三・帝王部・発号令の条に載せられている。また開元十（七二二）年二月庚寅十九日には、『全唐文』巻二八に「禁僧道掩匿詔」と題して収める詔がだされたが、その史料源たる『冊府元亀』巻一五九・帝王部・革弊の条によれば、

聞くが如くんば、道士・僧尼、多く名籍を虚挂し、或いは権に他寺に隷し、或いは私門に侍養する有り。託して以て詞となし、其の管する所を避け、互相に掩匿し、共に姦詐を成すは、甚だ清浄の意に非ざるなり。今より已後、更に州県に於て師主・父母に権隷・侍養するを得ざれ。此の色の者は、並びに宜しく本の寺観に括還せよ。（如聞道士僧尼。多有虚挂名籍。或権隷他寺。或侍養私門。託以為詞。避其所管。互相掩匿。共成姦詐。甚非清浄之意也。自今已後。更不得於州県。権隷侍養師主父母。此色者並宜括還本寺観。）

と述べられている。ここで虚挂の僧尼・道士たちを本の寺観に括還させるという政策は、開元十年二月という時点からみて、前年から始まった、一般庶民を対象とした、宇文融の括戸政策[68]で逃戸を検括して本籍地に送還させたのと似た方式が、寺院・道観の中にも適用されたものと考えられ、注目に値するであろう。

開元二年以後、仏寺と道観の新たな創建は禁止されはしたが、開元十年に編纂に着手し開元二十六年に完成した、『大唐六典』巻四・礼部の祠部郎中員外郎の条には、

凡天下観。総一千六百八十七所。一千一百三十七所道士。五百五十所女道士。

凡天下寺。総五千三百五十八所。三千二百四十五所僧。二千一百一十三所尼。

と記録されており、莫大な数の観と寺、とくに寺院が開元年間の中国に存在していたことが確認されるのである。

玄宗時代を含む唐朝の仏教政策の全般については、山崎宏『支那中世仏教の展開』、道端良秀『唐代仏教史の研究』、滋野井恬『唐代仏教史論』などの論著によって研究がなされてきて、詳細を極めつつある。[69]しかし、従来の諸研究は、国家の仏教政策がもっとも端的に表出されているはずの詔勅文の検討に際し、余りにも安易に『全唐文』に依拠してしまい、せいぜい両唐書や『唐大詔令集』『唐会要』を援用するにとどまって、『全唐文』所収の詔勅文の史料源として最重要な『冊府元亀』の十全なる活用を怠ってきたといえよう。

そのために、詔勅発布の年月未詳のまま、大胆な臆測のつみかさねがなされたり、『全唐文』が掲げた標題に眩惑させられて、詔勅の内容を曲解した議論が展開された論著も出されてきたのである。そこで、『冊府元亀』を参照しなかったために、詔勅発布の年月が誤解されてきた一例として、三階教の化度寺無尽蔵院を閉鎖する詔が発布された年月の問題を取上げてみよう。

開元初年の仏教政策を論ずる者は、三階教の無尽蔵院が開元元(七一三)年に閉鎖されたことと、同十三(七二五)年に三階教そのものが禁止され、三階教教団が解散させられたことを強調するのが常である。このうち、後者の三階教そのものの禁止された年月については、智昇撰の『開元釈教録』巻一八に、

開元十三年乙丑歳六月三日、勅す。諸寺の三階院は、並びに隔障を除去せしめ、大院と相通ぜしめ、衆僧は錯居し、別住するを得ざれ。云云。(開元十三年乙丑歳六月三日勅。諸寺三階院。並令除去隔障。使与大院相通。衆僧錯居。不得別住。云云。)

と明記されているから、疑問の生ずる余地はない。ところが、前者の無尽蔵院廃止の年月については、そのまま従うわけにはいかないのである。

三階教教団の無尽蔵院の廃止の時期について最初に言及したのは、一九二六年に書かれた塚本善隆「信行の三階教団と無尽蔵に就いて」(70)であった。「信行の三階教の詳細は、近

く矢吹博士の画期的研究の公表によって明らかにせられるであろうが」の書き出しで始まるこの論文において塚本氏は、『全唐文』巻二八に収める「禁士女施銭仏寺詔」と「分散化度寺無尽蔵財物詔」の二つの詔を引用された上で、つぎのように述べられた。

玄宗は前代の寺院僧尼濫造濫度の後を承けて、仏教整理を志したのであるが、当時あまりに盛んに銭財を集めた三階教の無尽蔵を、弊害ありとして毀除せしむるに至ったもので、『両京新記』にもこの事は見えていた所である。但し『両京新記』は無尽蔵除毀の年を開元元年とし、徐松の『唐両京城坊攷』には同九年の事としている。何れが正しきやにわかに断じ難い。然し玄宗は開元十三年諸寺の三階院を除去せしめているから、それ以前の事であるのは明らかである。先ず教団の財源を分散せしめ、次で三階院を除去した玄宗の三階教取締は、頗る徹底的なりと云うべく、爾来三階教は頓に衰え、其後多少の復興があったが、また貞観以来の全盛を見ることができなかったのも当然と云うべきである。

この論文では、無尽蔵院閉鎖の年については、開元元年と開元九年との両説を挙げ、いずれが正しいかを決めかねておられた。ところが、翌年に矢吹慶輝氏の大著『三階教之研究』（一九二七年）が出版され、『全唐文』所載の二詔の全文と『両京新記』の関連記事を移録した上で、無尽蔵院を廃した勅は開元元年にだされたと述べられた（八九頁）のである。そのためであろうか。塚本氏も、『唐中期の浄土教』（一九三三年）で〝玄宗の対仏教政策〟について注記された際、「両京新記によれば開元元年にあるもののようである」と述べられ、ついに「三階教資料雑記」[71]（一九三七年）では、「開元元年三階教の無尽蔵院を毀ち」と断ぜられるに至った。その後、道端良秀氏も、前掲『唐代仏教史の研究』で仏教寺院の金融事業としての無尽について論じられた際、やはり開元元年に無尽蔵禁止の詔が下されたとし（五三〇頁）、『中国仏教と社会福祉事業』（法藏館、一九六七年）でも同じ説を述べておられる（一一七頁）のである。

ところで、『冊府元亀』巻一五九・帝王部・革弊の条には、『全唐文』にみえた両詔の全文が載せられているのであって、『全唐文』が『冊府元亀』の文章を採録したことは確実なのである。『冊府元亀』では、開元九年三月庚午の記事につづき、

四月壬寅。詔して曰う。内典の幽微、惟だ一相を宗とするのみ、大乗の妙理、寧ぞ二門を啓かん。聞くならく、化度寺および福先寺の三陛僧、無尽蔵を創り、毎年正月四日、天下の士女、銭を施す、と。護法の為にすと名づけ、貧弱を済うと称し、多く姦欺を肆にするは、事真正に非ず、即ち宜しく禁断すべし。云云。（四月壬寅。詔曰。内典幽微。惟宗一相。大乗妙理。寧啓二門。聞化度寺及福先寺三陛僧。創無尽蔵。毎年正月四日。天下士女施銭。名為護法。称済貧弱。多肆姦欺。事非真正。即宜禁断。云云。）

として、『全唐文』に「禁士女施銭仏寺詔」と題されていた詔が載せられ、その後に、

六月丁亥。詔す。化度寺無尽蔵の財物・田宅・六畜は、並びに宜しく京城の観寺に散施すべし。先ず用て破壊せる尊像・堂殿・橋梁を脩理し、余あらば常住に入れ、私房に分与するを得ざれ。貧しき観寺より給せよ。云云。（六月丁亥。詔。化度寺無尽蔵財物田宅六畜。並宜散施京城観寺。先用脩理破壊尊像堂殿橋梁。有余入常住。不得分与私房。従貧観寺給。云云。）

として、『全唐文』に「分散化度寺無尽蔵財物詔」と題されている詔が掲載されている。この『冊府元亀』の記事によって、『両京新記』抄本にみえる「開元元年」は「開元九年」の誤写であり、徐松の『唐両京城坊攷』巻四・義寧坊の化度寺の注にみえた「開元九年」の記事の正しかったことが確認される。実は、この『両京新記』にみえる開元元年が誤写であることについては、すでに平岡武夫氏によって、『冊府元亀』の両記事を参照しつつ、指摘されていたのである[72]が、仏教史研究者の注意をひかず、いまだに誤解が踏襲されているのである。なお、ここで触れておきたいのは、ジャック・ジェルネ氏の『五―十世紀中国社会における仏教の経済的諸様相』[73]（サイゴン・フランス遠東学院、一九五六年）の成果についてである。ジェルネ氏は、該書の二〇五―二一二頁にかけて無尽蔵の節を設けられ、無尽蔵院の廃止の時期については、韋述の『両京新記』巻三により、開元元年とされると

ともに、「開元元（七一三）年四月の勅令は、士女に仏寺に銭を施すことを禁じている」（二〇六頁）と書かれている。ここに「四月」の勅令とされる以上は、おそらく『冊府元亀』に依拠されたと思われるのであるが、それにもかかわらず開元元年、七一三年とされたのは、矢吹氏らの研究からうけた先入見に惑わされてしまわれたのであろう。ちなみに、開元と改元されたのは十二月であるから、開元元年四月という月は存在しない。

則天武后は、隋の宗室の末裔であった母楊氏の宅を喜捨して上元二（六七五）年に洛陽に建てた福先寺に、化度寺の無尽蔵を一旦は移すことさえするほど、三階教の無尽蔵のためには尽力したようであった。これに対し、開元二年から姚崇に主導させて仏教教団と道教教団全体の粛正につとめてきた玄宗は、無尽蔵が余りにも盛んに銭財を集めているのを憂慮し、開元九年四月壬寅二十六日に、まず「士女の銭を仏寺に施すを禁ずる詔」をだして、天下の士女たちが長安の化度寺と洛陽の福先寺の無尽蔵に施捨するのを禁じることにより、財源の増加を防いだ。ついで一カ月半後の六月丁亥十一日に「化度寺無尽蔵の財物を分散せしめる詔」を発布して、化度寺の財物その他を長安中の他の仏寺道観に分散させ、破損した尊像や堂殿などの修理費にあてさせるとともに、余分があれば、それぞれの共有財産のうちに編入させた。これによって化度寺は壊滅的な打撃をうけざるをえなかった。かく周到に準備を整えた上で、四年後の開元十三年六月三日に勅をだし、三階僧が諸寺に建てて別住していた三階院を除去せしめ、三階教籍を一切破棄させた。ここに三階教そのものの禁圧が強行されたのである。

3　僧尼拝君親の断行

開元二年閏二月三日、玄宗は「令道士女冠僧尼拝父母勅」を発布し、今後、道士・女冠・僧尼らは、父母に対して拝を致すべきである、と命じた。この勅の全文は、『唐大詔令集』巻一一三・政事・道釈の条に載せられ、『全唐文』では知制誥としてこの勅の起草にあたった蘇頲の文章として巻二五四に収録されている。僧尼は拝父母、すなわち父母に拝をなすべきや否や、また僧尼は拝君、すなわち君主・王者に対し拝を致すべきや否や、の問題は、有名な慧遠の「沙門不敬王者論」で知られるように、中国仏教史の全般にわたる大問題であり、中国における仏教の受容を考察する際には、避けて通ることのできない課題である。この課題の詳細については、次章「唐代における僧尼拝君親の断行と撤回」(74)を参照されたいが、行論の都合上、唐高宗朝から玄宗朝にかけての時期に、僧尼の拝君親の問題はいかなる様相を呈したかを、重複を厭わず跡づけておきたい。

僧尼をして父母に拝を致さしむる拝父母詔が唐朝において出されたのは、この開元二年のが最初だったのではない。まず太宗の貞観五（六三一）年正月に出されたのであって、

『資治通鑑』巻一九三に「詔。僧尼道士。致拝父母」とあり、その内容は『貞観政要』巻七・礼楽の条に記録されている。これには君主への致拝について何も言及していない。しかし、おそらく猛反対があったのであろう、二年後にはこの詔は撤回された（『仏祖統紀』巻三九）。ついで高宗の顕慶二（六五七）年二月に「僧尼不得受父母拝詔」（『唐大詔令集』巻一一三）がだされ、僧尼は父母および尊者の礼拝を受けてはいけない旨が命ぜられた。ただし、僧尼が父母に拝を致すべきことについては何ら言及していない。この詔は仏教教団からあまり抵抗なく、受け入れられたらしい。

それから五年後の龍朔二（六六二）年四月十五日に、高宗は『全唐文』巻一四に「命有司議沙門等致拝君親勅」と題して収める勅を発布し[75]、沙門は君主と両親に拝を致すべきや否やについて有司に検討を命じた。この勅が下されるや、仏教側から猛反対の運動がおこされた。二十一日には大荘厳寺の僧威秀らが、不拝を主張する上表をし、長安にいた二百余人の僧たちも改修なったばかりの蓬萊宮[76]つまり大明宮におしかけて不拝を訴えた。

西明寺の僧道宣は側面運動として、二十五日に、高宗の第六子たる沛王に「論沙門不応拝俗啓」を上り、二十七日に、武后の母たる栄国夫人楊氏に「請論沙門不合拝俗啓」を上り、また大臣たちにも詳細な反対の理由を陳べた「序仏教隆替事簡諸宰輔等状」を送るといった具合に、烈しい反対運動が展開されたのである。翌五月十五日、九品以上の文武官僚と州県官たち千余人を中台都堂に集めて詳議させた。

道宣・威秀をはじめとする三百余人の僧たちが、反対の論拠となる経論を持参して意見を述べようとしたが、「俗官に詳議するようにとの勅ですから、法師がたは退出して下さい」といわれて、僧らは退出した。この日の会議で百官たちの議論は紛糾し、意見はまちまちで、とても結論は下せない状態となった。ついに部局ごとに審議してそれぞれの意見を文書で差し出すことになった。その結果、僧尼不拝君親を主張した者は大司成（国子祭酒）の令狐徳棻以下五三九人、僧尼拝君親を主張した者は司平太常伯（工部尚書）の閻立本以下三五四人ということになった。このような意見分布になった以上、高宗・武后は当初の意図を変更せざるをえなくなり、六月八日に、『全唐文』巻一二に「令僧道拝父母詔」と題して収める詔をだしたのである。この詔には、

前に道士・女冠・僧・尼等をして拝を致さしめんと欲せしも、もって恒心を振駭せんことを恐れ、爰に詳定せしめたり。有司は咸な典拠を引き、兼て情理を陳べ、沿革二塗たり、紛綸相半ばす。朕、羣議を商搉し、幽賾を沈研す。然れば箕潁の風、其の事を高尚にするは、前載を遐想するに、故より亦た之あり。いま君の処に於ては、拝を致すを須いるなかれ。其の父母の所は、慈育いよいよ深く、祇伏これ曠く、更に将って安設せん。今より已後、即ち宜しく跪拝すべし。主者施行せよ。

とあり、君に対する拝は撤回し、父母に対してのみ拝すべきことを命じたのである。唐朝における二回目の僧尼拝父母詔は、このようにして発布された。四月十五日から二カ月足らず、一応の結論がだされたわけであるが、仏教側はなおも納得しなかった。反対運動はなおも執拗につづけられ、そのような運動の結果、『宋高僧伝』巻一七・威秀伝に「尋いで亦た廃止す」と書かれているところからみて、まもなく拝父母の方も撤回されるに至ったものと考えられる。王法と仏法とのいずれが優先すべきかをめぐる闘争は、このように熾烈をきわめ、武后執政のはじまったばかりのこの時点では、仏法が王法に優先することを政府当局者も認めざるをえなかったのである。この時の闘争記録ともいうべきものが、当事者である道宣によって、かれの編著にかかる『広弘明集』の巻二五に収められ、また弘福寺の彦悰は『集沙門不応拝俗等事』六巻を編纂したが、そのうち四巻分を、この時の論争の経過報告にあて、将来の仏教徒に、拝君親問題の重要性を伝え、仏法を王法の下に屈服させる事態の起こらないように期待をかけたのである。

いわゆる武韋時期の五十年間には、僧尼拝君親を強いられることはなかった。ところが、先に言及したように、玄宗の開元二（七一四）年閏二月三日にいたって、唐朝における第三回の僧尼拝父母が命ぜられたのである。本節の第1項でみたごとく、今度は一連の仏道両教団粛正の一環として、僧尼と道士女冠に拝父母を命ずる勅が発布されたのであって、教団側も大した抵抗ができないままにうち過ごさざるをえなかったようである。

ここで特に検討を加えたいのは、『全唐文』巻三〇に「令僧尼無拝父母詔」と題して収められた詔の扱い方である。僧尼の君親に対する拝不拝の論争を整理された道端良秀氏は、この詔の全文を移録した上、これは開元二年の詔を否定したものと解され[77]、また『仏教と儒教倫理』[78]一九三頁では、この詔の全文を和訳し「これからは僧尼は道士女冠の例のように、その父母を拝することをしなくてよい」と解された上、「しかたなく出家の不拝を認めて、戒行精進の条件をつけたのであろう」と述べられた。道端氏は、『全唐文』が「僧尼をして父母を拝する無からしむ詔」と題し、また本文中に「自今已後、僧尼一依道士女冠例。無拝其父母」なる文章がみえているのにそのまま従ってしまわれ、『全唐文』の史料源が何であるかをつきとめられず、この詔が何年に発せられたのであるかを確定もされなかった。また、氏は詔勅文の文脈のとらえ方に習熟されなかったこともあって、詔の内容をまったく曲解されてしまわれたのである。

『全唐文』巻三〇の「令僧尼無拝父母詔」が、実は『唐大詔令集』巻一一三に標題が正反対の「僧尼拝父母勅」となっている開元二十一（七三三）年十月に出された勅と同一のものであることを指摘されたのは、小野勝年『入唐求法巡礼行記の研究』第二巻[79]においてであった。円仁は、開成五（八四〇）年三月五日に山東省の登州で、新天子たる武宗の詔書が披露された儀式を見聞し、その式次第を記しており、はじめの点呼の際には、「僧、道」等といわれて、僧尼・道士はともに「諾」と唱えたが、詔書が取出されて、「勅あり」の言葉で、官吏や軍人がみな再拝し、「百姓よ拝せ」の言葉で、百姓は再拝したにもかかわらず、ただし僧尼・道士は拝さなかったことを伝えている。小野勝年氏は、この「但僧尼道士不拝」の条に注記された際、『唐大詔令集』の「僧尼拝父母勅」を全文移録するとともに、つぎのように述べられた。

これによると、道士女冠は君子すなわち士人と同じ礼を行つている。これに反し僧尼はそれを越えて、釈迦が滅度したとき国王に付嘱したという理由で、仏教を天子より以上の権威あるものとしようとしている。しかし、これからは道士らに倣つて僧尼もまた、天子に対しては勿論のこと、父母にも拝礼せねばならないと命じたのである。なおこの詔勅は「全唐文」巻三〇無拝父母詔と名付けられて収録しているが、君子の礼が臣子の礼に変り、兼拝其父母とあるべきを誤つて無拝其父母としたため、全く反対の意味になつてしまつて、後の誤解を生じる所以となつた。(二七一・二七二頁)

小野氏が、『全唐文』に「臣子之礼」とあるのは誤りで『唐大詔令集』に「君子之礼」とある方がよい、とされた点は首肯しがたいが、『全唐文』の「無拝其父母」は誤りで『唐大詔令集』の「兼拝其父母」が正しいとされた点は、いかにもその通りなのである。

ただし、この『全唐文』所収の詔の史料源となったのは、『唐大詔令集』所収の勅ではなく、実は『冊府元亀』巻六〇・帝王部・立制度の、通行本たる黄国琦刊本、開元二十一年七月の詔なのであって、既に藤善眞澄氏が「唐中期仏教史序説――僧尼拝君親を中心に(80)」で指摘された通りである。

ところで、『冊府元亀』巻六〇の通行本の文章は、『全唐文』所収のものと全く同じなのであるが、静嘉堂文庫蔵の明鈔本と京都大学人文科学研究所の内藤湖南旧蔵の明鈔本とでは、幾つかの文字の異同がみられる。そのうち二個所を取上げておくと、まず年月が両明鈔本では「二十一年十月」となっていて、『唐大詔令集』と一致し、また肝心の「無拝其父母」は「兼拝其父母」になっていて、『唐大詔令集』の文と合致している。つまり、『全唐文』巻三〇の詔は、通行本『冊府元亀』巻六〇の詔を採録し、内容を詳しく吟味することなく、「令僧尼無拝父母詔」という標題を掲げてしまい、多くの研究者に誤解を生じさせてしまったのである。『全唐文』は、唐代の散文作品を網羅していて、多大の便宜をわれわれは与えられているのであるが、そこで掲げている標題が内容と一致しない事例がしばしばあることに留意すべきであろう。

『冊府元亀』巻六〇・帝王部・立制度の条に収録されている文章は、両明鈔本を参照し校訂した本文によると、

〔開元〕二十一年十月。詔して曰う。道教と釈教と、其の来は一体にして、都て彼我を忘れ、自ら貴高とせず。近ごろ、道士・女冠は、臣子の礼に称い、僧尼は企踵し、誠請の儀に勤めたり。仏はじめ滅度し、国王に付嘱せしをおもい、猥りに負荷に当りて、宣布に在らんことを願えり。けだし其の教を崇めて朕より先んずるを欲せし者なり。自今已後、僧尼は一に道士・女冠の例に依り、兼ねて其の父母を拝せよ。宜しく戒行を増修し、僧律に違うなく、至道を興行して、茲に在らしめよ。

ということになる。この詔は、かなり難解であるが、その主旨は、これまでは、仏法の宣布を付嘱された国王として仏法を優先させてきたが、今後は、現に臣子の礼をとって拝君・拝父母の礼を行なっている道士と女冠の例に、僧尼も見倣うべきだと考えるにいたったので、僧尼にも拝君を命じるとともに、兼ねて（従前通り）父母にも拝をすべきだと命じたということに尽きるであろう。つまり、『全唐文』の題が誤りであるばかりか、『唐大詔令集』が「僧尼拝父母勅」と題したのも適当ではなく、「僧尼拝君親勅」あるいは単に「僧尼拝君勅」とでも題すべきであったのである。

開元二年閏二月に、僧道をして拝父母すべきを命じた玄宗は、ついに開元二十一（七三三）年十月にいたって、僧尼に拝君を命じ、あわせて拝父母の再確認を期した。

四世紀半ばの東晋の治世以来、三百数十年もの間、断続的につづいてきた仏教教団と国家との主導権あらそい、仏法と王法との優先権をめぐる争いは、八世紀前半の玄宗の開元年間にいたり、ついに王法の勝利というかたちで一応の結着をみたのである。

高宗の龍朔二（六六二）年には、国家による僧尼拝君親の意志表示に対して猛反対運動を展開し、まず拝君を断念させ、まもなく拝父母をも撤回させることに成功した仏教教団であったが、七十年後における拝君親の強行に対しては、史書に残るような何らの抵抗運動をしていないことは、注目に値する。この間に社会の雰囲気がまったく様変りしてしまっていたのである。『新唐書』巻四八・百官志の崇玄署の条に「道士・女冠・僧・尼、天子に見ゆれば必ず拝す」と記録されているのは、この開元末年の仏法がついに王法に屈服してしまった時点の情況であったと考えられる。

しかしながら、次章「唐代における僧尼拝君親の断行と撤回」の〝四　僧尼拝君の撤回〟で述べるように、玄宗は、開元二十年代に入って、僧尼に拝君親を命じる詔を発布はしたが、仏教教団に対し必ずしも強圧的な態度をとりつづけたのではなく、儒仏道の三教を調和させることに熱中しはじめるのである。開元二十三（七三五）年八月五日、玄宗はみずからの誕生日たる千秋節の日に、諸学士と道僧に命じて三教の同異を講論させた。そして、さきに頒示していた『御注孝経』（開元十年六月）と『御注道徳経』（開元二十三年三月）に三幅対とするべく、『御注金剛般若波羅蜜経』を書きあげたのは、同二十三年九月のことだったのである。二十六年六月には、新国分寺ともいうべき、年号を冠した開元寺と開元観が全国各州に設置され[81]、天宝三（七四四）載には、今上等身の天尊像と仏像を、それぞれ開元観と開元寺に祀らしめた。

開元十年代から次第に道教に心を傾けていた玄宗が、天宝年間に入ると、ますますその度を加えていったことは事実であるが、鎮護国家仏教への色彩を強めてきていた仏教教団は、それによって禁圧をこうむる何らの理由もなかった。「天宝時代に入って一般の政綱は漸く弛緩し、奢侈生活が著しく発展したのに伴って、仏教廓清に関する諸令も自ら空文に帰した。仏教は長安貴族、権勢階級を背景にして増々栄えていったのである」と塚本善隆氏が夙に指摘された[82]通りの状態を迎えた。天宝時代の長安の貴族たちの生活が、仏教と密接なかかわりをもっていたことは、いまに残された幾多の史料の語ってくれるところである。

天宝十四（七五五）載の年末に安禄山が反乱を起こすと、玄宗は長安を脱出して四川に蒙塵せざるをえなかったため、上皇に祭り上げられ、皇太子が即位して粛宗となる[83]。粛宗政権は、戦費を賄うために、新しい財源の確保に血眼になり、塩の専売を始め、売官と売度さえ行なった。これらの窮余の策が、開元初年の政治方向とは正反対の政策であることは更めて述べるまでもあるまい。長安が反乱軍に占領され、政情不穏のつづく最中、粛宗朝廷は、しゃにむに宮中での法要僧斎を営みつづけた。この粛宗朝廷の崇仏ぶりが頂点に達したのが、上元二（七六一）年であり、九月三日の粛宗の誕生日に、大明宮の三殿たる麟徳殿を仏の道場にしつらえ、大臣たちに仮装の仏・菩薩に向かって礼拝を命じさえしたのである。このような状態のもとでは、もはや僧尼に拝君を強制することはできない。

『通典』巻六八に、

上元二年九月、勅すらく、自今以後、僧尼ら、朝会に並びに須らく臣と称し及び礼拝すべからず、と。

とあるように、玄宗の開元二十一（七三三）年十月に僧尼の拝君を命じた詔は、わずか二十八年後の粛宗の上元二（七六一）年九月にいたって撤回を余儀なくされたのである。上皇に祭り上げられた玄宗が、四川から国都の長安に帰って以後も政治への介入ができないまま、亡くなったのは、この翌年のことであり、安史の乱が平定されるのは、さらにその翌春のことである。

四　寒食展墓の開始

『冊府元亀』巻一五九・帝王部・革弊一には、唐の粛宗朝以前の各時期に生起した中国社会の弊害を、時の政府当局者が改革せんとして発した詔勅類が集録されている。『冊府元亀』の性格から、その四分の三は唐代の記事であるが、しかも唐代の記事のうち大半は玄宗朝、とりわけ開元年間の詔勅なのである。

この巻を通観すると、高宗・武韋時期の詔勅には仏教に言及したものが皆無であるのに、玄宗開元年間のには仏教教団への粛正を命ずる詔勅の多いことに目を瞠らされる。

本章の第三節で取上げた、開元二年七月の「禁百官与僧道往還制」「禁坊市鋳仏写経詔」や開元九年の三階教教団への弾圧にかかわる「禁士女施銭仏寺詔」「分散化度寺無尽蔵財物詔」なども、この巻に収録されていた。このことは、本章が対象とした七世紀中葉から八世紀中葉にかけての百年間のうち、前半の高宗朝から武韋時期においては、当時の贅をつくした造寺造仏の盛行や写経鋳仏の流行に対して何らの規制も加えられなかったが、後半の玄宗朝になると、寺観の創造や民間における鋳仏写経を禁ずる詔が発布されて、造寺造仏・写経鋳仏が減少してしまった事情を傍証するであろう。第一次史料たる写経跋と造像銘を考察した本章の第一・二節は、おのずから前半期の高宗・武韋期における浄土信仰・観音信仰の一端を浮び上らせ、仏教教団に対する詔勅類を検討した第三節では、結果的に後半期の玄宗朝開元年間における国家の仏教政策を明確化する上で、いくらかの貢献をなしえたであろう。

これらによって、現存の信頼すべき史料の語るところに忠実に従いつつ、この百年間に仏教がいかに中国社会に受容されていたかを跡づけんとした、本章の当初の意図はほぼ果たされたことになる。

開元初年の仏道粛正に邁進した姚崇は、子孫を誡めた遺令[84]のなかで、自分の死後、遺族たちが初七より終七にいたる七七日に、七僧斎の法要を勤めないわけにはゆかぬであろうが、その際の布施は、自分の縁身の衣物ですまし、余分な出費はしてはならぬ、と書き残している。いわゆる中陰四十九日の仏教の追善法要は、当時、社会一般に習俗化していて、造寺造仏に反対し写経鋳仏の功徳を認めなかったさしもの姚崇といえども、排除することはできなかった。追善のための大規模な写経鋳仏が盛行したか否か、鎮護国家仏教の色彩を濃厚におび、祈禱仏教がしだいに勢力をのばしたか否かにかかわらず、本章が対象とした武后朝から玄宗朝にいたる時期の上層階級・貴族階層たちの社会生活は、明らかに仏教と密接な関係をもっていたのである。

しかし、南北朝末期から唐中期にかけて、仏教は中国社会全般に大いに滲透し、かくも広範に受容されたにもかかわらず、ついに葬送儀礼としての火葬の風が、宮中は勿論のこと、貴族や庶民たちの間に、まったく行なわれなかった点は、注目に値するであろう。

日本では、文武四（七〇〇）年に元興寺の僧道昭の火葬が、遺言によってはじめて行なわれて以来、たちまち流行し、持統（七〇三年）・文武（七〇七年）・元明（七二一年）・元正（七四八年）といった天皇たちがいずれも火葬に付され、八世紀の前半、貴族たちの間にも火葬がかなり普及したとみられている。[85]火葬の法を伝えた道昭は六五三年に遣唐使にしたがって入唐し、長安の大慈恩寺で玄奘に会い、六六〇年に帰国した僧であり、唐では僧たちの火葬がかなり行なわれていたのである。しかし、一般の中国人が火葬に付されたという記録は、黄巣の乱（八七五―八八四年）後の唐末にしか遡れず、十世紀の五代にいたって漸く流行の兆しがみえるにすぎない。詳しくは宮崎市定「中国火葬考」[86]を参看されたい。

火葬は必ずしも仏教とのみ結びつくものではない。しかし、中国や日本における火葬が、仏教流伝の影響であったことは疑いようがあるまい。葬送儀礼において、天皇や貴族たちの火葬がいとも簡単に行なわれた日本における仏教受容とは異なった、中国における仏教受容の特質を、ここに看取すべきであろう。孝を中心とした儒教倫理が中国社会に与えた重圧は、余りにも強大だったのである。

章をおえるに当り、本章が対象とした時期に、仏教と直接の関係はないが、さりとて全く無関係だともいえない、寒食展墓の習俗が開始され定着した点について触れておきたい。冬至から数えて百五日目の日を中心とした三日間が寒食節で、火を焚くのを禁じられ、百七日目に禁火を解くが、この日が清明節である。陽暦でいえば四月の初めに当るこの寒食・清明は、唐代ではもっとも重要な年中行事であった[87]。人びとは野山にでて春の感触を楽しみ、青年たちはポロに、少女たちはブランコにうち興じた。ところで、この寒食・清明の日に祖先の墓まいりをする習俗は、現代にまで続いているが、その開始は実は唐代になってからなのであって、『唐会要』巻二三・寒食拝埽の条を一覧すれば明らかとなろう。

高宗の龍朔二（六六二）年四月甲戌十五日に、『全唐文』巻一二に「禁止臨喪嫁娶及上墓歓楽詔」と題して収める詔をだした。これは、さきに言及した『冊府元亀』巻一五九を史料源にするが、それによると、寒食の日に上墓して宴会しているのを禁断している。この詔によって、この頃までに、寒食の日に、上墓すなわち墓まいりする習俗がすでに始まり流行していたことが確認される。龍朔二年四月十五日といえば、沙門は君親に拝を致すべきや否やについて高宗が有司に検討を命じる詔をだした正にその当日なのである。もともと家廟をもたない庶民が野辺の墓前で直接にお祭りしたことから始まったこの寒食展墓は、やがて官僚階層にまで拡がり、公務を放擲して墓まいりする者まで輩出するようになった。この寒食展墓があまりにも盛行してしまい、この風潮を禁止することの不可能を悟った政府当局者は、ついに開元二十（七三二）年四月丙申二十四日にいたり、寒食展墓の公認に踏みきらざるをえなかった。ただし宴会は別の場所でするようにと行政指導している。『全唐文』巻三〇に「許士庶寒食上墓詔」と題して収められた詔は、やはり『冊府元亀』巻一五九を史料源にするが、そこには、

二十年四月丙申、詔して曰う。寒食の上墓は、礼経に文なし。近代あい伝え、浸く以て俗を成す。士庶のまさに廟享すべからざる有れば、何を以て孝思を展ぶるを用いんや。宜しく墓に上りて拝掃するを許すべし。……仍お五礼に編入し、永く常式と為せ。(二十年四月丙申。詔曰。寒食上墓。礼経無文。近代相伝。浸以成俗。士庶有不合廟享。何以用展孝思。宜許上墓拝掃。……仍編入五礼。永為常式。)

と述べられ、寒食の墓まいりを公認した上、五礼のなかに入れることを命じている。そして『唐会要』巻二三・寒食拝埽の条の長慶三(八二三)年正月の勅文中に「寒食の埽墓、著して令文に在り」とみえることを併せ考えると、開元二十年以後、長慶三年以前に、寒食の埽墓は公式に認められ、『五礼』に編入され、『唐令』に載せられたということになる。この間に編纂された『唐令』といえば、開元二十五年令ということになるのであろうか。

開元二十(七三二)年にはじめて公認された寒食の墓まいりは、またたくうちに、社会全般にゆきわたる年中行事となった。元和五(八一〇)年に永州で流謫の歳月を送っていた柳宗元は、友人の許孟容にあてた手紙「寄許京兆孟容書」(『柳河東集』巻三〇)の中で、「近世、礼、拝掃を重んず。今すでに闕くること四年。寒食に遇うごとに、則ち北に向い

て長く号し、首を以て地に頓す（近世礼重拝掃。今已闕者四年矣。毎遇寒食。則北向長号。以首頓地）」と嘆き悲しんでいる。五代になると、ついに七廟をもつ天子までが寒食の日に野祭をして、後世の史官たちから非難をあびるまでに至るのである。

一九七六年四月五日のいわゆる天安門事件は、寒食・清明の墓まいりが、共産党治下の現在にまで、習俗として脈々と続いていることを示した。その寒食・清明の展墓は、本章が対象とした、唐の高宗朝から玄宗朝にいたる時期に、習俗として定着したのである。日本では寒食・清明の墓まいりは移入されず、代りに春秋のお彼岸の墓まいりが始まり、日本独自の習俗となっている。

〔附記〕　本章はもともと、一九七六年四月五日の〝天安門事件〟の直後に脱稿したので、現代史的な関心から、おわりに寒食展墓についての言及を附け加えたのであった。その年末に、さる訪中団に加わって初めて訪れた蘇州の寒山寺や西安の大雁塔には、一人の僧侶の姿も見かけなかった。出版事情の悪化で原稿が五年ほど動かずにいる間に、中国の政治情勢は激動をくりかえし、〝天安門事件〟の評価は揺れ動いて、今では〝五四運動〟をもじって〝四五運動〟と呼ばれさえしている。一九七八年十月二十八日夜、日原利国教授の肝煎で大阪の懐徳堂秋季講座に招かれ、たまたま来日中の鄧小平氏が宿泊するホテルに隣接した会場で、「唐中期の仏教と国家」と題して本章の要旨を述べた際、天安門事件と鄧氏の再復活に言及し、やはりこの寒食展墓で話題をしめくくった。実はこの日、奈良の唐招提寺を訪れた鄧氏は、鑑真像の中国への里帰りを約束していたのであった。ごく最近に次章「唐代における僧尼拝君親の断行と撤回」を執筆したこともあり、今回、出版の目途がついたのを機会に、少許の補訂を加えはしたが、そのような因縁があったので、元の姿をほぼそのままに残すことにした。執筆当時の問題意識を、今の時点で変えたくないからである。

原稿が眠っていた五年の間に、范文瀾『唐代仏教〔附・隋唐五代仏教大事年表〕』（人民出版社、一九七九年）が出版されたし、対外的な活動を活発にしはじめた趙樸初氏を責任者とする中国仏教協会と塚本善隆氏が会長である日中友好仏教協会の共編『中国仏教の旅』全五冊（日本版は美乃美社、一九八〇年）が中日両国で出版され、唐代からつづく石窟寺院などが各地で修復されたり、寒山寺にもいつしか僧侶が姿を現わしたり、各寺院で観光客を迎える準備をしている状態を確認できるようになった。とくに一九八〇年春には、本章の第一節の書き出しに述べた、善導（六一三―六八一）の逝世一千三百年記念として、孫浮生『浄土源流善導大師香積寺攷』（陝西省博物館・文物管理委員会。ただし参考資料・内部発行）や中国仏教協会編『善導大師円寂一千三百年紀念集』（日本中国友好浄土宗協会）が出版されただけでなく、五月十四日、長安県神禾原の香積寺において、日本側から一三八名、中国側は僧侶だけでも約百名が参列した日中合同の遠忌法要が営まれたのであった。ちょうどその前後、里帰りした唐招提寺の鑑真像が揚州と北京で公開された。そして同年秋には、唐の太宗の勅建にかかるという北京の法源寺内で、中国内の仏教の最高学府たる中国仏学院が再開され、全国各地からやってきた十八歳より三十歳にいたる青年学僧四十名を入学させた。また今年、一九八一年一月、かつての『現代仏学』にかわる、雑誌『法音』が、中国仏教協会から創刊された。うたた今昔の感なきをえない。唐代中国、開元年間になされた仏教に対する厳しい規制が、天宝年間に入って済し崩しに解かれていった有様は、当代中国における変容と軌を一にするように思われる。

注

（1）　拙稿「唐中期の政治と社会」（『唐代政治社会史研究』第Ⅲ部附章）はもともと『岩波講座世界歴史』5（岩波書店、一九七〇年）に収められた。

（2）　鎌田茂雄「中国仏教の展開と東アジア仏教圏の成立」（『岩波講座世界歴史』6、岩波書店、一九七一年）。

(3) 松本文三郎「善導大師の伝記と其時代」(『仏教史論』弘文堂、一九二九年)。
(4) 岩井大慧「善導伝の一考察」(『日支仏教史論攷』東洋文庫、一九五七年)。
(5) 『西域考古図譜』巻二(国華社、一九一五年)図版五六。『西域文化研究第一　敦煌仏教資料』(法藏館、一九五八年)二〇四頁。
(6) 野上俊静『観無量寿経私考——中国浄土教の展開と関連して』(真宗大谷派宗務所出版部、一九七三年)。
(7) 商務印書館編『敦煌遺書総目索引』(商務印書館、一九六二年)。
(8) 両論文はともに『シナ仏教の研究』(岩波書店、一九五七年。のち『津田左右吉全集』第一九巻、岩波書店、一九六五年に再録)に収められている。
(9) はじめ水野清一・長広敏雄編『龍門石窟の研究』(東方文化研究所、一九四〇年)に掲載され、のち塚本善隆『支那仏教史研究　北魏篇』(弘文堂、一九四二年)に、更に『塚本善隆著作集』第二巻(大東出版社、一九七四年)に再録。
(10) 本章のもとの原稿が印刷に回されている間に、野上俊静氏の『中国浄土教史論』(法藏館、一九八一年十二月)が出版され、本書一六二頁で紹介した『観無量寿経私考』が再録された。その附記において、本章で検討を加えた、スタイン本「二五一五号」『観無量寿経』の跋文にみえる大唐上元の年号について、「高宗の時をさすのであって、粛宗のときのものではないと考うべきである」旨の訂正が施され、そのためか、旧著の巻頭に掲げられていた写真は、新著では割愛されている。

（11）『塚本博士頌寿記念仏教史学論集』（塚本博士頌寿記念会、一九六一年）所収。なお、FUJIEDA Akira, "The Tunhuang Manuscripts, Part II" *ZINBVN* No. 10, 1969. の表Ⅳ（三四頁）に、補訂された敦煌将来の宮廷写経一覧が載せられている。

（12）本書は一九八三年に重印され、その際に補訂を加えた、とされているが、当該の個所などは、元のままである。

（13）スタイン本「二五四四号」『法華経』の廃紙の背面に、「薬師東辺」「浄土西辺」なる二首を標題とした断片があり、後者は『観無量寿経』の抜萃要約であるが、これは藤枝晃「敦煌千仏洞の中興」（『東方学報』京都三五、一九六四年）の一三四頁に注記されているように、西方浄土変相図の壁画題記のための稿本であろう。

（14）藤田宏達『原始浄土思想の研究』（岩波書店、一九七〇年）。

（15）山田明爾「観経攷――無量寿仏と阿弥陀仏」（『龍谷大学論集』四〇八、一九七六年）。

（16）牧田諦亮『疑経研究』（京都大学人文科学研究所、一九七六年）参照。

（17）『仏説観無量寿仏経』（『大正新脩大蔵経』第一二巻、三四一頁中ならびに三四四頁上中）参照。

（18）牧田諦亮「観世音三昧経の研究」（『疑経研究』所収）参照。

（19）冊子本については、藤枝晃『文字の文化史』（岩波書店、一九七一年）一八八頁以下を参照。

（20）滋賀高義「供養のための敦煌写経」（『大谷大学所蔵敦煌古写経　続』大谷大学東洋学研究

室、一九七二年）参照。

(21)『疑経研究』第一章の四。

(22) 小林太一郎「晋唐の観音」（『仏教芸術』一〇・観音特集、一九五〇年。のち『小林太一郎著作集7　仏教芸術の研究』淡交社、一九七四年に再録）。

(23) スタイン本「四一六二号」「四五七〇号」の両写本は、『優婆塞戒経』で、同じく仁寿四年四月八日の楹雅珍の願経であるが、そこには奥書はやや省略されていて、『観無量寿経』の名は見えない。

(24) 羅福萇「古写経尾題録存」（『永豊郷人稿』所収）。

(25)『守屋孝蔵氏蒐集古経図録』（京都国立博物館、一九六四年）。

(26) 吉川忠夫「六朝時代における孝経の受容」（『古代文化』一九—四、一九六七年。のち『六朝精神史研究』同朋舎出版、一九八四年に再録）参照。

(27) 牧田諦亮「漢訳仏典伝承上の一問題——金剛般若経の冥司偈について」（『龍谷史壇』五六・五七合刊、一九六六年。のち『中国仏教史研究　第二』大東出版社、一九八四年に再録）。

(28) 中国仏教協会編『房山雲居寺石経』（文物出版社、一九七八年）の図版一七に収められた『観音経』（巻首に「妙法蓮華経観世音菩薩普門品第廿五」とあり、巻末には「仏説観世音経一巻」とある）は、長安四（七〇四）年二月八日の日付を明記した題記が附せられているが、この『観音経』にも偈頌は含まれていない。ちなみに、この石経の、武周新字で刻された題記につづいて、末行に「燕州白鶴観南岳子焦履虚」という署名がみえ、焦履虚は当時の仏教に友好的な道士であった、との指摘がなされている（同書八七頁参照）。

(29) 本田義英『法華経論』（弘文堂書房、一九四四年）。

(30) Lionel GILES, "Dated Chinese Manuscripts in the Stein Collection," *BULLETIN of the SCHOOL OF ORIENTAL STUDIES*, Vol. IX. PART 1, 1937. ただし一九五七年刊の解説目録では、'Celestial Emperor and Empress.' と訳すにとどめている。

(31) 入谷仙介『王維研究』（創文社、一九七六年）一五四―一六〇頁。

(32) ペリオ本「四五〇六号乙」は、内藤虎次郎氏の跋を附し、大谷瑩誠氏によってコロタイプ複製が印行されている。内藤虎次郎「景印敦煌本無量寿経五悪段跋」（『内藤湖南全集』第一四巻、筑摩書房、一九七六年、一三三頁）参照。一九八三年十月、文部省在外研究員としてパリに滞在した機会に、ビブリオテーク・ナショナル所蔵のこの『無量寿経』写本を実見する機会に恵まれた。この経は貴重本扱いで別置されているので、特別閲覧願を出して披閲することができた。

(33) 矢吹慶輝『三階教之研究』（岩波書店、一九二七年）。

(34) 矢吹慶輝「三階教」（『思想』六〇・仏教思想研究特輯、一九二六年）。

(35) たとえば、Antonio FORTE, "*Political Propaganda and Ideology in China at the End of the Seventh Century*," INSTITUTO UNIVERSITARIO ORIENTALE, 1976, NAPOLI. の一六八頁、注一五六を参照。フォルテ氏は、Antonino FORTE, "Additions and corrections to my «Political Propaganda and Ideology in China at the End of the Seventh Century»," (*IONA*,

40–1, Napoli, 1980）の一六三頁で、鄙見にもとづき、訂正された。
(36)『史学雑誌』二一―五・六合刊、一九三一年、南京。
(37) 湯用彤『往日雑稿』（中華書局、一九六二年。のち更に『湯用彤学術論文集』中華書局、一九八三年に再録）。
(38) 塚本善隆「敦煌仏教史概説」（『西域文化研究第一　敦煌仏教資料』法藏館、一九五八年。のち『塚本善隆著作集』第三巻、大東出版社、一九七五年に再録）。
(39) 松原三郎『増訂中国仏教彫刻史研究』（吉川弘文館、一九六六年）。
(40) 注（9）に同じ。
(41) 塚本善隆『唐中期の浄土教』（東方文化学院京都研究所、一九三三年。のち『塚本善隆著作集』第四巻、一九七六年に再録）参照。
(42) 井上光貞『日本浄土教成立史の研究』（山川出版社、一九五六年。新訂版は一九七五年）参照。
(43) 速水侑『観音信仰』（塙書房、一九七〇年）、同『弥勒信仰』（評論社、一九七一年）、同『地蔵信仰』（塙書房、一九七五年）。
(44) 藤堂恭俊『無量寿経論註の研究』（仏教文化研究所、一九五八年）所収。
(45) 横超慧日編『北魏仏教の研究』（平楽寺書店、一九七〇年）。
(46) 水野清一・長広敏雄『響堂山石窟』（東方文化学院京都研究所、一九三七年）。
(47) 河南省文化局文物工作隊編『鞏県石窟寺』（文物出版社、一九六三年）。

(48)『故宮博物院院刊』総二期』（文物出版社、一九六〇年）所収。
(49)水野清一「北斉黄海伯白玉像について」（『仏教芸術』一、一九四八年。のち『中国の仏教美術』平凡社、一九六八年に再録）、松原三郎「北斉の定県様式白玉像」（『増訂中国仏教彫刻史研究』吉川弘文館、一九六六年）参照。
(50)宿白「展覧会中的一部分美術史料」（『文物参考資料』一九五四年第九期）参照。
(51)『東方学報』京都三五（敦煌研究）、一九六四年、所収。
(52)藤枝晃「敦煌オアシスと千仏洞」（毎日グラフ別冊『敦煌・シルクロード』毎日新聞社、一九七七年）参照。
(53)敦煌文物研究所編『敦煌壁画』（文物出版社、一九六〇年）。
(54)勿論、これは典型的な場合をいっているのであって、謝稚柳『敦煌芸術叙録』（上海出版公司、一九五五年）によるに、盛唐の一七二窟には、南壁・北壁ともに西方浄土変が画かれ、二一七窟には、北壁に浄土変、東壁に普門品が描かれている、とあるように、例外はあった。
(55)饒宗頤「従石刻論武后之宗教信仰」（『中央研究院歴史語言研究所集刊』四五―三、一九七四年、所収）。
(56)陳寅恪「武曌与仏教」（『中央研究院歴史語言研究所集刊』五―二、一九三五年。のち『金明館叢稿二編』上海古籍出版社、一九八〇年に再録）。
(57)塚本善隆「国分寺と隋唐の仏教政策並びに官寺」（角田文衞編『国分寺の研究』考古学研究会、一九三八年、所収。のち『日支仏教交渉史研究』弘文堂、一九四四年、さらに『塚本善隆著作集』第六巻、一九七四年に再録）。

(58)「唐中期の政治と社会」（『唐代政治社会史研究』第Ⅲ部附章）。なお第Ⅲ部第一章「隋の貌閲と唐初の食実封」を併せ参照。

(59) 松本文三郎「則天武后の白司馬坂大像」（『東方学報』京都五、一九三四年。のち『仏教史雑考』創元社、一九四四年に再録）。

(60)『文苑英華』巻六九八の原文には、「沙弥」の下に「一作門。下同」という注がある。

(61)「唐太宗断売仏像勅」（『広弘明集』巻二八、所収。『大正新脩大蔵経』第五二巻、三二九頁中）。

(62)『唐大詔令集』巻一一〇、および『文苑英華』巻四六五、所収。

(63) 谷川道雄「武后朝末年より玄宗朝初年にいたる政争について――唐代貴族制研究への一視角」（『東洋史研究』一四―四、一九五六年）。

(64)『旧唐書』巻九六・姚崇伝と『資治通鑑』巻二一一・開元二年正月の条では「万二千余人」とあり、『旧唐書』巻八・玄宗紀・開元二年正月の条には「三万余人」と記されていた。ところで、この時に祠部郎中として偽濫僧を還俗させる政策遂行の最高責任者の任に当たった賀蘭務温の墓誌銘の拓本写真が、『千唐誌斎蔵誌』（文物出版社、一九八四年）に収めて公表された。その「六一六　唐故正議大夫使持節相州諸軍事守相州刺史上柱国河南賀蘭公墓誌銘幷序」に「因大閲名簿。一時綜覈。奏正還俗二万余人。云云」とあり、『旧唐書』本紀の人数と合致している。

(65)『冊府元亀』巻六三・帝王部・発号令、および『唐会要』巻四九・雑録の条を参照。

(66)『冊府元亀』巻一五九・帝王部・革弊の条にもとづく。『唐会要』巻四九・雑録の条では七月十三日の勅とする。

(67)『冊府元亀』巻一五九・帝王部・革弊の条にもとづく。『唐会要』巻四九・雑録の条では二十九日の勅とし、節略して収録する。

(68)拙稿「唐の律令体制と宇文融の括戸」(『唐代政治社会史研究』第Ⅲ部第二章)、池田温「現存開元年間籍帳の一考察」(『東洋史研究』三五—一、一九七六年)参照。

(69)山崎宏『支那中世仏教の展開』(清水書店、一九四二年。影印版は法藏館、一九七一年)。道端良秀『唐代仏教史の研究』(法藏館、一九五七年。増訂版は一九六七年)。滋野井恬『唐代仏教史論』(平楽寺書店、一九七三年)。

(70)塚本善隆「信行の三階教団と無尽蔵に就いて」(『宗教研究』三—四、一九二六年。のち『塚本善隆著作集』第三巻、一九七五年に再録)。

(71)塚本善隆「三階教資料雑記」(『支那仏教史学』一—一・二、一九三七年。のち『塚本善隆著作集』第三巻に再録)。

(72)平岡武夫『唐代の長安と洛陽　資料』(京都大学人文科学研究所、一九五六年)の序説二七頁。

(73) Jacques GERNET, "*Les Aspects Économiques du Bouddhisme dans la Société Chinois du Ve au Xe Siècle,*" École Française D'Extrême-Orient, Saigon, 1956.

(74)「唐代における僧尼拝君親の断行と撤回」は、もと『東洋史研究』四〇—二（一九八一年）に掲載された。
(75) 僧尼拝君親をめぐるこれらの詔勅や啓・状は、いずれも道宣撰『広弘明集』巻二五ならびに彦悰撰『集沙門不応拝俗等事』六巻（ともに『大正新脩大蔵経』第五二巻に所収）に収録されている。
(76) 蓬萊宮の改造が完成したのは、『旧唐書』巻四や『資治通鑑』巻二〇〇によると、龍朔二年四月辛巳二十二日ということになり、僧たちの押しかけた日と、きわどく接近していたことになる。
(77) 道端良秀『唐代仏教史の研究』三三九頁。
(78) 道端良秀『仏教と儒教倫理——中国仏教における孝の問題』（平楽寺書店、一九六八年）。
(79) 小野勝年『入唐求法巡礼行記の研究』第二巻（鈴木学術財団、一九六六年）。
(80) 藤善眞澄「唐中期仏教史序説——僧尼拝君親を中心に」（『南都仏教』二二、一九六九年）。
(81) スタイン将来敦煌文献「三七二八号」に「大唐玄宗皇帝問勝光法師而造開元寺」と題する写本があり、この文献に対する研究として馬徳「従一件敦煌遺書看唐玄宗与仏教的関係」（『敦煌学輯刊』3、蘭州大学敦煌学研究組編）が発表された。
(82) 塚本善隆『唐中期の浄土教』の〝二　代宗・徳宗時代の長安仏教〟、『塚本善隆著作集』第四巻では二二六頁参照。
(83) 吉川幸次郎「元日」（『展望』一九六六年三月号。のち『杜甫私記』筑摩書房、一九八〇年に再録）参照。『吉川幸次郎全集』第一二巻（筑摩書房、一九六八年）では三〇六頁以下。

(84) 『旧唐書』巻九六・姚崇伝に「其略曰。云云」として収められ、『全唐文』巻二〇六では、「遺令誡子孫文」と題されている。

(85) 圭室諦成『葬式仏教』（大法輪閣、一九六三年）、岸俊男「文献史料と高松塚壁画古墳」（『宮都と木簡』吉川弘文館、一九七七年）参照。

(86) 宮崎市定「中国火葬考」（『塚本博士頌寿記念仏教史学論集』一九六一年。のち『宮崎市定全集』第十七巻、岩波書店、一九九三年、礪波護編『中国文明論集』岩波文庫、一九九五年）。

(87) 平岡武夫「白居易と寒食・清明」（『東方学報』京都四一、一九七〇年。のち『白居易――生涯と歳時記』朋友書店、一九九八年）参照。

唐代における僧尼拝君親の断行と撤回

南北朝から隋唐にかけての中国中世の思想界は、儒仏道の三教が三幅対をなした様相を呈した。この時代における仏教と道教は、それらの教義が知識人たる士大夫たちの精神生活に強い影響を及ぼしたというに止まらず、宗教教団として国家権力と社会全般に測りしれぬ存在感を示したのであった。したがって、とりわけインド渡来の夷狄の宗教である仏教が、君臣・父子といった儒教礼教主義にのっとる国家秩序を維持した中華の社会に、どのように受容され、変容をうけるに至ったかを跡づけることは、この時代を対象とする研究者にとって最大関心事の一つといえよう。

一九七八年十月に長春の吉林大学で開催された古代史分期問題討論会の席上、「漢魏之際封建説」(『歴史研究』一九七九年第一期。のち『読史集』上海人民出版社、一九八二年に再録)と題する報告を行なって、魏晋から封建社会が始まるという持説を久しぶりに展開した何茲全氏が、目下、専著『魏晋南北朝隋唐寺院経済』を執筆中と伝えられるのも、おそらく、当時の社会経済全体に占める寺院経済の重要性を深く認識された上でのことであろう。

本章は、中国仏教の受容過程にあって、国家権力と仏教勢力との対決ないし拮抗関係を象徴する、王法と仏法をめぐる論争、いわゆる礼敬問題が、唐代において、王法すなわち国家権力の勝利のうちに終焉したとする通説に再検討を加えんことを意図する。礼敬問題は、中国における外国文化受容史の一齣であるとともに、いわゆる唐宋変革期における国家権力の強弱に関心をもつ者にとっても、興味あるテーマといえるであろう。

一　礼敬問題の研究小史

唐代における礼敬問題をめぐる動向を跡づけるに先だち、まず礼敬問題に関する従来の研究史の素描をしておこう。

仏教が中国に初めて伝えられたのは漢代であるが、沙門たちが中国の社会に影響力を発揮し、為政者たちに仏教教団の力量に対する警戒心を抱かせるようになるのは、四世紀、東晋の治世になってからであった。具体的には、東晋の咸康六（三四〇）年、幼少の成帝を輔佐する庾冰が、沙門も王者に敬礼すべきであるとして、それに反対する尚書令の何充らとの間にかわした、最初の礼敬論争、六十年後の元興元（四〇二）年、帝位簒奪を目前にした桓玄が、沙門はやはり王者に敬礼すべきであるとして、中央政府の八座や王謐・慧遠との間に展開した第二次礼敬論争として表面化した。しかし、沙門たちに、仏法よりも王法の優位を認めさせようとした二回にわたる試みは、いずれも不発に終らざるをえなかった。仏教教団の粛正をせまる桓玄の主張にも理由のあることを認め、自主規制のいわゆる「遠規」を制定した慧遠ではあったが、「沙門不敬王者論」五篇を執筆して、沙門の王者への敬礼に対しては、ついに妥協はしなかったのである。これら二回にわたる礼敬論争の論点については、板野長八「東晋における仏徒の礼敬問題」（『東方学報』東京一一―二、一九四〇年）に詳しい[1]。

仏教受容にあたっての仏法と王法との間の緊張関係は、東晋・南朝と胡族治下の北地・北朝とでは、まったく様相を異にした。東晋治下で慧遠が沙門不敬王者論を展開していたころ、北の平城に都したばかりの北魏では、僧官の道人統に任ぜられ僧徒を統監した法果が、いつも「太祖は明叡にして道を好む。即ちこれ当今の如来なり。沙門は宜しく応に礼を尽すべし」といって常に拝を致し、人には「能く道をひろむる者は人主なり。われは天子を拝するにあらず、乃ち是れ仏に礼するのみ」といっていた（『魏書』釈老志）という[2]。ここでいう道は仏教を意味する。この仏法と王法との葛藤に焦点を合せて中国における仏教の受容史を要領よく整理したのが、塚本善隆「シナにおける仏法と王法」（宮本正尊編『仏教の根本真理——仏教における根本真理の歴史的形態』三省堂、一九五六年。『塚本善隆著作集』には収録されていない）であった。この論文は、「第一節　礼教国家主義と仏法受容」「第二節　江南東晋における知識人の仏法受容」「第三節　胡族治下、北地の王法と仏法」「第四節　北魏の皇帝即如来論及び臣僚翼賛の仏教」の四節からなる。そして第三節の三は、〝仏教受容過程における羅什・慧遠・法果の三つの在り方〟と題して、在俗の維摩居士の仏教体得の深さを称揚する『維摩経』に親しんだ姚秦国王も外国僧である鳩摩羅什も妻帯生活を反仏教生活とは考えていなかったのであろうと述べ、また、江南の慧遠があくまでも「方外の士」として国王への礼を拒否したのは仏教僧の正当な態度と仏教界から認められたが、これは東晋では王権が強化されていず、方外の生活態度が尚ばれていた社会であったから、可能だったのであって、北シナの強大な胡族専制君主権の下では、法果の態度が仏教存続弘布のためにはさけ難いものであった、と論じられた。第四節の〝三　仁王般若・梵網の新経作製による僧官仏教への思想批判〟では波斯匿《ハシノク》王を対者として僧官制を非仏法と警告する『仁王般若経』と、やはり同じ趣旨を説きつつ、「出家人の法、国王に向いて礼拝せず、父母に向いて礼拝せず、六親に敬せず、鬼神に礼せず」と出家者の不拝王父母を明示する『梵網経』について、思うにこの二経は共に鳩摩羅什の訳となっているが、恐らく第五世紀代に、慧遠の不拝王者の厳たる態度を支持し、鳩摩羅什の頃から南北シナ共に立てられ盛になって行っていた僧官制に反対する仏徒によって、仏の権威をかりて宣説せられたものであろう。翻訳仏典であるか、シナ撰述経であるかは、しばらくおいて問わずとも、この二経が共に、南北朝の中頃から隋・唐にわたって仏教界に特に重要仏典として大に宣布せられていることは、王法・仏法対決の問題に関連する仏徒——特に正義派仏徒とでも云うべき僧界指導者の、切実な反省であり要望であったと見てよいものである。

と述べ、最後に〝五　隋唐以後における王法と仏法〟と題する、ごく短い小節で締めくくり、

以上、北魏を中心とする王法仏法の関係を述べたのであるが、隋唐以来の王法仏法対決のことを略記すれば、隋・唐初には「仏法は王法を超越する、出家は王法の治外法権にあり、礼教は僧尼を拘束せず」との主張が中央における僧徒によっても強力に主張され、皇帝も妥協を余儀なくされた。しかし唐朝では、儒教道教の仏教に対する優位が決定せられ、玄宗の朝には僧も臣と称することになり、寺に皇帝の像を安置し皇帝誕生の祝儀を挙行するなど、帝王権翼賛のことを行うようになった。臣と称することは次で中止されたこともあったが、宋の中央集権の官僚独裁国家が成立して以来は、

僧が王に対し臣と称し礼をするのが当然となり、全く仏教は王権の隷属に安ずる情勢になった。

と論断されたのである。つまり塚本氏は、隋唐初にあっては国家権力に妥協を余儀なくさせていた仏教側が、玄宗朝以後、ついに屈服してしまった、とされたわけである。この観点は、南北朝以来つづいてきた貴族制社会が唐中期に崩壊し、かわって宋以後の君主独裁の官僚社会が出現するとみる政治史、社会史のとらえ方とうまく整合して、説得力をもつかにみえる。ついで島田虔次氏は「桓玄—慧遠の礼敬問題」（『慧遠研究　研究篇』創文社、一九六二年）を執筆し、東晋時代の庾冰と何充との、そして桓玄と八座・王謐・慧遠らとの、二度にわたる礼敬論争に関する難解な往復書簡に丁寧な訳注を施された。(3)その上で、板野長八氏が、この礼敬問題を総括して、不拝の目的の貫徹されたのは実は王者の寛容によるものである、と述べられた(4)点に異議を挟まれ、桓玄—慧遠の礼敬問題について、

要するにこの点に関するかぎりの私の結論は平凡なものである。いわく、このたびの礼敬問題は、庾冰—何充のそれと同様、王者の側から発議されたのであるが、結局、理論的にも仏教側を論破することができず、実際上も、挫折におわった。挫折におわった理由は、『王者側の寛容』『王権の弛緩』によるというよりは、むしろ実力不足よりして強行しおおせなかった、というのが真相にちかいように思える、と。

という見解を提示された。この結論を導くに至るまでの論証の手続きは、歴史解釈の一典型を示し、時代区分をめぐる研究史の上からも興味ぶかいものがある。しかし島田氏が、以上の結論の文章につづけて、

以後、南朝を通じて王権の側は、僧正その他の僧官の制度——それはたしかに沙門の王権への屈伏の第一歩である——を整備してゆくことによって、仏教の掌握に努力するが、王・仏対立の焦点あるいは頂点ともいうべき礼敬問題は、依然、解決せず——沙門側の反抗を激励したものは、つねに慧遠の先例であった——それがほぼ礼敬に定まったのは唐代、完全に臣礼をとるにいたったのは、趙宋に入ってであるという。そしてそれは王権の成長とまさしく相い表裏することがらであったであろう。(四六三頁)

と述べられた部分の最後は、氏自身、論文の冒頭で併読するよう希望しておられる塚本氏の前掲論文の所説を、そのまま援用されたものとみてよかろう。

ところで、先年刊行された鎌田茂雄氏の『中国仏教史』(岩波全書、岩波書店、一九七八年)は、序文のなかで、「本書は教理史にも教団史にも偏することなく、仏教が中国の大地と社会にあって如何に中国的に変容し、漢民族に適応し、その精神生活にどのような影響を及ぼしたかという点を解明するため、その歴史的叙述を意図したものである。中国に

おける仏教の変遷は、勝れて政治的であるため、国家権力と仏教教団の関係はきわめて密接である。そのため政治と仏教、社会と仏教との関係の叙述に意を用いた」と自負されているように、先人の積み重ねてきた研究業績を踏まえて、教理史にも教団史にも片寄らずに叙述された恰好の中国仏教史であるから、今後、多くの読者をもつものと予想される。

しかし、鎌田氏が同書の第十章の第一節「唐代仏教の国家的性格」の冒頭に〝沙門不敬王者論の終焉〟(5)の小見出しを掲げた上、「唐代には統一国家が建設され、国家意識が強くなり、中華思想が昂揚されるに至り、王法の下に仏法が従属すべき原則が定められ、僧尼の犯罪に関する規定が国法の中に明記され、僧団の統制に当る官職にも必ずしも僧侶を叙任せず、俗官をしてこれに当らしめるに至った」と書きだされ、それにつづけて、

唐代仏教が国家権力の下に従属された一証左として見るべきは、沙門不敬王者論が初唐に一度勃発して後、永久に影を潜めた一事である。高宗の顕慶二年(六五七)二月の詔では、僧尼が自己の父母尊属を敬せずして、かえって父母より礼拝を受けている事実を指摘し、これは人倫に悖るものとして厳禁した(『唐会要』巻五十《ママ》)。高宗の龍朔二年(六六二)四月には沙門が君親に礼拝すべきことを命じた(『広弘明集』巻十五《ママ》)。不拝父母が公式に非難されたのはこの時が最初である。不拝王者と不拝父母とは不離の関係にあり、中国固有思想から見ると、礼を破るものである。この時、大荘厳寺威

秀や、西明寺道宣等が反対運動を起こし、堂々と反対意見をのべた結果、詔勅がでて不拝王者の問題は取り消され、父母のみ拝を致すべしと命じた。この詔も仏教徒の反対にあい、ついに無効に帰し、爾来この問題は永久に終焉するに至った。云々。（二〇六頁）

と述べられた個所は、再吟味を要するであろう。この部分は、注記されている、高雄義堅「中国仏教と中世の国家意識」（『中国仏教史論』平楽寺書店、一九五二年）の「四 唐代仏教の国家的性格」（四七頁）の文章をほぼそのまま採用し[6]、表現をやや手直しされたものであるが、それはさておき、この個所は、論理の筋がまったく通らないのではなかろうか[7]。唐代仏教が国家権力の下に従属された、すなわち仏法が王法の下に従属されたことは、沙門不敬王者論が初唐に一度勃発して以後、永久に影を潜めたことから分る、とされる論旨と、それを解説して、仏教徒による反対運動によって拝王者と拝父母の命は、ついに無効に帰し、爾来この問題は永久に終焉するに至った、すなわち仏法は王法に従属することは永久になかった、とされる結論とは正反対であるとしか受取れない。

何故このようなことになってしまったのであろうか。それは、鎌田氏が依拠された高雄氏の論文がおおらかであったのが主因であろうが、同時に、氏がやはり注記されている、道端良秀「唐代の僧尼不拝君親論――唐代仏教の倫理性」（『印度学仏教学研究』二―二、一九五四年）およびそれの増補版ともいうべき同『唐代仏教史の研究』（法藏館、一九五七年）の第三章第五節「僧尼の君親に対する拝不拝の論争」の所説が、高雄論文とうまく適合しなかったことも、影響しているのではなかろうか。

道端氏の論考は、唐の彦悰が編述した『集沙門不応拝俗等事』六巻に主として依りつつ、道宣編の『広弘明集』巻二五、および『全唐文』所収の詔勅文を参考にして、唐初以来の、僧尼不拝君親問題の展開を跡づけた上、拝君親論者・不拝君親論者たちの主張するそれぞれの論点を要約されたもので、唐代における礼敬問題を扱った初めての専論であった。道端氏は、唐の太宗朝・高宗朝において、僧尼に拝父母、あるいは拝君親を強いる試みが挫折に終っただけでなく、玄宗が開元二（七一四）年二月に父母への致拝を命じた詔も間もなく停止されたのであるとして、『全唐文』巻三〇に掲げる「令僧尼無拝父母詔」の全文を採録され、その内容からみて、玄宗は真に仏教の理解者と言わねばならぬ、と述べられた。そして、粛宗の上元二（七六一）年九月に、「自今已後、僧尼等は朝会に皆臣と称し、及び礼拝すべからず」という詔が下ったことについて、『大宋僧史略』の著者の賛寧が「斯れ乃ち開元中に僧道をして拝せしむるに因って、時にみな臣と称せしも、是に至って方めて免るるなり」と言っているが、「開元中の致拝は、天子ではなくて父母に対するものであり、且つ間もなく停止されたもので、粛宗迄この詔が効力を発して居る筈はない。

若しそれであったとしても、天子のものでなく、父母致拝であるから、彼贊寧の考察は、何かの誤りであろう(8)」とまで断ぜられたのである。

道端氏は、その後も、『仏教と儒教倫理』(サーラ叢書、平楽寺書店、一九六八年)の「一○出家は君親を礼敬せず」(一六三―一一八頁)で中国における礼敬問題の歴史を概説された際にも、玄宗の「父母を拝するなし」(『全唐文』巻三〇)の詔を全訳などしつつ同じ論旨を敷衍され、

したがってすくなくとも唐一代を通じては、出家不拝であったことはまちがいのないことであった。前に述べたように、武宗の即位式に山東の片田舎においてすら、僧尼は不拝の儀を守っていたことを、円仁はその著の「入唐求法巡礼行記」巻二に報告しているし、また「釈門自鏡録」の著者懐信(えしん)は、その序文のなかで「天龍八部は我を師となしてこれを奉じ、皇王は貴しといえども我等に臣礼を取らせない。親の尊は重しというけれども、あえて子の儀をもってこれを見ない。」といっているのは、出家の不拝の証拠である。(『仏教と儒教倫理』二〇八頁)

という結論を示されたのであった。

道端氏は、『全唐文』巻三〇に「令僧尼無拝父母詔」と題して収められた玄宗の詔を重視されたが、『全唐文』の史料源が何であるかをつきとめる労をとられず、この詔が何年

に発せられたのかを確定もされなかった。この詔が、『唐大詔令集』巻一一三に収められた、標題が正反対の「僧尼拝父母勅」となっている開元二十一（七三三）年十月に発せられた勅と同一のものであることを指摘されたのは、小野勝年『入唐求法巡礼行記の研究』第二巻（鈴木学術財団、一九六六年）においてであった。円仁は、開成五（八四〇）年三月五日に、山東省の登州で、新天子たる武宗の詔書が披露された式を見聞し、その式次第を忠実に記録しており、「勅あり」の言葉で、官吏や軍人がみな再拝し、「百姓よ拝せ」の言葉で、百姓は再拝したが、ただし僧尼・道士は拝さなかったことを伝えている。小野氏は、この「但僧尼道士不拝」の条に注記された際、『唐大詔令集』の勅を全文移録するとともに、この詔勅では、これからは道士らに倣って僧尼もまた、天子に対しては勿論のこと、父母にも拝礼せねばならないと命じたのであり、「兼拝其父母」とあるべきを『全唐文』では誤って「無拝其父母」としたため、全く反対の意味になってしまって、後の誤解を生じる所以となった、と述べられた(9)。この玄宗の詔勅については、第三節で更めて検討を加えるとして、小野氏が、『全唐文』の「無拝其父母」は誤りで『唐大詔令集』の「兼拝其父母」が正しいとされた点は、いかにもその通りである。ただし、この『全唐文』所収の詔の直接の史料源となったのは、『唐大詔令集』所収の勅ではなく、実は『冊府元亀』巻六〇・帝王部・立制度の、通行本たる黄国琦刊本、開元二十一年七月の詔であって、藤善眞澄氏が「唐中期仏教史序説——僧尼拝君親を中心に」(『南都仏教』二二、一九六九年)で指摘された通りである。(10) そして、『冊府元亀』巻六〇の通行本の文章は、『全唐文』所収のものと全く同じなのであるが、静嘉堂文庫蔵の明鈔本と京都大学人文科学研究所の内藤湖南旧蔵の明鈔本とでは、幾つかの文字の異同がみられるのであって、両明鈔本ではまず年月が「二十一年十月」とあり、また当該の「無拝其父母」は「兼拝其父母」になっていて、いずれも『唐大詔令集』の文と合致している。つまり、『全唐文』巻三〇の詔は、通行本『冊府元亀』巻六〇の無題の詔を採録し、内容を詳しく吟味することなく、「令僧尼無拝父母詔」という標題を掲げてしまい、道端氏らを眩惑させてしまったのである。

明鈔本『冊府元亀』巻六〇および『唐大詔令集』巻一一三に所収の開元二十一年に発せられた「(拝君)兼拝父母」の詔勅を重視された藤善氏は、「拝父母の規定は開元二年以来、ひきつづいて効力をもち、更に開元二十一年に拝君の制が確立し、玄宗一代を通じ変ることはなかったと断定できる」と述べられたばかりか、粛宗の上元二年九月の詔を引用された上で、

拝君の場合は粛宗の時再び廃止されたのであるから、問題は玄宗一代に限るのではないかとの疑問も生ずるが、この時の廃止は安史の乱に功績のあった僧団への論功行賞であると思われ、唐末までこの問題が二度と取沙汰されなかった点を考慮すれば、粛

宗の廃止こそ特例なのであり、後述するように粛宗の時以外は、玄宗の制を踏襲したと考えてよいであろう。かくてこそ、『新唐書』百官志、崇玄署の条に「道士女冠僧尼、見天子必拝」との記載が生きてくるのである。

高宗朝に及ぶまで、さしも熾烈であった拝君親に対する僧団の抵抗は、玄宗朝に至って終焉を迎え、これまで父母尊長の礼拝すら受けていた僧尼が、常儀に従って逆に礼拝せねばならなくなったことは、教団の質的転換を考える上で、きわめて重要な意義を持つものといわざるをえない。形の上からいえばインド的要素の消滅であり、逸民的性格の放棄、世俗の法への完全な屈服とみることができる。(二九・三〇頁)

と述べられたのである。(11)

この藤善氏の結論は、先に紹介した道端氏の専論の論旨とはまったく異なり、塚本氏の見通しとほぼ一致している。いずれの論旨が妥当なのであろうか。唐代の礼敬問題に関する従来の研究史を要約する作業はこれで終りにして、次節からは、史料に即して、隋唐時代の礼敬問題の推移を跡づけることにしたい。

二　隋唐初における不拝君親運動

礼敬問題に関する従来の研究を繙いてみて、唐の玄宗朝以後における僧尼拝君親については諸説が並存するが、唐の高宗朝以前については異説のないことを知ることができた。それは、高宗朝以前については、彦悰が編纂した『集沙門不応拝俗等事』全六巻と道宣編の『広弘明集』の巻二五（ともに『大正新脩大蔵経』五二巻、史伝部四に所収）に関連史料がほぼ網羅されていたからであった。西明寺の僧道宣と弘福寺の僧彦悰は、ともに高宗朝における僧尼不拝君親運動の指導者であった。

『集沙門不応拝俗等事』は、巻一と巻二を故事篇と名づけ、東晋から隋にいたる時期の関係詔勅や書簡・論文を収め、以下の四巻は、巻三と巻四を聖朝議不拝篇、巻五と巻六を聖朝議拝篇と名づけて、唐高宗朝における拝君親の検討を命ずる詔勅と、それをめぐって行なわれた高官たちの賛否両論などを収録している。彦悰は、故事篇と聖朝篇からなる、『集沙門不応拝俗等事』を編纂することによって、将来の仏教徒に、拝君親問題の重要性を伝え、仏法を王法の下に屈服させる事態の起こらないように期待をかけたのであった。

本節では、玄宗朝における僧尼拝君親問題の考察に先だち、その前史としての隋唐初における動きを整理しておこう。

北周の武帝による廃仏（五七四―五七七年）の直後に禅譲革命によって華北に隋王朝を開いた文帝楊堅は、仏教道教の復興に精力をそそいだ。正史である『隋書』の本紀（巻一）にさえ、般若寺で尼に育てられたという誕生説話が記録され、那羅延（梵天王あるいは金剛力士のこと）という名をつけられたという楊堅文帝[12]の治世にあっては、ことのほか仏教の復興に力がそそがれた。開皇五（五八五）年、沙門法経から菩薩戒をうけた文帝は、その機に獄囚を放って慈悲の心を示すとともに、その年に下した勅には、

仏は正法をもって国王に付嘱す。朕はこれ人尊にして、仏の付嘱を受く。今より以後、朕が一世をおえるまで、毎月つねに二七の僧を請じ、番に随いて上下し、経を転ずべし。（仏以正法付嘱国王。朕是人尊受仏付嘱。自今以後訖朕一世。毎月常請二七僧。随番上下転経。）

とさえ、述べているのである（法琳撰『弁正論』巻三。『大正蔵経』五二巻、五〇九頁上）。仏が正法をもって国王に付嘱す、というのは、鳩摩羅什訳とされる『仁王般若経』の受持品と嘱累品にもとづくが、この経は、諸家の説かれるごとく、中国撰述経とみてよかろう[13]。文帝は、仏から正法を付嘱された国王としての自覚のもと、廃仏後の仏法復興事業に邁進したのであって、その一斑は、「天下の人、風に従いて靡き、競いて相い景慕し、民間の

仏経、六経より多きこと数十百倍なり」（『隋書』巻三五・経籍志四）とか、「開皇の初めより仁寿の末に終えるまで、度する所の僧尼二十三万人、海内の諸寺三千七百九十二所」（『弁正論』巻三）といった記事から窺うことができる。この文帝の治世にあっては、沙門に拝君親を強いるような動きは、まったくなかった。開皇律令のなかにも、それに関連する条文はなかったであろう。(14)

ところが、文帝のあとをついだ煬帝は、開皇律令を更定して大業三（六〇七）年に大業律令を頒下した際、隋の彦琮の「福田論」に冠せられた唐の道宣の序文によると、令のなかに「およそ僧道士ら、啓請する所あらば、並びにまず須らく敬を致し、しかる後に陳理せよ」という文を含ませたのである。(15)『集沙門不応拝俗等事』巻二所収の「隋煬帝勅沙門致拝事一首幷興善寺沙門明贍答」の冒頭には「隋煬帝、大業中、前政を改革し、沙門に令して帝および諸官長等を拝せしめ、これを雑令に懸く」とあるから、(16)大業令の雑令の一条として設けられたものであろう。令のなかにこのような規定が盛り込まれたにもかかわらず、僧侶たちはなおも意に介さず致敬を行なわなかった。そして、この規定に抗議の意を表明するために執筆されたのが、「通極論」などを著述し、文帝・煬帝の二代に亙って帝室に重んぜられていた彦琮（五五七—六一〇）の「福田論」なのであった。彦琮は、慧遠の「沙門不敬王者論」に倣って、福田とは三宝のことであるという前提にたって、僧が俗を拝さないことは仏がすでに明言している等と述べ、僧は君親を拝する必要のないことを論じたのである。

大業令が頒布されて後二年、大業五年に煬帝は西京長安にいき、南郊において群臣を引見した際、仏教の僧尼と黄老士女すなわち道教の道士女冠が跱立していたが、かれらは以前と同じように煬帝に向かって致拝をしなかった。そこで煬帝が勅を下して、「条式ひさしく行なわる。何に因りて拝さざるや」と命じたところ、黄老士女らは勅を聞くなり直ちに拝を行なったが[17]、僧尼たちは儼然として屈さなかった。この時、僧尼を代表し声をあげて抗弁したのが、大興善寺の沙門明贍であり、まったく憚懾する態度をみせなかった。致拝をめぐるやりとりは何度もかわされたが、死を覚悟した明贍の断乎たる応酬が功を奏し、さすがの煬帝も折れて、皇帝に対する致拝の試みは遂に挫折におわった、というのである。この時の模様と論点は、道宣撰の『続高僧伝』巻二四・護法下・唐終南山智炬寺明贍伝（『大正蔵経』五〇巻、六三二頁下）に詳しい。念のため申し添えると、晋王広時期の開皇十一（五九一）年十一月に智顗から菩薩戒を受け千僧斎を設けた煬帝の治世において、崇仏の国家事業は引続き継続したのであった。

隋に代って李氏の唐王朝が成立すると、老子が李姓であったため、仏教よりも道教が重んぜられる素地がととのったこともあり、高祖の武徳年間には、道士による仏教への攻撃が目立つようになる。武徳四（六二一）年六月二十日、太史令の道士傅奕は、寺塔僧尼を減少して益国利民すべき旨の十一箇条の建白書をたてまつり（『広弘明集』巻七。『大正蔵経』五二巻、一三四頁下）、当時の朝野、とくに仏教界に大衝撃を与えた[18]。これに対して翌年正月、済法寺の法琳は「破邪論」二巻（『大正蔵経』五二巻所収）を撰して反駁した。

一方、道教側も、清虚観の道士李仲卿が「十異九迷論」を、同じく劉進喜が「顕正論」を書いて反批判を行ない、傅奕に托して上奏した。たび重なる傅奕の上書に動かされ、蕭瑀らの反対にもかかわらず、武徳九（六二六）年四月辛巳二十三日、高祖は仏道二教を沙汰する詔を発した。仏教だけでなく道教をも対象としたものであった。しかし、その直後に秦王李世民がクーデタを起こして実権を掌握したため、六月庚申四日、大赦を行ない、僧尼道士女冠に対する沙汰も取止めすべては旧にもどされたのである[19]。この李仲卿の「十異九迷論」などに反駁するために執筆されたのが法琳の『弁正論』八巻であって、十喩篇・九箴篇などから構成され、仏教護法の論陣が張られている。

人心収攬のため仏道二教への沙汰策を撤回してから皇太子となり、ひきつづき帝位についた李世民太宗は、貞観五（六三一）年正月に、僧尼道士に対して拝父母を命ずる詔を発布した。『資治通鑑』巻一九三に「詔。僧尼道士。致拝父母」とあり、その内容は、『貞観政要』巻七・礼楽の条に、貞観五年、太宗、侍臣にいいて曰く、仏と道の教を設くるや、もとより善事を行なう。あに僧尼道士らをして、妄りにみずから尊崇し、いながらにして父母の拝を受けしめんや。風俗を損害し、礼経を悖乱す。宜しくただちに禁断し、なお父母に拝を致さしむべし。（貞観五年。太宗謂侍臣曰。仏道設教。本行善事。豈遣僧尼道士等。妄自尊崇。坐受父母之拝。損害風俗。悖乱礼経。宜即禁断。仍令致拝於父母。）

と載せる太宗の言葉と同じであったとみてよかろう。これは君主に対する拝ではなく、父母への拝を命じたものであり、当時、僧尼道士は、父母への拝をしなかっただけでなく、逆に、父母から拝されていた実情を知ることができよう。しかし、僧尼道士女冠をして父母に拝を致すように命じた詔は、『仏祖統紀』巻三九・貞観七（六三三）年の条に「勅。僧道停致敬父母」とあるように、わずか二年間で撤回されてしまう。おそらく、僧尼たちの反対運動が盛り上ったからであろう。

つぎの高宗朝（六四九―六八三年）は、永徽六（六五五）年十月の武氏立后の詔の発布を契機として、政治・社会の全局面で大転換が行なわれた。事実上の武后執政の始まったのは、顕慶五（六六〇）年の年末であり、以後武后は自己の力を誇示するようにひんぴんと改元を行なった。

主要な中央官庁と官職の名称をすべて改めたのは、龍朔二（六六二）年二月のことであった。この激動の時期に、僧尼拝君親問題がふたたび中央政界で論議されることになったのである。すなわち、まず顕慶二（六五七）年二月に、『唐大詔令集』巻一一三に「僧尼不得受父母拝詔」と題して収める詔[20]がだされ、僧尼は父母および尊者の礼拝を受けてはいけない旨が命ぜられた。ただし、僧尼が父母に拝を致すべきことについては、何ら言及していない。また、この詔では僧尼だけを対象にして、道士女冠については触れていないことからみて、当時、道士女冠が父母などから礼拝を受ける事実はなかったのであろう。この時の詔は、仏教教団から大した抵抗もなく、受入れられたらしい。

顕慶二年から五年後の龍朔二（六六二）年四月十五日、『全唐文』巻一四に「命有司議沙門等致拝君親勅」と題して収める勅[21]が発布され、沙門らは君主と両親に拝を致すべきや否やについて有司に検討するよう命ぜられた。

ここの勅の結末の部分には、

いま道士女冠僧尼をして、君・皇后および皇太子とその父母の所において拝を致さしめんと欲せしも、或いはその恒情に爽《たが》わんことを恐る。宜しく有司に付して詳議し奏聞せよ。（今欲令道士女冠僧尼。於君皇后及皇太子其父母所致拝。或恐爽其恒情。宜付有司詳議奏聞。）

とあって、皇帝だけでなく皇后と皇太子への致拝の検討を命じているところに、武后の影響力が色濃く反映しているといえよう。この勅が下されるや、仏教側から猛烈な反対運動がおこされた。二十一日には大荘厳寺の僧威秀らが、「沙門不合拝俗表」をたてまつって不拝を主張し、京邑つまり長安の僧二百余人が、改造なったばかりの蓬萊宮すなわち大明宮におしかけて不拝を訴えた。この時、左右相から、勅では検討を命ぜられた段階であって、拝不拝はまだ決定していないのだから、後日のことにされよ、と言われて、僧らは引返した。

かれらは、西明寺に集合して、善後策を協議し、みなで啓状を書いて高宗・武后側近の有力者に陳情しようということになった。かくて西明寺の僧道宣らは、二十五日に、高宗の第六子たる雍州牧沛王に「論沙門不応拝俗啓」をたてまつり、二十七日には、武后の母たる栄国夫人楊氏に「請論沙門不合拝俗啓」をたてまつって取りなしを頼み、また大臣たちにも詳細な反対の理由を陳べた「序仏教隆替事簡諸宰輔等状」を送るといった具合に、烈しい情報宣伝活動が展開されたのである。この時の模様を『宋高僧伝』巻一七・護法篇・唐京師大荘厳寺威秀伝では、「頭然《ずねん》を救うが若し」という仏語で表現している。このおよそ二千字からなる最後の状では、まず仏教が中国に伝来して以後の伝道史を、ついで僧尼拝俗をめぐる歴代の対応を述べたのち、仏教の経論のなかから、沙門が俗を敬さないことを明記した部分を列挙して、不拝の根拠としている。そこで挙げられた経論として、

『梵網経』下巻・『涅槃経』第六巻・『四分律』・『仏本行経』第五三巻・『薩遮尼乾経』の名を見出だせる。

勅が下されてからちょうど一カ月後の五月十五日、(22)九品以上の文武官僚と州県官たち千余人を中台都堂に集めて拝不拝を詳議させた。この歳の二月に百官名の改称が行なわれていたので、中台とは尚書省のことである。当日、京邑の西明寺の沙門道宣、大荘厳寺の沙門威秀、大慈恩寺の沙門霊会、弘福寺の沙門会隠ら三百余人の僧たちが、反対の論拠となる経論とさきの状を持参して意見を述べようとしたが、司礼太常伯（礼部尚書）の李博乂に「俗官に詳議するようにとの勅ですから、法師がたは退出して下さい」と断わられて、僧らは退出した。陳情運動の効果があったためか、百官たちの議論は紛糾し、意見はまちまちで、とても結論は下せない。ついにそれぞれの意見を文書で差し出すことになった。その結果、僧尼不拝君親を主張した者は令狐徳棻以下五三九人、僧尼拝君親を主張した者は閻立本以下三五四人ということになった。(23)このような意見分布になった以上、高宗・武后は当初の意図を変更せざるをえなくなり、六月八日に、『全唐文』巻一二に「令僧道致拝父母詔」と題して収める詔をだしたのである。この詔の後半には、

前に道士・女冠・僧・尼らをして拝を致さしめんと欲せしも、もって恒心を振駭せんことを恐れ、爰に詳定せしめたり。有司はみな典拠を引き、兼て情理を陳べ、沿革二

塗たり、紛綸相半ばす。朕、羣議を商権し、幽賾を沈研す。然れば箕潁の風、その事を高尚にするは、前載を遐想するに、もとより亦たこれあり。いま君の処に於ては、拝を致すを須《もち》いるなかれ。その父母の所は、慈育いよいよ深く、祇伏これ曠く、更にもって安設せん。今より已後、即ち宜しく跪拝すべし。主者施行せよ。（前欲令道士女冠僧尼等致拝。将恐振駭恒心。爰俾詳定。有司咸引典拠。兼陳情理。沿革二途。紛綸相半。朕商権羣議。沈研幽賾。然箕潁之風。高尚其事。遐想前載。故亦有之。今於君処。勿須致拝。其父母之所。慈育弥深。祇伏斯曠。更将安設。自今已後。即宜跪拝。主者施行。）

とあり、君に対する拝は撤回し、父母に対してのみ拝すべきことを命じたのである。唐朝における二回目の僧尼拝父母詔は、このようにして発布された。四月十五日から二カ月足らず、一応の結論がだされたわけであるが、仏教側はなおも納得しなかった。出家者側の不拝の理由は、君主であろうと父母であろうと同じである。君主よりも父母の方が重いと考えるのは、あくまでも儒教倫理にすぎず、仏教では異ならない。反対運動はなおも執拗につづけられた。

とくに注目されるのは、六月二十一日に〝京邑老人〟の程士顒らが「出家子女不拝親表」をたてまつっていることであり、七月十日には直東台舎人（給事中）の馮神徳が僧尼不拝父母を請う表を上っている。そして八月十三日に道宣が重ねて栄国夫人楊氏に「請論不合拝親啓」を上り、同二十一日には威秀が、同二十五日には玉華寺の静邁らが上表している。このようなあくことのない運動の結果、さきにも言及した『宋高僧伝』巻一七・威秀伝に「尋いで亦た廃止す」と書かれているところからみて、まもなく拝父母の詔も撤回されるに至ったものと考えられる。

僧尼の拝君親をめぐる政治問題、王法と仏法とのいずれを優先すべきかをめぐる闘争は、かように京邑の長安を舞台にして熾烈をきわめ、この時点では、仏法が王法に優先することを政府当局者も認めざるをえなかったのである。この時のいわば闘争記録が、当事者である道宣によって、かれの編著にかかる『広弘明集』の巻二五に収められ、また彦悰は『集沙門不応拝俗等事』六巻を編纂し、そのうち四巻分を、この時の論争の経過報告にあてた。さきに引用した『全唐文』巻一四の「命有司議沙門等致拝君親勅」と同巻一二の「令僧道致拝父母詔」は、いずれもこれら両書を史料源にするのであるが、両書ではこれらの詔勅を「今上制沙門等致拝君親勅」「今上停沙門拝君詔」と題していることにも、拝君親のうち、拝父母は余儀なくさせられたとはいえ、拝君だけは阻止しえたとするかれらの自負を読みとるべきなのであろう。

以上、要するに、隋から唐の高宗朝にいたる時代にあっては、国家による僧尼拝君親の試みは、いずれも挫折におわらざるをえなかった略史を述べてきた。節をあらためて、玄宗朝で拝君親が強行された次第を跡づけてみよう。

三　玄宗による僧尼拝君親の断行

武氏立后が強行された永徽六（六五五）年から、玄宗の親政が開始される先天二（七一三）年にいたる五十数年間、武后と韋后に代表される女性が政治の表舞台に登場したいわゆる武韋時期に政治問題化・社会問題化したのは、斜封官に代表される濫官と、公主や寵臣たちへの食実封の激増、それに数十万人に及ぶ偽濫僧の横溢と造寺造仏に夢中になる仏教教団なのであった(24)。先天二年七月に、太平公主一派を誅殺して、名実ともに親政を始め、武韋時期以来の政治に大改革を加えんとした玄宗が、もっとも頼りにしたのは姚崇であった。首相の任に抜擢された姚崇は、玄宗の負託にこたえ、つぎつぎと綱紀の粛正を目ざした諸政策をうちだした。その政策のうちには、偽濫僧への沙汰や豪奢な造寺造仏への規制といった仏教教団への抑圧策が重要な綱目となっていたのである(25)。

姚崇の提案にもとづき、玄宗は、開元二（七一四）年正月七日、まず僧尼を検責させる命をだし、一万二千余人とも二万余人ともいわれる偽濫僧を還俗させ、ついで二月十九日、寺院の創建を禁じ、旧寺の修理も官が審査したうえで聴す、との詔をだした(26)。ここに造寺とそれにともなう造仏が公式に規制されるに至った。ひきつづき、閏二月に、唐朝における第三回目の僧尼拝父母を命ずる勅が発布されたのである。「令僧尼道士女冠拝父母勅」と題されるこの勅の全文は、『唐大詔令集』巻一一三に載せられている。[27]この勅によって、

今より已後、道士・女冠・僧・尼ら、ならびに父母を拝せしめよ。喪紀の変除も、また月数に依れ。（自今已後。道士女冠僧尼等。並令拝父母。喪紀変除。亦依月数。）

と命ぜられた。かつて貞観五年正月と龍朔二年六月の二回にわたって発布された拝父母詔は、ともに間もなく撤回を余儀なくされたが、今回は一連の仏道両教団粛正の一環として発布されたためか、教団側も大した抵抗をできないままにうち過ごさざるをえなかったようである。[28]半年後の開元二年七月には、僧尼道士らが門徒たる百官の家に往来するのを禁ずる制と、市井の商人が鋳仏・写経を売ることを禁じ、仏像を瞻仰したければ寺院へ行って礼拝し、経典を読誦したければ寺院で買い求めるよう命じた詔勅が出される、[29]といった情況だったからである。

武韋時期にみられた偽濫僧の横溢と節度なき造寺造仏は、開元二年に発せられた一連の詔勅によって、厳しい制限をうけることになった。しかし、それは廃仏の色彩をおびるものではなかったので、唐初以来めざましく発展してきた仏教教団の基礎をおびやかしはしなかった。仏教が左道と結びつくのが警戒されただけであり、仏寺のみでなく、道観も同

じような規制をうけたのである。宇文融による括戸政策が開始された年である開元九（七二一）年の九月、姚崇は死に、家族に残された遺令[30]には、子女が写経造像して追薦冥福に精をだしすぎ、破業傾家させることなきを誡めるとともに、とくに道士は僧以上に要注意の存在なので決して家に延き入れてはならない旨が記されていた。

しかし、この開元九年に、玄宗は、天台山にいた道士の司馬承禎を宮中に迎えて、みずから法籙をうけ、これ以後、しだいに道教に心を傾けていった。翌十年正月に、両京および諸州にそれぞれ老子廟たる玄元皇帝廟をおき、また崇玄学を設けて『老子』と『荘子』『列子』『文子』を学習させ、十三年には泰山に行って昊天上帝をまつった。そして、二十年十二月に『御注道徳経』を完成し、二十一年正月には、士庶の各家に『老子道徳経』を一本ずつ所蔵するよう命じるとともに、尚書・論語策にかえて老子策を貢挙つまり科挙の試験科目に加えることも定めたのである[31]。

玄宗が、つまり唐王室が、道教への傾斜を強めていた時期の開元二十一（七三三）年の十月、『全唐文』巻三〇に「令僧尼無拝父母詔」（『唐大詔令集』巻一一三では「僧尼拝父母勅」と題している）と題して収められている詔が発布された。この詔については、第一節の礼敬問題の研究小史で既に触れたように、道端良秀・小野勝年・藤善眞澄の諸氏によって、全く異なった解釈がなされている[32]。『全唐文』は、唐代の散文作品を網羅していて、はなはだ便利なのであるが、そこで掲げられている標題が内容と一致しない事例がしばしばあり、この詔の場合もそれに当たる。『全唐文』の史料源となった、『冊府元亀』巻六〇・帝王部・立制度の条に収録されている文章は、静嘉堂文庫蔵と京都大学人文科学研究所の内藤湖南旧蔵の両明鈔本を参照し校訂した本文によると、

〔開元〕二十一年十月。詔して曰う。道教と釈教と、その来は一体にして、すべて彼我を忘れ、みずから貴高とせず。近ごろ、道士・女冠は、臣子の礼に称い、僧尼は企踵し、誠請の儀に勤めたり。仏はじめて滅度し、国王に付嘱せしをおもい、猥りに負荷に当りて、宣布に在らんことを願えり。けだし其の教を崇めて朕より先んずるを欲せし者なり。自今以後、僧尼は一に道士・女冠の例に依り、兼ねて其の父母を拝せよ。宜しく戒行を増修し、僧律に違うなく、至道を興行して、茲に在らしめよ。（二十一年十月。詔曰。道教釈教。其来一体。都忘彼我。不自貴高。近者道士女冠。称臣子之礼。僧尼企踵。勤誠請之儀。以為仏初滅度。付嘱国王。猥当負荷。願在宣布。蓋欲崇其教而先於朕者也。自今以後。僧尼一依道士女冠例。兼拝其父母。宜増修戒行。無違僧律。興行至道。俾在于茲。）

ということになる。この詔の主旨は、これまでは、（『仁王般若経』の受持品と嘱累品で説いている）仏法の宣布を付嘱された国王として仏法を優先させてきたが、今後は、現に臣子

の礼をとって拝君・拝父母の礼を行なっている道士と女冠の例に、僧尼も見ならうべきだと考えるにいたったので、僧尼にも拝君を命じ、兼ねて（従前通り）父母にも拝をすべきであると命じた、ということになるであろう。されば、『全唐文』の掲げた題「令僧尼無拝父母詔」が全くの誤りであるばかりでなく、『唐大詔令集』が「僧尼拝父母勅」と題したのも適当ではなく、「僧尼拝君親詔（勅）」あるいは単に「僧尼拝君詔（勅）」とでも題すべきだったのである。

開元十年前後から玄宗が道教に著しく傾斜し、同二十一年十月に僧尼に拝君を命ずる詔勅の発布の前提として、道士女冠がすでに臣子の礼を行なっていた、すなわち拝君拝父母を励行していたことが指摘されている以上、隋から唐中期にいたる時期にあって、道士女冠が君親に対する拝不拝問題にいかに対応していたかを跡づける必要があろうが、肝心の道教側の資料が皆無なので、残念ながら諦めざるをえない。この課題に関しては、近年、楠山春樹氏が『老子伝説の研究』（創文社、一九七九年）の「第四章　河上公説話の形成」、とりわけその〝第二節　道教の不敬王者論〟と〝第三節　河上公説話と不敬王者論〟両節で念の入った解説をなされているので、併せ参看されることを希望したい。ただし、楠山氏が、『全唐文』巻三〇所載の「令僧尼無拝父母詔」の全文を引用された上で、

本詔は、戒律を厳守することを条件として、僧尼の父母に対する不拝を容認するもの(33)

であるが、ここでは道士女冠は、もはやその対象となっていない。道士女冠のことが引き合いに出されてはいるが、それは、この当時において彼等が臣子の礼を行っているとするものであり、それにも拘らず僧侶には不拝を許すというのが、本詔の趣旨となっているのである。なお、本詔が玄宗の何年のものであるか、全唐文の典拠となった資料が何書であるかは未詳である。（一八三頁）

と述べられた部分については、賛成いたしかねる根拠を、更めて述べる必要はあるまい。

開元二年閏二月に、僧尼道士女冠をして拝父母すべきを命じた玄宗は、ついに開元二十一（七三三）年十月にいたって、僧尼に拝君を命じ、あわせて拝父母の再確認を期した。東晋・慧遠の「沙門不敬王者論」以来、断続的につづいてきた仏教教団と国家との主導権あらそい、仏法と王法との優先権をめぐる争いは、玄宗の開元年間にいたり、ついに王法の勝利、仏法の屈服というかたちで一応の結着をみたのである。高宗の龍朔二（六六二）年には、国家による僧尼拝君親の意思表示に対して、息もつがせぬ反対の陳情運動を展開し、まず拝君を断念させ、まもなく拝父母をも撤回させることに成功した仏教教団が、七十年後における拝君親の強行に対しては、史書に残るような何らの抵抗運動をしていないことは、注目に値する。この間に時代の潮流が様変りしてしまっていたのである。『新唐書』巻四八・百官志の崇玄署の条に「道士・女冠・僧・尼、天子に見ゆれば必ず拝す」と記録されているのは、この開元末年の仏法がついに王法に屈服してしまった時点の情況であったと考えられる。

四　僧尼拝君の撤回

玄宗が開元二年閏二月に、姚崇の主導にかかる政治の粛正、仏教道教両教団粛正の一環として、僧道に拝父母を命じ、開元二十一年十月には、僧尼をして拝君すべき旨を命じたという局面に注目しすぎると、玄宗は仏教教団に弾圧を加えつづけた、とみてしまいたくなるであろう。しかし、玄宗は、拝君親こそ強要はしたが、仏教教団に対し必ずしも強圧的な態度を示しつづけたのではなかった。玄宗が、開元十年前後から、しだいに道教に心を傾けていったことは事実であるが、道教を尊崇するあまり仏教をことさら抑制しようとしたわけではなかった。開元二十年代に入ると、玄宗は儒仏道の三教を調和させることに頗る熱意を示しはじめるのである。

開元二十三（七三五）年八月五日、国都長安の食糧事情の悪化を避けて東都洛陽に滞在中の玄宗は、みずからの誕生日たる千秋節の日、諸学士と道僧に命じて三教の同異を議論させた[34]（『冊府元亀』巻三七・帝王部・頌徳）。そして、さきに頒示していた『御注孝経』（開元十年六月）と『御注道徳経』（開元二十三年三月）に三幅対とするべく、『金剛般若波羅蜜経』に御注を書きあげたのは、同二十三年九月のことである。この『御注金剛経』の完成にあたって、中書令の張九齢が「三教並列し、万姓帰するを知る」などと上言した（『冊府元亀』巻五一・帝王部・崇釈氏）のに対する玄宗の御批には、「朕、位は国王に在り、遠く法を伝うる有り。竟に群請に依り、以て元元を道く。かの孝経・道経とともに、三教闕くるなし」の文章がみえる。(35) ちなみに、『御注孝経』はいわゆる天宝重注が『石台孝経』と称されて西安碑林の正面に据えられ、宋刊本が四部叢刊経部に影印されており、『御注道徳経』も易州龍興観に石幢が残されていたし、(36) また道蔵・洞神部・玉訣類にも収められているため、容易に閲読できるのに、『御注金剛経』だけはこれまでどの大蔵経にも収められず、その全貌を窺うよすがはなかった。

ところが、一九五六年、東南アジアの仏教国家が釈迦牟尼仏涅槃二千五百年を記念するのに随喜して、中国仏教協会が房山雲居寺石室内の石経全部を拓本にとる大事業を遂行した際、天宝元年八月十五日に立てられた四石八面の『御注金剛経』を発見したのである。林元白「房山石経初分過目記」（『現代仏学』一九五七年九月号）の〝四　御注金剛経、懺悔滅罪伝与道経之発見〟によると、経の本文は寸楷の大字で刻され双行の夾注は簡単であるとのことであり、御注末の題記の部分と玄宗の自序の移録がなされていて、開元二十三年六月三日に都釈門威儀僧思有が表請したのに応じて御注が書き始められ、九月十五日に完成し、同月十八日に洛陽の敬愛寺で慶讃法要が営まれた有様を知ることができる[37]。

玄宗は、『孝経』『老子道徳経』『金剛経』の三経に親しく注を書き加えることで、儒道仏三教の調和を期したのであるが、「三教並列し」「三教闕くるなし」といった言葉、三教調和というスローガンのもとに推進されたのが、実は鎮護国家仏教の育成であった点は見落とされてはなるまい。開元十七年に玄宗の降誕日を千秋節と名付け、祝賀の宴を行なうことにきまると、翌十八年には詔によって龍興寺観に祝寿道場が設けられ、毎年八月五日に祝賀の法会が行なわれた[38]。そして、二十六（七三八）年六月には、玄宗朝の新国分寺ともいうべき、年号を冠した開元寺と開元観が全国各州に設置された（『唐会要』巻五〇）。翌二十七年五月から、従来は龍興寺観で行なわれていた国忌日の法要と皇帝誕節の祝賀儀式のうち、祝賀儀式はこの開元寺観にうつして行なわれることになり、二十九年には皇帝の真容を開元観に安置し、更に天宝三（七四四）載には、今上等身の天尊像と仏像を、それぞれ開元観と開元寺に祀らしめるといった按配に、開元寺観はまったく皇運扶翼の一機関に化してしまった[39]。開元二年の仏道粛正で始まった玄宗朝においては、仏教は道教とともに、しだいに鎮護国家の宗教としての役割を為政者に認知され、大いに奨励されるまでになったのである。

天宝年間に入ると、玄宗は道教への心酔をますます深めていくが、鎮護国家仏教への色彩を強めた仏教教団は、それによって禁圧をこうむる何らの理由もなく、長安の貴族階層を中心に、いよいよ栄えていった。天宝五（七四六）載、玄宗自身、不空から灌頂をうけさえしたのである。開元二年二月にだされた、寺観の創造を禁ずる詔なども空文に帰しつつあったと考えられる。

天宝十四（七五五）載の年末に反乱を起こした安禄山の軍隊は、都の長安に進撃し、玄宗は長安を脱出して四川に蒙塵せざるをえなかった。皇太子が即位して粛宗となり、玄宗は上皇に祭り上げられる。粛宗政権は、戦費を賄なうために、何としてでも新たな財源をみつけなければならない。塩の専売を始めたのも、その打開策であった[40]。そして遂に、売官と売度牒も行なったのであって、これが開元初年の政治方向とは全く反対の政策であることに注意を喚起する必要はあるまい。宰相裴冕らの発案にかかる売度牒の銭は香水銭とよばれ、洛陽荷沢寺の神会は、この際の戦費調達に大いに協力した。売度牒は、売官鬻爵とともに窮余の一策であって、まもなく廃止されるが、このような一時しのぎの政策が新たな社会矛盾を醸成するのは避けがたかったのである。

長安が反乱軍に占領され、政情が極めて不穏のさなかにあって、いや社会不安が満ちみちるが故に、鳳翔の粛宗朝廷は、宮中での法要僧斎を盛んに営みつづけた。毎日、数百人の僧に宮中の道場で、晨夜誦仏させていた(『資治通鑑』巻二二九、至徳二載五月の条)。粛宗は、長安に帰って以後も、乾元元(七五八)年には、密教の不空を入内させ、翌年、内道場で護摩と灌頂法を行なわせさえしたのである。

上元二(七六一)年にいたり、粛宗朝廷の崇仏ぶりは頂点に達した観がある。まず正月甲午八日、粛宗の病気平癒を祈願して、張皇后は仏経を血書した(『旧唐書』巻一〇)。ついで四月甲申三十日に、唐興寺において高座を設け二教を講論させる旨の詔がだされ(『冊府元亀』巻五二・帝王部・崇釈氏)、七月癸巳十一日、景龍観において高座を設け道釈二教を講論させたという(『冊府元亀』巻五二・帝王部・崇釈氏。同巻五四・帝王部・尚黄老)。そして九月甲申三日の粛宗の誕生日たる天成地平節の日には、三殿に道場を設け、宮人をもって仏・菩薩となし、北門の武士を金剛神王となし、大臣を召して膜拝囲繞せしめたのである(『資治通鑑』巻二二二。『南部新書』壬)。皇帝がみずからの誕生日に、大明宮の三殿たる麟徳殿を仏の道場にしつらえ、大臣たちに仮装の仏・菩薩に向かって礼拝を命じるにいたっては、もはや僧尼に拝君を強いることはできない。唐・杜佑撰の『通典』巻六八・礼・僧尼不受父母拝及立位議大唐の条に、

上元二年九月、勅すらく、自今以後、僧尼ら、朝会に並びに須らく臣と称し及び礼拝すべからず、と。(上元二年九月。勅。自今以後。僧尼等。朝会並不須称臣及礼拝。)

とあり、この勅を、賛寧撰の『大宋僧史略』巻下・対王者称謂の条では、上元元年九月八日の勅として言及している。[41] いずれの繫年を採るべきか迷うところであるが、いちおう『通典』に従って上元二年とし、九月八日という日付を『大宋僧史略』から採用するとすれば、三殿に道場を設けた日から、わずか五日後に発せられた勅ということになる。玄宗の開元二十一（七三三）年十月に僧尼の拝君を命じた詔は、二十八年後の粛宗の上元二（七六一）年九月にいたって撤回され、天子に対し臣と称することも礼拝することも必要ではなくなったのである。上皇に祭り上げられた玄宗が、四川から都の長安に帰って以後も政治への介入は出来ないまま、亡くなったのは、この翌年であり、安史の乱が平定されるのは、さらにその翌春のことである。武韋時期の豪奢な造寺造仏・偽濫僧の横溢への批判者として颯爽と歴史の檜舞台に登場した青年天子玄宗は、半世紀後、即位前よりもはるかに大きな混乱と社会不安を残したまま、静かに消えていった。

『入唐求法巡礼行記』巻二にみえる、開成五（八四〇）年三月に登州で、入唐僧円仁が目撃した、詔書披露式における僧尼道士不拝の記事は、これより八十年後の時点で、公式には不拝が認められていたことを明証するものである。また、南宋の開禧二（一二〇六）年の序をもつ趙彦衛撰『雲麓漫鈔』巻七に、

唐書の志に、道士・女冠・僧・尼、天子に見ゆれば必ず拝す、と。今の不拝、いまだ

何時より起こりしやを知らず。（唐書志。道士女冠僧尼。見天子必拝。今之不拝。未知起自何時。）

と書かれていることは、前節末に引用した『新唐書』百官志の記事は、開元二十一年から粛宗上元二年にいたる二十八年間の状態を指したにすぎず、それ以後、建前としては不拝がずっと継続していたことを傍証するであろう。そして、南宋の咸淳年間（一二六五—七四年）の情況を伝える『咸淳臨安志』巻七五・寺観の条の冒頭で、当時仏寺と道観、とくに仏教が全国に偏くとりわけ銭塘杭州で盛んであることを述べた上、「道家は君臣の義に篤く、尊卑を厳にし、上下をわかつ」という点で仏教は及ばないと言って[42]、君臣の義に篤い道家と、そうでない仏家との違いを指摘しており、『咸淳臨安志』のこの記事にもとづくとみられる呉自牧撰の『夢粱録』巻一五・城内外諸宮観の条で、老氏の教えは、「君臣の分」があるなどの点において、釈氏のしかざる所である、と述べている[43]ことからも、当時、仏教が「君臣の義」「君臣の分」をないがしろにしていた実態を知ることができよう。

趙彦衛と同時期の華北、異民族王朝たる金の支配下においても原則としては不拝であったことは、耶律楚材「釈氏新聞序」（『湛然居士文集』巻一三）から明瞭にうかがうことができる。すなわち、金の章宗の泰和年間（一二〇一—〇八年）に、『従容録』の著で知られる万松行秀が、銭二百万の寄進を伝える章宗の使者の、勅を伝えるから跪聴するようにとの命に対し、「出家児、安んぞ此の例あらんや」と答え、押し問答の末、「竟に香を焚き、立ちて詔旨を聴き」その次第を知った章宗は、逆に使者を責めて「朕は財を施し福を祈りしのみ。安んぞ野人の閑礼を用いんや」と言ってのけたのであって、万松行秀から印可をえて湛然居士と号した耶律楚材は「上下悚然として、吾が師、王公の前に屈さざるに服せり」と誇らしげに書き留めているのである。(44) 自分が住持する寺院への寄進を伝える勅使に対してさえ、詔旨を跪いて聴く例はないと突っぱね、立ったまま聴き、事情を知った皇帝も僧侶の態度を責めはしなかった、というエピソードは、慧遠の「沙門不敬王者論」の伝統が、金朝の時代まで、脈々とうけつがれていたことを示していると言えよう。(45) 宮中の内道場の僧たちが実際に拝を行なっていたか否かは、おのずから別の問題である。

要するに、玄宗の開元二（七一四）年閏二月に僧尼道士らの拝父母が命ぜられ、開元二十一（七三三）年十月には僧尼の拝君が強要されるとともに、兼ねて拝父母の再確認がなされたが、安史の乱の最中の粛宗上元二（七六一）年九月にいたって僧尼らの拝君は撤回されざるをえなかったのである。されば、唐一代を通じて出家は不拝君親の状態であったと述べられた道端良秀氏の見解に同意しえないのみならず、粛宗の上元二年九月における拝君の廃止は、安史の乱に功績のあった僧団への論功行賞であって特別なのであり、粛宗の時以外は玄宗の拝君の制を踏襲したとされる藤善眞澄氏の所説にも従いがたいことになる。ちなみに、藤善氏は『入唐求法巡礼行記』の記事には言及しておられない。

僧尼らの拝君は公式に撤回された。では開元二年閏二月に発せられた僧道拝父母の詔は如何なっていたのかという課題が残される。玄宗朝以後も、拝父母をやめる旨を含む詔勅類は伝えられていない。開元二十五年に編集された『唐律疏議』や宋初の『宋刑統』にも、僧道拝父母に関する条文は見えないが、南宋の慶元年間（一一九五―一二〇〇年）に制定施行された法律文を分類集成している『慶元条法事類』の巻五〇・道釈門に、道釈令の一条として、

およそ僧・道は緦麻以上の尊長の拝を受くるをえず。（諸僧道不得受緦麻以上尊長拝。）

という文がみえる。これは明らかに、唐の顕慶二（六五七）年二月に出された「僧尼不得受父母拝詔」で、僧尼は父母および尊者の礼拝を受くるをえず、と命じていた趣旨と同じであって、僧道に拝父母をもとめているわけではない。ところが、十四世紀後半、明初に制定公布された『明律』には、儀制令のなかに僧道拝父母の条があり、

およそ僧・尼・道士・女冠は、ならびに父母を拝し、祖先を祭祀せしむ。喪服の等第は、みな常人と同じ。違う者は杖一百、還俗せしむ。（凡僧尼道士女冠。並令拝父母。祭祀祖先。喪服等第。皆与常人同。違者杖一百還俗。）

と規定されている。『明律』には、薛允升『唐明律合編』をはじめ、多くの注釈が施され

ており、それらを参考にする限り、宋代においても僧尼が釈氏の遺式をなお守っていたことが了解される。ただ注目すべきは、『金史』巻九・章宗紀・明昌三（一一九二）年三月癸巳の条にみえる、僧尼・道士らが父母親属を拝さない実状の改革が論議された際、依拠すべきものとして礼官が引用した唐開元二年勅の節略文によると、道士・女冠・僧・尼らは「自今以後、並びに父母を拝するを聴す」となっていることである。『唐大詔令集』巻一一三などに所収の勅文にみえる「並令拝父母」の「令」の字が「聴」におきかえて伝承されたとすると、僧道の拝父母は、拝君の場合のような命令ではなく、してもよいという許容であるから、拝君の方が撤回されてしまうと、拝父母の方は話題にならなかったのかもしれない。いずれにせよ、一九二八年に発表された桑原隲蔵「支那の孝道殊に法律上より観たる支那の孝道」（『桑原隲蔵全集』第三巻、岩波書店、一九六八年）[46]六四頁に、さきの『明律』を掲げた上、

『清律』の条文も『明律』のそれと一字を違へぬ。かくて東晋以来、支那教界の大懸案となつた、沙門が君父に拝礼を行ふべきや否やの問題は、『明律』によつて最後の決断を与へられた。即ち支那の僧尼は、全然家族主義孝道主義の約束の下に立ち、この点では何等俗人と区別がなくなつた。

と述べられていたのが、大局的にみて妥当な見解といえるであろう。

五　「王法」と「仏法」を並列視する日本の中世

沙門をして王者に礼拝させ、「仏法」よりも「王法」の優位を認めさせようとする国家側からの試みは、東晋治下の二回、七世紀初頭の隋煬帝の治世、いずれも挫折に終らざるをえなかった。唐代になると、国家権力は君主に対する拝だけでなく、両親に対する拝をも求めるようになり、それに抵抗する仏教勢力は執拗ともいえるまでの不拝君親運動を展開した。この不拝運動の最昂揚期が、高宗の龍朔二（六六二）年であった。しかし、武韋時期に醸成された社会矛盾の緩和という政治目標をかかげて登場した玄宗は、綱紀の粛正をめざして仏教勢力にも強圧的な態度で臨み、その一環として、まず開元二（七一四）年閏二月に僧尼に拝父母を命じ、ついで同二十一（七三三）年十月に拝君をも強行したのであった。

この開元年間における拝君親の断行に際して、現存の史料によるかぎり何らの反対運動もおこされなかったらしいことは注目に値する。東晋の慧遠、隋煬帝期の彦琮と明贍、唐高宗朝の威秀・道宣といった正義派仏徒に比肩しうる僧界指導者の名を一人も挙げることができない。思うに、開元二年は、中国史上にしばしば訪れる、政治の嵐が吹き荒れた粛正の時期に当り、仏教教団からほんのちょっとした抗議行動をも起こせるような雰囲気ではなく、このときに拝父母という外堀を埋められてしまったから、開元二十一年に拝君を要求されあわせて拝親を確認されても、まったく手がでなかったのであろう。と同時に、龍朔二年夏における不拝君親運動の昂揚期の最中に、不拝君親を主張する論点がすべて出尽してしまい、国家からの攻勢に対して新たな主張の論拠を提出することができず、仏教教団側に一種の厭戦気分がただよってしまったのではなかろうか。そして、その厭戦気分を助長させたのが、玄宗による儒道仏の三教調和の試み、国分寺たる開元寺の設置に象徴される国家の微笑政策があった、とみることができよう。

安史の乱の終熄期、すなわち粛宗と代宗の治世が、仏事を行なうべく宮中に設けられた内道場の最盛期であって、不空（七〇五—七七四）が宮廷に未曾有の勢力を獲得していた。この密教を興隆したセイロン人の胡僧・不空の晩年、粛宗の上元二（七六一）年九月に、僧尼らが朝会で「臣」と称することも礼拝することも必要でない旨の勅が下り、代宗の大暦八（七七三）年十二月には、元日と冬至の朝賀の際に、僧尼らが陪位しない旨が発表された。[47] つまり、仏教教団側は、不空に代表されるような祈禱仏教が国家権力の中枢部と癒着した結果として、棚ぼたの恰好で、僧尼拝君の撤回を贏ち得たのである。そして、ひとたび僧尼拝君の撤回が決定されるや、以後、唐五代のみならず、宋金の時代までも公式には僧尼の不拝王者が貫かれるようになるわけである。

隋唐時代における礼敬問題の推移を、史料に即して跡づけんとした本章執筆の意図は、果たすことができた。その際、考察の対象を、「王法」「仏法」対立の焦点あるいは頂点ともいうべき僧尼拝君と、拝父母をめぐる動きの追跡に限定し、僧尼所隷や国分寺のもつ史的意味に触れることはしなかった。それのみか、僧尼拝君と密接不可分の僧尼の自称の変化についても敢えて言及を避けてきた。それは、僧尼拝君親に関する諸説が並存している研究史の実状に鑑みれば、根本史料である詔勅の吟味こそが、まず必須の手続きとして要請されると思惟したからである。換言すれば、本章は、唐玄宗朝において僧尼拝君親が断行され、安史の乱の終末期に拝君の撤回がなされた次第を、法制史的、ないしは制度史的に跡づけんとした小論なのである。したがって、法制史研究、制度史研究につきまといがちな陥穽、名と実、建前と現実が乖離しているのに一致しているとみなしてはいないか、の検証が今後の課題として残されたことになろう。同じく僧尼不拝王者が法制上は認められていたと言っても、東晋の慧遠の時代では名実が一致していたであろうが、唐後半期以後の仏教教団全体が国家仏教の色合を濃くしていた時代にあっては、なし崩しの形で、上奏文などに「臣」と称する僧侶が現れて、名実が乖離していく傾向の生じたであろうことは否定しがたい。しかし、たとえ現実はそうであったとしても、本章では、「称臣」が法制として強制されていたのは、やはり、開元二十一（七三三）年から上元二（七六一）年までの三十年足らずの期間にすぎなかったという建前は、確認しておきたいのである。ちなみに、正しい戒律を伝えてくれる師を招請する使命を帯びて日本から渡唐した栄叡・普照の二人が遣唐使に随って洛陽に達したのは翌二十二年四月、鑑真が伝戒のため渡日を承諾したのが天宝元年、五回の失敗を重ねたのち、盲目の身で渡日に成功したのは天宝十二載の歳末のことであった。つまり、鑑真が[48]、正しい戒律を東土の日本に伝えんと、筆舌しがたい苦労をつづけていた足かけ十二年間は、唐土において僧尼拝君親が強行されていた期間にすっぽりと含まれていたのである。

ところで、日本における仏教の受容過程では、不拝君親論は問題にならなかった、という[49]、そして、日本では、十一世紀以後、「王法」と「仏法」という言葉を並列して、政治権力と南都・北嶺などの寺社勢力との相互関係を論ずるようになり、十二世紀になると「王法」と「仏法」は互いに依存しあい、補強しあい、運命をともにすべきものである、と一般に認識されていた、という[50]。日本中世でみられたのと類似の現象を、中国史上に求めることは困難である。仏教受容過程における、中国と日本の対応の違いは、両国における外国文化受容史の考察に当たっても示唆を与えるものがあろう。

注

（1） 板野氏は、まず礼敬問題を考察し、ついで礼敬問題と不可分の関係にあるものとして、いわゆる仏徒の検籍問題と沙汰問題を取上げ、これらはいずれも王権の下に仏教を置かんとするものであって、礼敬問題は特に思想方面を分担するものであった、と論じている。なお、鈴木啓造「東晋王朝と僧侶の不拝王者論争」（『立正史学』二一・二二合併号、一九五八年）参照。

（2） 『魏書』巻一一四・釈老志「初法果毎言。太祖明叡好道。即是当今如来。沙門宜応尽礼。遂常致拝。謂人曰。能鴻道者人主也。我非拝天子。乃是礼仏耳」。なお、塚本善隆「北魏建国時代の仏教政策と河北の仏教」の〝二 太祖の建国と仏教――趙郡法果の活動と国家的仏教の基調〟（『塚本善隆著作集』第二巻、大東出版社、一九七四年）参照。

（3） ただし、桓玄と慧遠との応酬の書簡の一部と慧遠の「沙門不敬王者論」五篇については、『慧遠研究　遺文篇』（創文社、一九六〇年）に訳注されていたので、省略している。

（4） 板野長八「東晋における仏徒の礼敬問題」六九―七〇頁。

（5） 鎌田茂雄氏は、かつて「中唐の仏教の変動と国家権力」（『東洋文化研究所紀要』二五、一九六一年）の〝二 仏教教団と国家権力〟（のち『中国華厳思想史の研究』第一部第三章第二節に再録）において、仏教教団が国家権力に従属する過程を、⑴沙門不敬王者の問題、⑵僧尼所隷の問題、⑶国分寺設立の問題、という三つの視点から考察された。その際、⑴の考察の結論の部分で、

初唐に一時再燃した不拝君親論は、その後、永久に影をひそめたのであるが、この事実は、

仏教教団が中国古代国家の強大な権力に従属した事実を示すものである。一方仏教側から見れば、仏教はかえつて国家権力を利用することによつて、教団的基礎を確立し、勢力を伸長したともいえよう。(二〇七頁)

と述べておられる。

(6) 顕慶二年二月の詔の出典を『唐会要』巻五十とされるのは、巻四十七の写し間違い、龍朔二年四月の記事の出典を『広弘明集』巻十五とされるのは、巻二十五の間違い、いずれも高雄論文は誤っていない。

(7) 本文で引用した鎌田氏の文章末の「云云」の部分には、

帝王に対する沙門の称呼も唐初までは「貧道某」「沙門某」といわれたが、粛宗の上元元年(七六〇)三月八日、六祖慧能の弟子令韜の上表に初めて「臣」と記してから、これが一般の慣例となり、宋代では沙門の上表文に「臣頓首」等と書かれるに至った。

とあり、高雄論文を踏まえたこの部分の論旨が、(史実は別として)〝唐代仏教の国家的性格〟を説明しておられる点は肯ける。なお、横超慧日「中国仏教に於ける国家意識」(『中国仏教の研究』法藏館、一九五八年)は、王法と仏法などを考察された有益な論文であるが、残念ながら、唐代以後は説き及んでおられない。

(8) 道端良秀「唐代の僧尼不拝親論」五五—五八頁、同『唐代仏教史の研究』三三六—三四〇頁。

(9) 小野勝年『入唐求法巡礼行記の研究』第二巻、二七一—二七二頁。ただし、小野氏が、

『全唐文』所収の詔に「臣子之礼」とあるのは誤りで、『唐大詔令集』所収の勅に「君子之礼」とある方がよく、士人の礼の意味だ、とされた点は首肯しがたい。

(10) 藤善眞澄「唐中期仏教史序説」二八―二九頁。ただし、藤善氏は、『冊府元亀』巻六三・発号令の項にも同一記事がみえている、と述べておられるが、何かの思い違いであろう。

(11) 藤善氏は、その後、「隋唐仏教への視角」(『中国中世史研究』東海大学出版会、一九七〇年)を発表された際、その〝二 国家権力への隷属説批判〟で、

私はさきに礼敬問題をとりあげて、唐の玄宗朝に「沙門はまさに君と親を拝すべし」との儀が成立したと論証したが、この原理をめぐる争いが僧制ともども成立したからという一事をもって、僧団が皇帝権に屈伏したとみなすべきであるとは思わない。云云。(三一四頁)

と述べられて、留保を附しておられる。

(12) 山崎宏「隋の高祖文帝の仏教治国策」(『支那中世仏教の展開』清水書店、一九四二年)、塚本善隆「隋仏教史序説――隋文帝誕生説話の仏教化と宣布」(『塚本善隆著作集』第三巻、大東出版社、一九七五年)、藤善眞澄「北斉系官僚の一動向――隋文帝の誕生説話をてがかりに」(『鷹陵史学』三・四合併、一九七七年)参照。

(13) 『仁王般若経』は、梁・僧祐撰の『出三蔵記集』巻四では「新集続撰失訳雑経録」のなかに著録され、鳩摩羅什訳とはしていないし、同巻八の梁武帝の「註解大品序」に「唯仁王般若具書名部。世既以為偽経。今則置而不論」とあり、梁代では偽経として扱われていたことが分

る。なお、牧田諦亮『疑経研究』（京都大学人文科学研究所、一九七六年）の「第一章　中国仏教における疑経の研究」参照。

（14）布目潮渢「隋開皇律と仏教」（『橋本博士退官記念仏教研究論集』清文堂、一九七五年）では、唐開元律の「盗毀天尊仏像」の条文、つまり廃仏禁止の律は隋の開皇律に始まる、とされている。

（15）『広弘明集』巻二五（『大正蔵経』五二巻、二八〇頁下）「隋煬帝。大業三年新下律令格式。令云。諸僧道士等。有所啓請者。並先須致敬。然後陳理。雖有此令。僧竟不行。時沙門釈彦琮不忍其事。乃著福田論以抗之」。

（16）『集沙門不応拝俗等事』巻二（『大正蔵経』五二巻、四五二頁中）「隋煬帝。大業中改革前政。令沙門拝帝及諸官長等。懸之雑令」。

（17）楠山春樹『老子伝説の研究』（創文社、一九七九年）一七九頁参照。

（18）吉川忠夫「中国における排仏論の形成」（『六朝精神史研究』同朋舎出版、一九八四年）の〝三　道宣と傅奕〟を参照。

（19）『資治通鑑』巻一九一・武徳九年四月の条「辛巳。下詔。命有司沙汰天下僧尼道士女冠。……」、同年六月庚申の条「是日。下詔。赦天下。……其僧尼道士女冠。並宜依旧。国家庶事。皆取秦王処分」。

（20）『唐大詔令集』巻一一三・政事・道釈・僧尼不得受父母拝詔「……自今以後。僧尼不得受父母及尊者礼拝。所司明為法制。即宜禁断」。なお、『唐会要』巻四七・議釈教上にも「顕慶二年詔曰」として、同文がみえる。

(21) 『広弘明集』巻二五(『大正蔵経』五二巻、二八四頁上)と『集沙門不応拝俗等事』巻三(同、四五五頁上)に、「今上制沙門等致拝君親勅一首」と題して、勅の全文を収めている。

(22) 四月十五日のちょうど一カ月後の五月十五日に「大集文武官僚九品以上。幷州県官等千有余人。総坐中台都堂。将議其事」といった会議が開かれたのは、儀制令に「諸在京文武官職事九品以上。朔望日朝」(仁井田陞『唐令拾遺』四七三頁)とあるように、毎月一日と十五日が定例の朝参日であったからであろう。

(23) 僧尼の拝君親を討議するべく開催された、この時の中台都堂会議に関する仏教側の記録は、唐代における朝議の実態を彷彿とさせる貴重な史料であるにとどまらず、唐代における三省六部の機能を考察する上でも、見逃しえない事実を提供してくれる。この会議に出席し、のちに意見を提出した官僚たちの所属する部局は、旧来の官名で記すと、尚書省の六部・九寺・五監・十六衛・内侍省・東宮・王府のほか、州県として雍州と長安・万年両県であって、中書省と門下省に所属する者は一人も参加していない。より詳しくは、拙稿「唐の三省六部」(『唐代政治社会史研究』第Ⅱ部第三章、二一三頁。のち中公文庫『唐の行政機構と官僚』一九九八年に再録)を参照せられたい。

(24) 谷川道雄「武后朝末年より玄宗朝初年にいたる政争について」(『東洋史研究』一四―四、一九五六年)、および拙稿「唐中期の政治と社会」(『唐代政治社会史研究』第Ⅲ部附章)参照。

(25) 塚本善隆『唐中期の浄土教』(『塚本善隆著作集』第四巻、大東出版社、一九七六年)の

「二　代宗・徳宗時代の長安仏教」とくに註（6）玄宗の対仏教政策、を参照。

(26)『旧唐書』巻八・玄宗紀・開元二年正月の条「丙寅。紫微令姚崇上言請検責天下僧尼。以偽濫還俗者二万余人」、同巻九六・姚崇伝「上納其言。令有司隠括僧徒。以偽濫還俗者万二千余人」、『資治通鑑』巻二一一・開元二年正月の条「丙寅。命有司沙汰天下僧尼。以偽妄還俗者万二千余人」、同二月の条「丁未。勅。自今所在毋得創建仏寺。旧寺頽壊応葺者。詣有司陳牒検視。然後聴之」。

(27)『唐大詔令集』では開元二年閏二月三日の勅とするが、『唐会要』巻四七では閏二月十三日、『冊府元亀』巻六〇では閏二月癸亥すなわち五日のこととしている。なお、『全唐文』では知制誥の職掌柄この勅の起草にあたった蘇頲の文章として巻二五四に収録されている。

(28)『全唐文』巻二一に「禁百官与僧道往還制」と題して収める制は、『冊府元亀』巻一五九に七月戊申つまり二十三日にだされたとする制を史料源にする。『唐会要』巻四七には七月十三日の勅としている。

(29)『全唐文』巻二六に「禁坊市鋳仏写経詔」と題して収める詔は、『冊府元亀』巻一五九に七月壬子つまり二十七日にだされたとする詔を史料源にする。『唐会要』巻四九には二十九日の勅とし、『唐大詔令集』巻一一三では「断書経及鋳仏像勅」と題し七月にだされたとしている。ちなみに、『資治通鑑』巻二一一・開元二年七月の条に「戊申。禁百官家毋得与僧尼道士往還。壬子。禁人間鋳仏写経」とあって、日付はともに『冊府元亀』のに合致している。

(30)『旧唐書』巻九六・姚崇伝。なお、塚本善隆『唐中期の浄土教』の「二　代宗・徳宗時代の長安仏教」参照。

(31) 道端良秀「唐朝に於ける道教対策——特に官道観設置と道挙に就いて」(『支那仏教史学』四—二、一九四〇年)、藤善眞澄「官吏登用における道挙とその意義」(『史林』五一—六、一九六八年)参照。なお藤善氏が指摘するように、『御注道徳経』が完成したのは開元二十年十二月で、同二十三年三月に公卿士庶および道釈二門に頒示された。

(32) 道端良秀『唐代仏教史の研究』三三九—三四〇頁、同『仏教と儒教倫理』一九三—一九四頁。小野勝年『入唐求法巡礼行記の研究』第二巻、二七一—二七二頁。藤善眞澄「唐中期仏教史序説」二八—二九頁。

(33) 楠山氏は、河上公が漢文帝の切なる願いに応えて『老子』の注解を授けたという河上公説話の内容に、中国仏教史上に有名な不敬王者の論の影響があることに着目し、唐の高宗朝龍朔二年に拝礼問題をめぐって提出された有司の議状のなかの六首に河上公の故事が引用されていることを指摘している。

(34) 全漢昇『唐宋帝国与運河』(商務印書館、一九四六年)二三頁、安藤更生『鑒真大和上伝之研究』(平凡社、一九六〇年)七五頁参照。

(35) 『曲江張先生文集』巻一五・賀御注金剛経状幷御批「右内侍尹鳳祥宣勅。垂示臣等御注金剛経。……三教並列。万姓知帰。臣等忝奉天文。不勝荷戴。無任慶躍之至。(御批)……朕位在国王。遠有伝法。章依群請。以道元元。与夫孝経道経。三教無闕」。

(36) 武内義雄「訪古碑記」(『武内義雄全集』第一〇巻、角川書店、一九七九年)一八五頁以下参照。

(37) 中国仏教協会編の拓本図録集『房山雲居寺石経』(文物出版社、一九七八年)の解説でも、『御注金剛経』の注末題記(一四頁)と自序(一八頁)の移録がなされているが、拓本写真の紹介はなされていない。呉夢麟「房山石経本《唐玄宗注金剛経》録文——附整理後記」(『世界宗教研究』一九八二年二期)が発表されて、全文が移録された。ただし、拓本写真は、刻石第一石面の上半部と、第四石背の下半部のみが掲載されている。

(38) 大谷光照『唐代の仏教儀礼』(有光社、一九三七年)三〇頁以下、宮崎市定「元日と誕生日」(『東風西雅』岩波書店、一九七八年)参照。

(39) 滋野井恬「唐朝の宗教政策」(『唐代仏教史論』平楽寺書店、一九七三年)参照。

(40) 拙稿「三司使の成立について」(『唐代政治社会史研究』第I部第一章)一九頁。

(41) 『通典』には、粛宗の上元二年九月の勅につづけて代宗の大暦八(七七三)年十二月にだされた「元日冬至朝賀。其僧尼道士女冠。並不陪位」という制を載せており、『大宋僧史略』巻下・対王者称謂の条の末(『大正蔵経』五四巻、二五二頁上)では、

至上元元年九月八日。勅。今後僧尼朝会。並不須称臣及礼拝。斯乃因開元中令僧道拝。時皆称臣。至是方免也。大暦八年。又放元日冬至朝賀陪位。蓋以代宗之世君臣表裏。皆重空門。此亦久汚則隆。既否終泰也。

と述べている。なお、上元年間の勅は、『仏祖統紀』巻四〇(『大正蔵経』四九巻、三七六頁中)でも上元元年の条のつづきに見え(二年の条はない)、志磐の意見が添えられている。

(42)『咸淳臨安志』巻七五・寺観一「今浮屠・老氏之宮偏天下。而在銭唐為尤衆。二氏之教莫盛於銭唐。而学浮屠者為尤衆。合京城内外。曁諸邑寺。以百計者九。而羽土之廬。不能什一。……而道家篤於君臣之義。厳尊卑等上下。則為浮屠学者不及焉」。

(43)『夢粱録』巻一五・城内外諸宮観「釈老之教偏天下。而杭郡為甚。然二教之中。莫盛于釈。故老氏之廬。十不及一。但老氏之教。有君臣之分。尊厳難犯。報応甚捷。故奉老氏者。倍加恭敬。不敢褻瀆。此釈氏之所不如也」。

(44)『湛然居士文集』巻一三・釈氏新聞序「翌日。章廟入山行香。屢垂顧問。仍御書詩一章遺之。師亦泊如也。車駕還宮。遣使賜銭二百万。使者伝勅。命師跪聴。師曰。出家児安有此例。使者怒曰。若然則予当廻車。師曰。伝旨則安敢不聴。不伝則亦由使者意。竟焚香立聴詔旨。章廟知之。責其使曰。朕施財祈福耳。安用野人閑礼耶。上下悚然。服吾師不屈王公之前矣」。

(45)成尋の入宋旅行記『参天台五台山記』第四、神宗の熙寧五(一〇七二)年十月二十二日の条に、成尋一行が宮中で神宗に謁見した際の模様を「次通事出進敬屈。呼聖躬万宝。次諸僧低頭。呼万歳万々歳」と記録し、同第七、熙寧六年三月二日の条に、後苑での祈雨道場の様子を「最初駕来時。諸僧出橋南。並立呼聖躬万宝万歳々々万々歳。即御輦前還入堂畢」と記録している。なお、道端良秀氏は『仏教と儒教倫理』二一二頁以下において、宋代以後の礼敬問題を論じ、道誠の『釈氏要覧』、志磐の『仏祖統紀』、賛寧の『大宋僧史略』の記述からみて、宋代ではなおも仏教側は慧遠の「沙門不敬王者論」の支持者であったが、元代では『百丈清規』の目次からも、寺院における法会は聖寿万歳を祈願するのが第一であって、僧は天下の臣となり、出家不拝は問題とならなかったようである、と述べられている。しかし、その元代にあっても、『元史』巻二〇二・釈老伝に、ラマ教の帝師についてではあるが、「雖帝后妃主。皆因受戒。而為之膜拝」と伝えられるような事態がつづいていたことは、確認しておくべきであろう。

(46) この論文は、『中国の孝道』と題し、宮崎市定氏の解説つきで、講談社学術文庫(一九七七年)に収められている。

(47) 山崎宏「不空三蔵」(『隋唐仏教史の研究』法藏館、一九六七年)参照。山崎氏は、不空が安禄山の乱の直前に西北の軍閥、哥舒翰の絶対的帰心をうけていたことにも注目している。

(48) 安藤更生『鑒真大和上伝之研究』(平凡社、一九六〇年)参照。

(49) 薗田香融「国家仏教と社会生活」(『岩波講座日本歴史』4、岩波書店、一九七六年)三五六―三五七頁参照。

(50) 黒田俊雄『日本中世の国家と宗教』(岩波書店、一九七五年)のⅪの二「王法と仏法――権門体制の宗教的特質」および同『寺社勢力――もう一つの中世社会』(岩波新書、岩波書店、一九八〇年)Ⅱの「2 王法・仏法と本地・垂迹と」参照。法然の専修念仏宗を弾劾した貞慶起草の『興福寺奏状』(一二〇五年)の第九、国土を乱る失、では、本来、「仏法・王法、なお身・心のごとき」ものであり、「仏法と王道と、永く乾・坤に均しからんことを願う」故に、その相資相依の関係を許容しようとしない専修念仏は糺改すべきだと主張している。

Ⅲ

嵩岳少林寺碑考

はじめに

禅宗ダルマの面壁九年、慧可断臂の伝承地として、また少林寺拳法の発祥地として史上に名高い中岳嵩山の少林寺は、隋唐の東都洛陽城の東南およそ七〇キロメートル、現今の河南省登封県城の西一三キロメートルの少室山北麓、五乳峰下に位置する。この少林寺には数多くの石碑や墓塔が残されているが[1]、それら石刻類の中において、単に一少林寺史の闡明という観点からのみでなく、隋唐の仏教史ひいては政治社会史の研究にとって、きわめて重要な史料を提供してくれるのは、唐代の開元十六（七二八）年七月十五日に建立された裴漼撰書の「皇唐嵩岳少林寺碑」である。

この碑は、少林寺の境内、もとは鐘楼の前に建てられ、常盤大定・関野貞共著『支那文

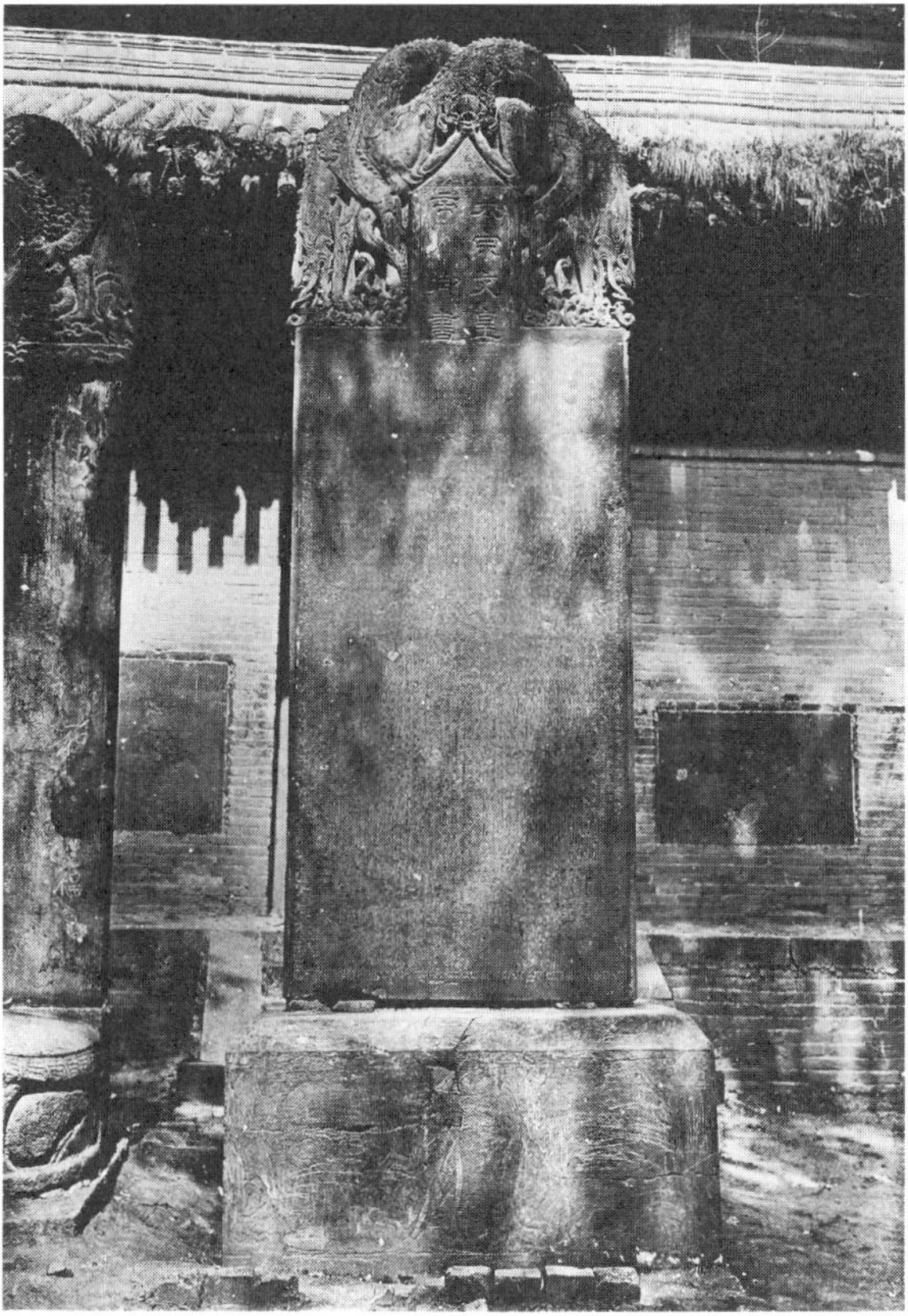

図 1　少林寺碑（『支那文化史蹟』二より）

図２　少林寺碑両側の文様（『支那文化史蹟』二より）

化史蹟』二（法藏館、一九三九年）図版第七十九（本書の元版ともいうべき『支那仏教史蹟』仏教史蹟研究会、一九二五年、では二の図版第一一九）によった図1からもわかるように、方趺上にあり、「螭首極めて雄麗、唐碑中の白眉である」と関野によって評されていた。(2) 碑そのものの高さ約一三尺、広さ四尺五寸、厚さ一尺二寸六分であり、趺は高さ二尺六寸五分、広さ四尺二寸九分、長さ五尺七寸五分であった。しかし、民国十七（一九二八）年三月の軍閥石友三の軍による焼き打ちによって少林寺が灰燼に帰したとき、鐘楼ともども崩壊してしまい、その後に復旧され、ブロック造りの碑楼に明の「小山禅師行実碑」と並べて嵌め込まれた際には、方趺の姿は消えてしまい、やはり関野によって「妍麗雄美、唐碑中之に比すべき者を見ぬ」と評された碑の両側に所刻の瑞鳥神将の見事な文様（図2）ともども、残念ながら鑑賞することはできなくなっている。(3)

「嵩岳少林寺碑」は、『支那文化史蹟』二の図版第八十（『支那仏教史蹟』二の図版第一二〇）の拓本写真によった次頁の図3からもおおよその見当がつくように、碑陽・碑陰の両面とも、上下二截に分けて刻され、両面ともに圭額内に唐の玄宗の親筆にかかる「太宗文皇帝　御書」の七字が八分書つまり隷書にて刻されており、(4) 碑文そのものは、いずれも正書つまり楷書にて刻されている。碑陽の上截には、のちの唐の太宗李世民が秦王であった武徳四（六二一）年四月に、王世充の軍勢平定に協力した少林寺の僧衆たちを嘉賞して、

図 3　少林寺碑拓本　碑陽（左）　碑陰（右）（『支那文化史蹟』二より）

太宗の親署

少林寺に与えた教書が刻されていて、そのなかのひときわ大きい行書の「世民」の二字は、太宗の親署である。碑陽の下截は、この碑の本体に当たる部分で、文と書はともに裴漼の手になり、北魏の孝文帝によって開創されて以来の寺史と、唐の歴代皇帝による保護崇敬について述べられている。一方、碑陰の上截には、武徳八年二月に少林寺に対して田地四十頃と碾磑一具を賜与した時の教書とそれに関連した公文書が刻され、文末には、開元十一（七二三）年十一月に、その事実を再確認して、武徳四年の教書と玄宗親筆の「太宗文皇帝御書」なる七字を書いた碑額を入内していた僧一行を通じて少林寺に与えた牒文が見える。碑陰の下截には、貞観六（六三二）年六月に、この寺田について問題が起こった際、少林寺からの請願によってその所有を承認した長文の文書と、同じく開元十一年十二月にそれを再確認した牒文とを刻した後に、武徳四年に王世充軍の平定に功績のあった十三人の僧名が列挙されている。この題名の下の余白部に、大字の行書で刻された七言絶句が見えるが、言うまでもなく、後世の落書である。

この碑は、碑陰に太宗李世民が秦王時代に発した教書が刻され、内容が皇室による寺院への施入文書であったために、仏教史家のみならず、法制史家や社会経済史家によっても注目されてきた。そこで、拓本にもとづく碑陽と碑陰両面の移録と内容の検討に先立ち、この碑に対してなされてきた従来の研究史を略述しておきたい。

一　少林寺碑研究小史

十九世紀初頭の時点において収集しえた限りの唐代の石碑類を集録し研究した著作として知られる王昶撰の『金石萃編』は、内容の年代順に配列して集録する編集方針を貫いている。その結果として、碑陽と碑陰とがおのおの上下二截に分段され、それぞれが年月日を異にするこの少林寺碑は、四つに分割され、つぎのような標題を与えられた上で、それぞれの年月日に適当する巻に収採されているのである。

碑陽の上截	巻四一	秦王告少林寺主教	武徳四年四月三十日
碑陰の上截	巻七四	少林寺柏谷塢荘碑	開元十一年十一月四日
碑陰の下截	巻七四	少林寺賜田勅	開元十一年十二月二十一日
碑陽の下截	巻七七	少林寺碑	開元十六年七月十五日

ここで留意すべきは、碑陰下截の後半に刻された十三人の立功僧名の題名部分が、『金石萃編』の本文には全く収録されていないことである。つまり、全碑の拓本ないしは拓本の写真が提供されない場合には、『金石萃編』の記事にもとづいて、碑陽と碑陰の全体像を復元することは困難である、ということになろう。

ところで、『金石萃編』巻七七「少林寺碑」の条には、王昶自身の按語は全く附せられていないが、巻七四の「少林寺柏谷塢荘碑」につづく「少林寺賜田勅」の条の按語において、まず「其の牒を請い石に刊せるの由、碑復た詳記せず。則ち寺僧の庸たる知るべし」と断じ、ついでさらに疑問点があるとして、貞観六（六三二）年は武徳四（六二一）年からわずかに十一年しか距《へだ》たっていないのに、貞観六年の牒のなかで、当時なにゆえに早く陳論しなかったのか、と詰問していることと、貞観六年に発給された牒を石に刻するように請うたのが九十二年も後の開元十一（七二三）年であることを指摘した上で、王昶は「これ皆な明らかにする能わざる者、姑く存して論ぜずと云う」の言葉で結んでいる。(5) つまり王昶は、碑陰をも含めた少林寺碑建碑の意図を説明しえなかったのである。

一九二〇年代の十年間に前後五回にわたる中国仏教史蹟踏査行を敢行し、その一つとして一九二一年十一月に嵩岳少林寺を実地調査した仏教史家の常盤大定(6)は、その学術成果報告書たる前掲の関野・常盤共著『支那文化史蹟』二の「解説」五六—五九頁で、この少林寺碑について、碑に刻されている寺史は仏教史実を闡明する所すこぶる多い、と特筆された上で、碑文の内容を手際よく説明している。ただし、その際に「而して此の御書碑の建てられた理由は、実に柏谷塢の荘の勅賜ありしを表彰せんが為である」と述べた点について言えば、これではなにゆえに開元年間に至って初めて刻石されたのかの理由説明にはならず、王昶の疑問に答えたことにならないであろう。
同じことは、この碑の拓本写真と本文の移録および解説を網羅した労作たる鷲尾順敬監修『菩提達磨嵩山史蹟大観』（菩提達磨嵩山史蹟大観刊行会、一九三二年）の二四頁に、「玄宗の時に至り、寺僧志操等が王世充の乱を平定した勲功により、太宗より地四十頃を賜りたるを表彰せんとし、開元十一年十一月四日、太宗の教書と玄宗宸筆の碑額とを一行禅師に付して少林寺に賜り、十六年七月十五日此碑が建立せられたのである」と解説されているのに対しても、言えるであろう。
ところで、禅宗史家の柳田聖山は、『ダルマ』（人類の知的遺産16、講談社、一九八一年）Ⅳの「1　碑文の時代」の条で、この碑建立の意義と理由について、つぎのようなユニークな見解を提示された。すなわち、まず「嵩山には、碑文が多い。道教関係のものが、先駆をなす。碑文そのものに、霊的神性を認めてのことらしい」と書き出された上で、
隋が南北を統一し、唐がこれをうけて、三百年の泰平の基礎をすえるころ、嵩山少林寺はダルマを開山とする禅の本山となる。当時、秦王とよばれた唐の太宗が、賊軍に追われてこの山に逃げこんだとき、僧兵たちが秦王を助けて戦った話は、この寺と唐室の関係を、あらためて不動のものとする。秦王は、広汎な田畑を供養として寄進している。拳と棒が、ダルマの禅にむすばれるのは、当然だろう。

開元十六年（七二八年）、勅によって裴漼がつづる「皇唐嵩岳少林寺碑」は、この寺のそんな歴史を高らかに歌いあげる。碑石の上半は、太宗の田畑安堵の御書である。古代以来の封禅の伝統は、この碑文に集大成される。（三一七頁）

と書き記された。そして神秀とその弟子たちが禅師号を与えられ、彼らの碑が続々と嵩洛の地に建てられることに注意を喚起された上で、

先にいう、開元十六年に立てられた「皇唐嵩岳少林寺碑」は、神秀の弟子普寂（六五一—七三九）につぐ、一行禅師（六八三—七二七）の入内を記念するものである。（三二〇頁）

と述べられたのである。「古代以来の封禅の伝統は、この碑文に集大成される」という文学的な表現の真意が奈辺にあるかを臆測することは差し控えるとして、少林寺碑の建碑の理由を「一行禅師の入内を記念するものである」と論ぜられた点は、王昶による問題提起に直接かかわるので、第六節であらためて触れることにしたい。

この碑には、少林寺に対して、隋代に国家より屯地一百頃を勅賜せられ、唐初には同じく国家より四十頃の田地と碾磑一具を賜与せられた記事が含まれ、しかも後者にかかわる一連の文書が刻されていたために、寺領荘園の形成過程を跡づけんとした社会経済史家や、法律文書の様式の復元を図らんとした法制史家によっても、つとに関心を抱かれてきた。

とりわけ一九三七年には、日中両国で、この碑文に注視した著書が時を同じくして刊行された。仁井田陞の『唐宋法律文書の研究』(東方文化学院東京研究所)と鞠清遠主編の『中国経済史料叢編　唐代篇之三　寺院経済』(国立北京大学出版組)の両著である。

仁井田は、『唐宋法律文書の研究』第二編の「第三章　施入文書」で、碑文のなかに見えている寺院への土地施入文書を中心に論述された際、「第二款　土地施入文書の形式及び内容」の冒頭で、

唐宋時代に於ける皇帝又は皇族の土地賜与、即ち施入文書として著名なのは嵩山少林寺碑中に存する唐の秦王(後の太宗)賜少林寺柏谷塢荘の教書であらう。これは唐武徳八年二月のものであるが、教書としても貴重史料なるが故に、開元十一年少林寺賜田勅等と共に、第三編の教の章に於いて、その全文を掲げること丶した。その教書の要項乃至内容は、嵩山少林寺の僧衆の国初に於ける勲功によつて、一山の僧衆供養の為、寺院常住の産として、(一)嵩山少林寺に対し、(二)田四十頃、並に碾磑一ヶ所を、(三)武徳八年(625 A.D.)に、(四)秦王から、賜与することとせる旨を表したものである。即ちこれには、賜与者、賜与を受くる者、賜与の目的物、賜与の年月日が表されてゐる。教書の形式内容について詳しくは、第三編の教の章を参照せられたい。(二一〇・二一一頁)

と書き出され、第三編の「第四章　教附牒」では、この秦王教書は教としての形式内容の整った珍しいものだとして、前述の常盤・関野両氏の『支那仏教史蹟』（当時は『支那文化史蹟』は未刊であった）所収の碑文拓本によって、武徳八年二月の秦王教書とそれに連写された牒二通の全文を移録され、「これは金石萃編等にも収録され、それらも参考したが、誤があるので、直接拓本の写真を基準とした」と特記した上で、入念な解説を施したのである（八三〇―八三八頁）。仁井田は、あくまでも、唐宋時代における法律文書研究の一環として碑陰の上截に所刻の文書類を取上げ吟味されたのであるから、碑そのものの建碑の縁起などに説き及ばなかったのは、むしろ当然のことであった。

鞠清遠は、『中国経済』第二巻第九期（一九三四年九月）に何茲全の「中古時代之中国仏教寺院」と並べて発表した「唐宋元寺領荘園研究」において、寺領荘園には四つの来源があるとし、その第一の皇室からの宣賜を来源とする例を、『金石萃編』巻七四の「少林寺柏谷塢荘碑」と同巻七七の「皇唐嵩岳少林寺碑」からの引用によって説き始めていたが、みずからの主編にかかる類別史料集、唐代の『寺院経済』においても、「二四　嵩岳少林寺荘」（五六―六二頁）の項を設けて、関連史料を抄録している。残念ながら、本文の移録に関しては、誤字や脱文もかなりあり、慎重な取り扱いを求められるのであるが、本書の巻首に、北京大学研究院蔵芸風堂搨片と注記する少林寺碑の部分拓本が三枚、折り畳んだ体裁で挿入されたことは、特筆しておくべきであろう。碑陽の下截の部分が「図版三　皇唐嵩岳少林寺碑」、碑陰の下截の部分が「図版四　少林寺碑碑陰」、碑陰の上截の部分が「図版五　少林寺碑額陰」とそれぞれ題されている。ただし、かつて別の機会に述べておいたように[7]、本書は世上にほとんど流布しなかったらしく、しかも本書の復刊と称する陶希聖主編『唐代寺院経済』（食貨史学叢書、台北、食貨出版社、一九七四年）は不完全本で、これらの拓本写真は収められていないのである。

一九四七年には、西嶋定生が、唐末における二年三毛作の成立を推定せんとして「碾磑の彼方」（『歴史学研究』一二五、のち『中国経済史研究』東京大学出版会、一九六六年に再録）を発表した際、諸種の史料に散見する「碾」「磑」「碾磑」などの用例は厳密に区別して使用されてはいないことを、唐の太宗が少林寺に施入した同一の物件が、この少林寺碑に「水磑壱具」「水碾壱具」「水碾磑壱具」と刻されているのを例証として挙げられ、一九五六年には、デニス・トゥィチェットが唐代の寺領荘園に関する論文を執筆した際、前述の仁井田陞著『唐宋法律文書の研究』に依拠して、武徳八年二月の秦王教書とそれに関連する牒文を英訳された（Denis Twitchett, "Monastic Estates in T'ang China", *Asia Major*, n. s. 5-2, 1956.）。しかし、それ以後、この少林寺碑に関する言及はほとんどみられなかったのであるが、唐代の中国社会を対象とする研究状況全般が一九八〇年前後に一変し活発になっ

(8)たのと軌を同じくして、少林寺に関する史料集や小冊子、少林寺碑などの石刻史料に関する紹介と研究が、中国において相継いで出現することになる。すなわち一九五九年に完成していた『登封県志簡編』（登封県革命委員会文化局編印、一九七九年十月）が二十年ぶりに陽の目をみたのを嚆矢に、河南省開封地区文物管理委員会・河南省登封県文物管理所・中国仏教協会編『少林寺日本両禅師撰書三碑』（文物出版社、一九八一年）、王鴻鈞捜集整理『少林寺民間故事』（河南民間故事叢書之三、河南人民出版社、一九八一年）、無谷・劉志学編『少林寺資料集』（文献百科叢書、書目文献出版社、一九八二年）、無谷・姚遠編『少林寺資料集続編』（同、一九八四年）、河南省登封県文保所編『少林寺』（中国文物小叢書、文物出版社、一九八二年）、趙宝俊『少林寺』（上海人民出版社、一九八二年）、蘇思義・劉笠青・楊暁捷編『少林寺石刻芸術』（文物出版社、一九八五年）といった単行本のほか、河南省の文物に関する学術誌『中原文物』（中原文物編集部）に、王雪宝「少林寺新発現的幾件石刻」（一九八一年二期）、張家泰「少林寺考」（一九八一年特刊）、崔耕「唐《秦王告少林寺教碑》考」（一九八三年三期）、楊煥成・湯文興「我国最大的〝古塔博物館〟――少林寺塔林」（一九八六年二期）といった論考が発表されてきたのである。

　裴漼撰書の嵩岳少林寺碑については、仏教と国家との関係を論じる際の重要史料であるとの認識のもと、私もかねてより深い関心を抱き、講義や公開講演の席で時に題目に取上

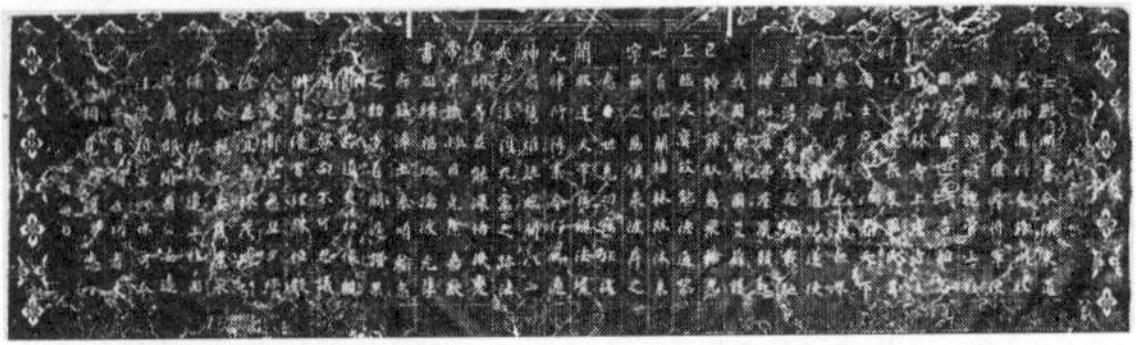

図4　少林寺碑碑陽の上截拓本（京都大学人文科学研究所蔵）

げてきていながら、なお一抹の疑念を拭いきれなかったのであるが、これら最近の論著を参考にすることによって、漸く機が熟し、建碑の縁起を納得づくで説明しうるようになった。そこで、次節以下に、『金石萃編』所収の年代順に従い、碑陽上截、碑陰、碑陽下截の順序で、所刻碑文を移録しつつ、簡単な解説を加えることにしよう。

二　秦王告少林寺主教

内容の年月日順に収録された王昶撰『金石萃編』全百六十巻のうち、唐代の碑刻類は、巻四一から巻一一八に至る七十八巻分で、全体のほぼ半分を占めているが、少林寺碑の碑陽の上截に刻された文章は、「秦王告少林寺主教」と題され、巻四一の巻頭に収められているわけである。つまり、唐代に属する碑刻類のうち、最も年紀が古いというわけである。京都大学人文科学研究所には拓本が三部所蔵されているので、そのうちの一部の写真（図4）を掲げ、それにもとづいた移録を行なっておこう。

太尉・尚書令陝東道／益州道行臺・雍州牧・／左右武候大將軍・使／持節涼州總管・上柱／國・秦王世民、告柏谷／塢・少林寺上座寺主／以下徒衆、及軍民首／領士庶等。比者天下／喪亂、萬方乏主、世界／傾淪、三乘道絕。遂使／閻浮蕩覆、戎馬載馳、／神州糜沸、羣魔競起。／我國家、膺圖受籙、護／持正諦、馭鳳飛輪、光／臨大寶。故能德通黎／首、化闡緇林、既沐來／蘇之恩、俱承彼岸之／惠。王世充叨竊非據、／敢逆天常、窺覦法境、／肆行悖業。今仁風遠／扇、慧炬照臨、開八正／之塗、復九寓之跡。法／師等、並能深悟機變、／早識妙因、克建嘉猷、／同歸福地、擒彼兇孽、／廓茲淨土。奉順輸忠／之效、方著闕庭、證果／脩眞之道、更弘像觀。／聞以欣尚、不可思議、／供養優賞、理殊恆數。／今東都危急、旦夕殄／除。並宜勉終茂功、以／垂令範、各安舊業、永／保休祐。故遣上柱國・／德廣郡開國公安遠、／往彼指宣所懷、可令／一二首領立功者、來／此相見。不復多悉。／四月卅日。

太尉・尚書令陝東道益州道行台・雍州牧・左右武候大将軍・使持節涼州総管・上柱国・秦王世民、柏谷塢・少林寺の上座寺主以下の徒衆および軍民の首領士庶らに告ぐ。このごろ天下喪乱し、万方主乏しく、世界傾淪し、三乗道絶ゆ。ついに閻浮を蕩覆し、戎馬載馳し、神州を糜沸し、羣魔競起せしむ。我が国家、図を膺け籙を受け、正諦を護持し、鳳を馭し輪を飛ばし、大宝に光臨す。故に能く徳黎首を通じ、化緇林を闡き、既に来蘇の恩に沐し、倶に彼岸の恵を承く。王世充、非拠を叨窃し、敢て天常に逆い、法境を窺覦し、肆に悖業を行う。いま仁風遠く扇ぎ、慧炬照臨し、八正の塗を開き、九寓の跡を復す。法師ら、並びに能く深く機変を悟り、早く妙因を識り、克く嘉猷を建て、同に福地に帰し、かの兇孽を擒え、この浄土を廓す。奉順輸忠の効、方めて闕庭に著われ、証果脩真の道、更に像観を弘む。聞きて以て欣尚し、思議すべからず、供養と優賞と、理として恒数に殊なる。いま東都危急し、旦夕に殄除す。並びに宜しく勉めて茂功を終え、以て令範を垂れ、おのおの旧業を安んじ、永く休祐を保つべし。故に上柱国・徳広郡開国公安遠を遣し、彼に往きて所懐を指宣し、一二首領の功を立てし者をして、ここに来りて相見せしむべし。復た多くは悉せず。四月卅日。

『金石萃編』巻四一に注記してあったように、三十九行、毎行八字からなる正書の教碑の上には、「已上七字　開元神武皇帝書」という十一字が横書きされていて、二行に分けて刻されている隷書の題額「太宗文皇帝　御書」の七字が、開元神武皇帝つまり玄宗李隆基の親筆にかかることがわかる。読み下し文を附したし、この内容については先人の言及、考証も完備していることとて、文末の「四月卅日」が武徳四（六二一）年であることを含め、蛇足を加えることはしない。

ところで、秦王世民が少林寺の上座寺主らに宛てて発したこの教碑について、最初に著録した金石書である宋・趙明誠撰『金石録』巻三には、

第五百四十四。唐太宗賜少林寺教書。八分書。無姓名。高祖武徳二年。疑後人重書。

と記されていた。武徳二年は単に武徳四年の誤記であるとみなすとしても、八分書つまり隷書で刻されていたとあるのを、この少林寺碑の碑陽の上截に正書で刻されているのと同一の碑であると考えるのには、慎重でなければならなかった。清・顧炎武は『金石文字記』巻二に「秦王告少林寺主教　行書」を著録して、「いま寺中に在り、其の文は裴漼碑の上方に刻さる」と明記するとともに、『金石録』に載せている「唐太宗賜少林寺教書」は八分書で、武徳二年とあって、これとは同じではなく、あるいはこれとは別の一教ならん、と述べていたのである。しかし、別の教碑は少林寺には見当たらなかったので、乾隆『河南府志』巻一一〇・金石志五が苦心の案として、『金石録』が八分書であるとしたのは、碑額のことを指したのであって、顧亭林（炎武）が別の教碑の存在を示唆したのは間違っている、との按語を附し、それが『金石萃編』に再録されて以来、その説が受け継がれてきたようである。

ところが、顧炎武が推測していた隷書体の教書碑がついに発見されたのであって、その

次第は、崔耕「唐《秦王告少林寺教碑》考」(『中原文物』一九八三年三期)に詳しい。それによると、一九八〇年に少林寺の達磨亭つまり立雪亭を修理した時、その東山墻の上に嵌め込まれた金代・大安元(一二〇九)年刻の観音像をはがして、初めてその背面に刻された唐代教書碑を発見したとのことである。崔耕の論文から転載した図5からもわかるように、新しく発見された隷書体の教書碑は、高さ一〇四センチ、広さ四五センチで、円首、碑額は「大唐太宗文武聖皇帝龍潜教書碑」の十四字が篆書で書かれ、碑文は十五行、毎行二十四字が隷書体で書かれている。碑は三つに切断されてしまっていて、前掲『少林寺石刻芸術』所収の「24　観音像(金)」から転載した図6の観音像碑が三つに切断されているのと、見事に対応している。観音像碑の方は、高さ一〇〇センチ、広さ四四センチと記されている。

新発見の隷書体教書碑は、先に移録した少林寺碑の碑陽上段所刻の教書と内容を比較すると、碑額の十四字および第一行に「太宗文武聖皇帝龍潜　教書　武徳四年也」とある十六字が多いほかは、「世民」の二字が行書体の署名であることも含め、全く同文である。

この隷書体教書碑の出現により、宋代の趙明誠が「八分書」であると記していたことが正確で、顧炎武が別の一碑の存在を想定していたのが卓見であったことが証された。崔耕

図６　観音像碑（『少林寺石刻芸術』より）

図５　隷書体教書碑（崔耕「唐《秦王告少林寺教碑》考」『中原文物』より）

は、初唐の風格をもつ隷書体の教書碑が、少林寺碑よりも古く、少林寺の唐塔内に現存する永昌元（六八九）年刻の「法如禅師行状碑」とほぼ同時期のものであろう、と論じるとともに、元来は教書碑の碑陰に刻された観音像を外側に向けて壁に嵌め込み、隷書体の教書碑がついに碑陰に隠没してしまったのは明初あるいはそれ以後のことであった、と述べている。

ところで、この隷書体教書碑には「太宗文武聖皇帝」という帝号が刻されているが、「文皇帝」と謚されていた太宗を「文武聖皇帝」と追尊したのは、咸亨五（六七四）年八月壬辰のことであった。同時に皇帝を天皇と称し皇后を天后と称することを宣し、上元と改元して天下に大赦したのであった。この史実を勘案すると、建碑を永昌年間（六八九—六九〇年）前後、つまり六九〇年前後とする崔耕の見解は、傾聴に値するであろう。

三　少林寺柏谷塢荘碑

少林寺碑の碑陰の上截には、『金石萃編』巻七四に「少林寺柏谷塢荘碑」と題して収める文が刻されている。この部分の後半は、第一節の研究小史で触れたように、教書としての形式内容の整ったものとして、仁井田陞によって折り紙がつけられたことでもあり、文

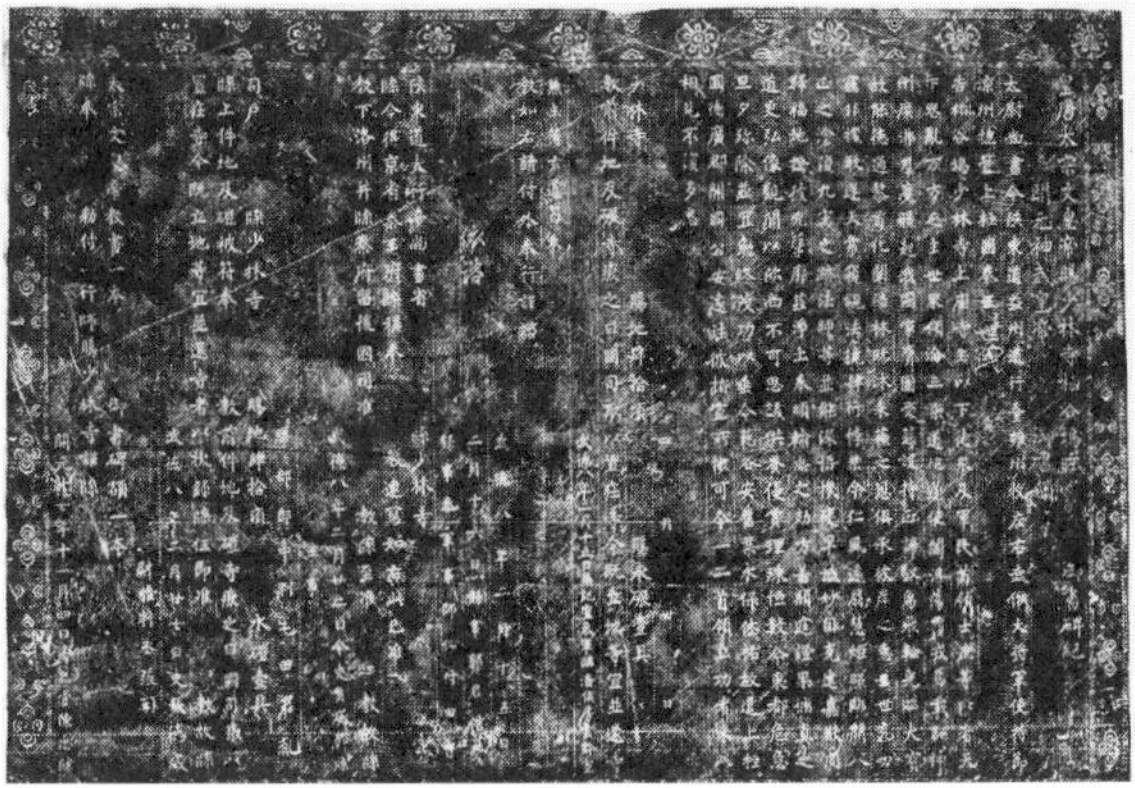

図7　少林寺碑碑陰の上截拓本（京都大学人文科学研究所蔵）

書の形式通りに移録するのが至当であろう。そこで、図7の拓本写真を掲げるとともに、碑文の移録を行なうことにする。

なお、この部分の前半には、前節に移録した、武徳四年四月三十日の「秦王告少林寺主教」の教書を再録しているので、『金石萃編』では「文見前不録」と書いて、省略に従っているが、碑文の本来の姿をそのままに再現することが何よりも肝要であると考えるので、煩をいとわず、省略はしない。

皇唐太宗文皇帝賜少林寺柏谷塢莊　御書碑紀

開元神武皇帝　御書額

太尉・尙書令陝東道益州道行臺・雍州牧・左右武候大將軍・使持節涼州總管・上柱國・秦王世民

告柏谷塢・少林寺上座寺主以下徒衆、及軍民首領士庶等。比者天下喪亂、萬方乏主、世界傾淪、三乘道絕。遂使閻浮蕩覆、戎馬載馳、神州糜沸、羣魔競起。我國家、膺圖受籙、護持正諦、馭鳳飛輪、光臨大寶。故能德通黎首、化闡緇林、旣沐來蘇之恩、俱承彼岸之惠。王世充叨竊非據、敢逆天常、窺覦法境、肆行悖業。今仁風遠扇、慧炬照臨、開八正之塗、復九寓之跡。法師等、並能深悟機變、早識妙因、克建嘉猷、同歸福地、擒彼兇孽、廓茲淨土。奉順輸忠之效、方著闕庭、證果脩眞之道、更弘像觀。聞以欣尙、不可思議、供養優賞、理殊恆數。今東都危急、旦夕殄除。並宜勉終茂功、以垂令範、各安舊業、永保休祐。故遣上柱國・德廣郡開國公安遠、往彼指宣所懷、可令一二首領立功者、來此相見。不復多悉。

四月卅日

少林寺　　　賜地肆拾頃　　賜水碾壹具

敎、前件地及碾、寺廢之日、國司取以置莊。寺今旣立、地等宜並還寺。

武德八年二月十五日、兼記室參軍臨淄侯房玄齡宣

兼主簿玄道白奉

敎如右、請付外奉行、謹諮。

依諮

武德八年二月十五日

二月十六日、錄事郭君信受

錄事參軍事師仁付田曹

牒少林寺

陝東道大行臺尙書省

牒、今得京省秦王府牒稱、奉　　敎連寫如右、此已准

敎、下洛州、幷牒秦府留後國司、准　　敎、牒至准　　敎、故牒。

武德八年二月廿二日、令史胥威幹牒。

主事

膳部郎中判屯田君胤

司戸　　牒少林寺　　　　賜地肆拾頃　　　　水磑壹具
牒、上件地及磑、被符奉　　　敎、前件地及磑、寺廢之日、國司取以
置莊、寺今旣立、地等宜並還寺者、以狀錄牒、任即准　　敎、故牒。
　　　　　　　　　　　　武德八年二月廿七日、史張德威
　　　　　　　　　　　　　　　　　　　尉權判丞張開
太宗文皇帝敎書一本　　　　　御書碑額一本
牒、奉　　敕付一行師、賜少林寺。謹牒。
　　　　　　　　　　　開元十一年十一月四日、內品官陳忠牒。

『金石萃編』の注記によれば、高さ三尺二寸八分、広さ五尺一寸、三十八行、毎行二十六字、正書で刻されている、ということになる。これは、高祖の武徳八（六二五）年二月に、陝東道行台尚書令でもあった秦王李世民が少林寺に対して田地四十頃と碾磑一具とを賜与した際の、秦王教書とそれに関連した案巻たる牒、および玄宗の開元十一（七二三）年十一月に、その事実を再確認して、武徳四年の教書一本と玄宗が親《みずか》ら「太宗文皇帝御書」と書いた碑額一本を、入内していた僧一行を介して少林寺に与えた牒文から成り立っている。開元十一年十一月の牒文はまさに宮中の奥向きのもので、内品官つまり宦官の陳

忠の手になる。

武徳八年二月の秦王教書および一連の牒文とに対しては、仁井田陞が前掲の『唐宋法律文書の研究』八三〇—八三八頁で詳細な検討を加えているので、是非参看していただくとして、本文の移録に当たっては、仁井田は保留していたが、秦王府の兼記室参軍であった房玄齢の爵号を「臨淄侯」と読み、陝東道大行台尚書省の屯田令史の姓を「胥威幹」と解していた。なお仁井田は、

行台尚書省牒を受けた洛州では、之を写し、更に洛州の職員なる丞及び史の連署ある司戸牒を之に連写して少林寺に牒した。かくて、少林寺は秦王より土地及び水碾を賜与せられるに至つたのである。（八三八頁）

と結論されたのであるが、本文に「尉権判丞張開」と見えるように、丞を権判していた張開は尉だったのであり、次節で移録する「少林寺賜田勅」に、「至八年二月、又蒙別勅、……其教勅案、今並在府県」とあれば、張開は県丞を権判していた県尉であり、史の張徳威ともども、洛州管轄下の県の職員であったとみなすべきであろう。

ところで、仁井田は、武徳四年四月三十日付のを「秦王告少林寺書」とし、武徳八年二月のを「秦王教書」と称して、明確に区別しておられる。しかし、新発見の隷書体教書碑（図5）からも明らかなごとく、武徳四年四月三十日付のも「教書」であり、したがって

当面の碑文に言及せられるところの、僧一行を通じて少林寺に与えられた「太宗文皇帝教、書一本」が、前節に読み下し文を添えて移録した文を指すことに、疑問の余地はなかろう。

四　少林寺賜田勅

少林寺碑の碑陰下截には、『金石萃編』巻七四に「少林寺賜田勅」と題して収める文が前半部に刻され、後半には、『金石萃編』に収録されていない、武徳四年の際に武功を立てた十三名の僧名が刻されている（図8）。「少林寺賜田勅」なる標題が適切であるか否かは扨置いて、まず全文を移録しよう。

少林寺、今得牒稱、上件地、往因寺莊、飜城歸國、有大殊勳、據格合得良田一百頃。去武
德八年二月、蒙　　敕、賜寺前件地、爲常住僧田、／供養僧衆、計勳仍少六十頃。至九
年、爲都維那故惠義、不閑　　敕意、妄注賜地、爲口分田。僧等比來知此非理、每欲諮
改。今既有　　／敕、普令改正、請依籍次、附爲賜田者。又問僧彥等。既云飜城有勳、准
格合得賜田、當時因何不早陳論。飜城之時、頭首是誰、復誰委知。得欵／稱、但少林及柏
谷莊、去武德四年四月、飜城歸國。其時卽蒙賞物千段、准格合得者。未被酬賚之間、至五

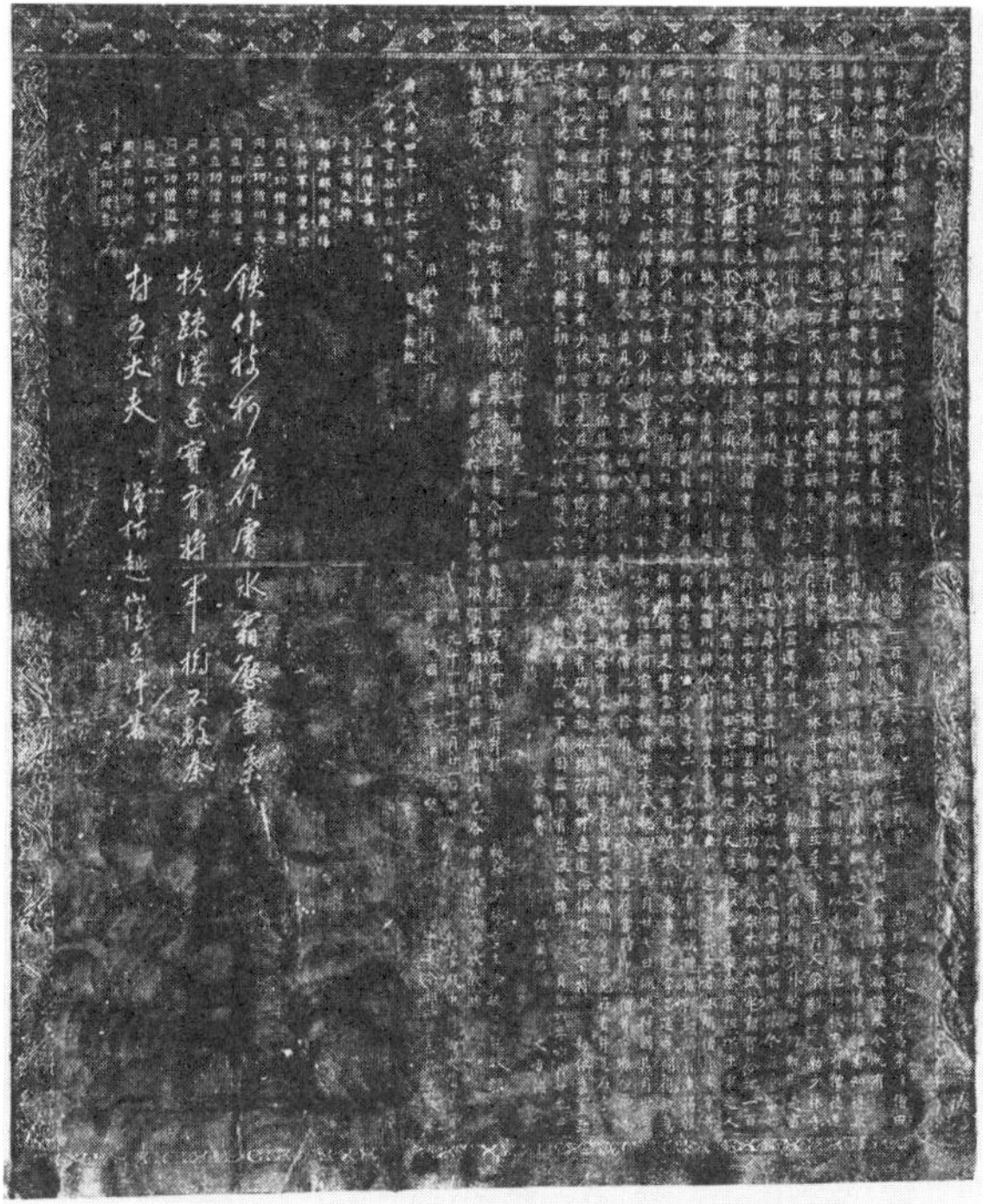

図８　少林寺碑碑陰の下截拓本（京都大学人文科学研究所蔵）

年、以寺居僞地、物被廢省、僧徒還／俗、各從徭役。於後以有飜城之功、不伏減省、上表
申訴。至七年七月、蒙別　敕、少林寺聽依舊置立。至八年二月、又蒙別　敕、少林寺
／賜地肆拾頃、水碾磑一具、前寺廢之日、國司取以置莊、寺今既立、地等並宜還寺。其
敎　敕案、今並在府縣。少林若無功勳、卽是雷／同廢限。以有勳勳、別　敕更聽存立。
其地既張頃數、　恩　敕還僧、尋省事原。豈非賜田、不早改正。只是僧等、不閑憲法。
今謹量審、始／復申論。其飜城僧曇宗・志操・惠瑒等、餘僧合寺爲從僧等、不願官爵、唯
求出家、行道報國。若論少林功勳、與武牢不殊。武牢勳賞、合地一百／頃。自餘合賞物、
及闕地數、不敢重論。其地肆拾頃、特　敕還寺。既蒙此賚、請爲賜田、乞附籍從正。又
准格以論、未蒙僉賞。但以出家之人、／不求榮利、少亦爲足。其飜城之時、是誰知委者。
僞轘州司馬趙孝宰・僞羅川縣令劉翁重、及李昌運・王少逸等、並具委者。依問僧彥・孝
宰等／所在。欵稱、其人屬遊仙鄕、任饒州弋陽縣令、無身。劉翁重住在偃師縣。李昌
運・王少逸等二人、屬當縣、見在者。依狀、牒偃師、勘問翁重。得報／稱、依追劉重勘
問。得報稱、少林寺去武德四年四月內、衆僧等飜轘州歸國是實。當飜城之時重見、在城所
悉者。又追李昌運等問、得欵、與／翁重牒狀、扶同者。又問僧彥等既稱、少林僧等、爲歸
國有功勳、未知寺僧得何官。欵稱、僧等去武德四年四月二十七日、飜城歸國。其月卅日、
／卽蒙　敕書慰勞。　敕書今並見在。又至武德八年二月、奉　敕、還僧地肆拾頃。

勅書今並見在。當時卽授僧等官職。但僧等／止願出家、行道禮拜、仰報國　恩、不取官
位。其寺僧曇宗蒙授大將軍、趙孝宰蒙授上開府、李昌運蒙授儀同、身並見在者。並追在手
／勅敎及還僧地符等、勘驗有實者。少林僧等、先在世充僞地、寺經廢省。爲其有功緜柏谷
塢、功績可嘉。道俗俱蒙官賞、特　　勅依舊置立／其寺。寺既蒙立、還地不計、俗數足明、
賚田非惑。今以狀牒帳次、准　　勅、從實改正、不得因茲浪有出沒。故牒。　貞觀六
年六月二十九日。／　　　　丞萬壽　　　佐董師　　　史吉海　　　／
勅麗正殿修書使　　　　牒少林寺主慧覺
牒、謹連　　勅白如前、事須處分。牒擧者使中書令判、牒東都留守及河南府、并錄
勅牒。少林寺主檢校了日狀報、／勅書額、及　　太宗與寺衆　　書、並分付寺主慧覺
師取領者。准判牒所由者。此已各牒訖。牒至准狀、故牒。／
開元十一年十二月廿一日、牒。　　　判官殿中侍御史趙冬曦／
用祕書行從印　　　　副使國子祭酒徐堅　　　中書令都知麗正修書張說／
唐武德四年　　太宗文　皇帝敕授
少林寺百谷莊立功僧名
上座僧善護
寺主僧志操

都維那僧恵場
大將軍僧曇宗
同立功僧普恵
同立功僧明嵩
同立功僧靈憲
同立功僧普勝
同立功僧智守
同立功僧道廣
同立功僧智興
同立功僧滿
同立功僧豐

この碑陰下截の前半には、太宗朝の貞観六（六三二）年六月に、柏谷塢荘にある少林寺の寺田について議論が起こった際に、少林寺からの請願によって、その所有を承認した経緯を明記する長文の文書と、玄宗朝の開元十一（七二三）年十二月二十一日付で、それを再確認すべく麗正殿修書使に勅して少林寺主慧覚に宛てた牒文とが刻されている。貞観六年六月二十九日の日付をもつ文書のなかには、問答体の生き生きとした証言を記録していて興味津津であり、上截所刻文つまり前節に移録した武徳四年と八年の秦王教書を理解する上からも、掛替えのない貴重な史料である。「丞の万寿、佐の董師、史の吉海」の連署があるからには、上截と同じく、洛州管轄下の県の責任で記録されたものであると考えられる。そして、この文書の書き出しで、武徳八年二月に常住僧田に宛てるべく少林寺に賜っていた土地が、翌九月に都維那の故恵義により、勅意をなおざりにして、口分田にされてしまった、と述べる部分は、唐初、河南地方にも口分田が存在したことを明記する資料として、注目されてきたのであった(9)。

また、開元十一年十二月二十一日付の麗正殿修書使からの牒文は、やはり上截の末尾に刻されていた開元十一年十一月四日付の内品官陳忠の手になる牒文を実行に移させたこと、すなわち太宗の御書碑額と太宗が寺衆に与えた教書とを滞りなく寺主の慧覚に交付した次第を明記している。これらは、武徳四年の立功僧十三名の肩書姓名ともども、上截に刻された武徳四年と八年との教書および陳忠牒に対する附属文書ないしは解説文の役割を果たすものであって、賜田に関する勅文を引用しているとはいえ、『金石萃編』で与えられた標題「少林寺賜田勅」が不適切であることは明らかであろう。なお、『金石萃編』では、碑の高さ五尺九寸五分、広さ二尺六寸六分、二十行、行五十三字、正書と注記されているが、これは碑陰下截の右半分の拓本にもとづいて書いているので、下截全体として言えば、広さは五尺一寸ということになる。

僧一行の手を経て少林寺に与えられた十一月四日付の内品官陳忠の牒とは異なり、一カ月半後に麗正殿修書使から発せられた十二月二十一日付の牒は、公式の文書であるとはいえ、麗正殿修書使そのものが、開元年間に至って盛んに出現した令外の官たる使職の一であったことは、注意されて然るべきであろう。麗正修書院は、間もなく開元十三年四月に集賢院と改称され、麗正修書使は集賢院学士と呼ばれることになる[10]。この牒を発した時点では、都知麗正修書は中書令の張説が兼任して、副使は国子祭酒の徐堅、判官は殿中侍御史の趙冬曦で、秘書行従印を用いているのであるが、『唐会要』巻六四・集賢院の条によれば、集賢院と改称される時点では、中書令の張説を学士・知院事とし、散騎常侍の徐堅を副となし、考功員外郎の趙東《ママ》曦らを直学士にすることになる。

ところで、この開元十一年十二月二十一日付の牒が、なにゆえに麗正殿修書使から発せられたのか、残念ながら、その間の事情を詳らかにすることはできない。しかし、この年の春に、麗正書院の建物が大明宮の光順門外の新築になったばかりであったこと、またこの年に中書令張説の上奏によって、従来は門下省にあった閣議の場所たる政事堂を中書門下と改称し、その後に五房を列して庶務を分担させ、政事印を中書門下之印に変えるとい

図 9　少林寺碑碑陰の現状

う、中央政府機構の大変革が時あたかも進行中であったことと、無関係ではあるまい。

第三・四の両節にわたって、碑陰の上下截に所刻の文を、拓本に則して移録し、解説を施してきた。「はじめに」で述べておいたごとく、民国十七（一九二八）年の大火で少林寺碑も壊れ、その後にブロック造りの碑楼に嵌め込まれて、現在に至っているのであるが、図9の写真からも判るように、特に碑陰の面の損傷は甚だしく、新たな精拓を採ることは期待しえなくなっている。

五　裴漼撰書の少林寺碑

少林寺碑碑陽の下截に所刻の文は、『金石萃編』では巻七七に「少林寺碑」と題して収録されていて、碑の高さ八尺七寸、広さ五尺三寸、三十九行、行六十余字不等、正書という注記がなされている（図10）。前節までの例にならい、まず全文の移録を行なっておこう。

皇唐嵩岳少林寺□

銀青光祿大夫・守吏部尙書・上柱國・正平縣開國子裴漼文幷書

原夫星垂梵界、聖緣開萬化之先、日照王宮、神跡藴三靈之始。包至虛以見世、象敎

図10　少林寺碑碑陽の下截拓本（京都大学人文科学研究所蔵）

久傳於曠劫、籠羣有以示凡、法身初應於中古。見神通之力、廣拔／苦因、開智惠之門、深明樂界。鶴林變色、觀其戀慕之心、鴈塔開扉、通其瞻仰之路。少林寺者、後魏孝文之所立也。東京近甸、大室西偏、正氣居六合之中、清都／控九州之會。緱山北跱、亙宛洛之天門、潁水南流、連荊河之雲澤。信帝畿之靈境、陽城之福地。沙門跋陀者、天竺人也。空心玄粹、惠性淹遠、傳不二法門、有甚／深道業。緬自西域、來游國都。孝文屈黄屋之尊、申緇林之敬。太和中、詔有司、於此寺處之、淨供法衣、取給公府。法師廼於寺西臺、造舍利塔、塔後造飜經堂。香／水成塗、金繩爲約、苦心精力、俾夜作晝。多寶全身之地、不日就功、如來金口之説、連雲可庇。西緣長澗、夾松栢之蕭森、北拒深崖、覆筠篁之冥密。煙花濃靄、瞑／下天香、泉籟清音、曉傳空樂。跋陀息心茲地、樂靜安居、感而遂通、境來斯證。寤寐之際、若有神人、致石磬一長四尺。規制自然、聲律咸具。得之河曲、空聞漢使／之談、浮于泗濱、徒入夏[王]之貢。管絃風夜、合清響於中天、鍾梵霜晨、諧妙音於上劫。時有三藏法師勒那、飜譯經論、遊集刹土。稠禪師、探求正法、住持塔廟。虬／箭不居、光塵易遠、虹梁所指、象設猶存。周武帝、建德中、納元嵩之説、斷釋老之教。率土伽藍、咸從廢毀。明　　皇帝、繼明正位、追崇景福。大象中、初復佛象／及天尊象。廼於兩京、各立一寺、因孝思所置、以陟岵爲名。其洛中陟岵、卽此寺也。隨高　　祖受禪、正朔既改、徽號已殊。唯此寺名、特令仍舊。開皇中、有詔、／二教初興、四方普洽。山林學徒、歸依者衆。

其栢谷屯地一百頃、宜賜少林寺。大業之末、九服分崩。羣盜攻剽、無限眞俗。此寺爲山賊
所劫。僧徒拒之、賊遂縱火、／焚塔院。院中衆宇、倏焉同滅。瞻言靈塔、巋然獨存。天龍
保持、山祇福護。神力所及、昔未曾有。寺西北五十里、有栢谷墅。羣峯合沓、深谷逶迤。
複磴縈雲、俯窺龍／界、高頂拂日、傍臨鳥道。居晉成塢、在齊爲郡。王充潛號、署曰轅州。
乘其地險、以立峯戍、擁兵洛邑、將圖梵宮。　皇唐應五運之休期、受千齡之景命。掃
長／虵荐食之患、拯生人塗炭之灾。　太宗文皇帝、龍躍太原、軍次廣武、大開幕府、
躬踐戎行。僧志操・惠瑒・曇宗等、審靈睠之所往、辯謳歌之有屬。率衆以拒／僞師、抗表
以明大順。執充姪仁則、以歸本朝。　太宗嘉其義烈、頻降璽書宣慰。既奉優敎、兼承
寵錫、賜地卌頃・水碾一具。卽栢谷莊是也。迨海寓既平、憲／章云始、僞主寺觀、盡令廢
除。僧善護、洞曉二門、遠該三行。詣　闕進表、特蒙置立。武德中、寺有白雀見。貞
觀中、明禪師、造重塔之辰、白雀復　／瑞見。　璿圖肇啓、初欲呈祥、寶殿
纔興、遽聞相賀。　高宗天皇大帝、光紹鴻業、欽明至理、嘗因豫遊、每延聖敬。咸亨
中、　乘輿戾止、　／御飛白書、題金字波若碑、留幡象及施物。永淳中、
御札又飛白書一飛字題寺壁。雲開顧鶴、電摶遊龍。神草競秀於椒塗、雲和迥飛於錦石。雕
甍增耀、／若綴春葩、金疊分輝、似懸秋露。　天皇升遐。　則天大聖皇后、爲
先聖造功德。垂拱中、有冬竹抽筍。塔院後復有藤生。證聖中、中使送錢於／藤生處、修理

階陛。寺上方普光堂、功德隨日修造。自爾飛鳥莫敢翔集。此寺跋陁䟽置、業造神微。皇家尊崇、事光幽祕、珍符荐臻於動植、靈應亟發於／庭除。　累聖屬心、每頒渥澤。王言宸翰、旣疊暎於雞峯、寶像珠幡、亦交馳於龍壑。　皇上睿圖廣運、神用多能。藉明臺之化清、繹天池之墨妙、以此／寺有先聖締搆之跡、　御書碑額七字、十一年冬、爰降　恩旨、付一行師、賜少林寺鐫勒。梵天宮殿、懸日月之光華、佛地園林、動煙雲之氣色。漢元・／魏武、徒衒奇於篆素、鍾繇・蔡雍、虚致美於緗簡。日者　明敕、令天下寺觀田莊、一切括責。　皇上以此寺地及碾、先聖光錫、多歷年所、襟帶名山、延／袤靈跡、羣仙是宅、邁羅閲之金峯、上德居之、掩育王之石室、特還寺衆、不入官收。曾是國土崇絶、天人歸仰、固以名冠諸境、禮殊恆刹矣。高僧跋陁、明三藏心／禪諸門。弟子惠光・道房・稠禪師等、精勤梵行、克傳勝業。惠光弟子僧達・曇隱・法上法師等十大德、亦號十英。復有達摩禪師、深入惠門、津梁是寄。弟子惠可禪／師等、玄悟法寶、嘗託玆山。周大象中、寺初復。選沙門中德業灼然者、置菩薩僧一百廿人。惠遠法師・洪遵律師、卽其數也。　皇唐貞觀之後、有明遵・慈雲・／玄素・智勤律師、虚求一義、洞眞諦之源。復有大師諱法如、爲定門之首、傳燈妙理。弟子惠超、妙思奇拔、遠契玄蹤、文翰煥然、宗塗易曉。景龍中、　／敕中岳少林寺、置大德十人。數內有闕、寺中抽補、人不外假、座無虛授。澄什聯華、林遠接武。星霜殆周於二紀、蘭菊每芳於十步。上座・寺主・

都維那等、牢籠法／藏、遊息禪林。德鑒神珠、戒成甘露。海內靈岳、莫如嵩山、山中道[場]、茲爲勝殿。二室迴合、八谷潺湲、地迊貝花、門連石柱。妙樓香閣、俯暎喬林、金刹寶鈴、上搖清／漢。法界之幽贊如彼、　皇家之福應如此。天長地久、不傳忉利之宮、劫盡塵微、孰記鐵圍之會。精求貞石、博訪良工、將因墨客之詞、或頌金仙之德。聿宣／了義、遠喻眞空。其詞曰。

恆沙國土、微塵品類。妄見飛奔、正心蘊櫃。昏途莫曉、淨根將墜。樂於蓋纏、若安夢寐。
丞哉大聖、降跡閻浮。潛迴寶軸、廣運慈舟。實無滅度、示有降柔。紺宮西闢、白馬東／流。
迷因慢生、悟爲信起。玉刹斯建、寶山載峙。花臺竹林、清泉妙水。靜唯眞相、湛然攸止。
巖巖嵩嶺、河洛巨鎭。下屬九溪、上干千仞。天磴重阻、仙都清峻。式創招提、是資／誘進。
婉彼上德、載誕耆闍。傳業西土、演教中華。孝文中敬、恩錫仍加。經營宴室、逈出雲霞。
中岳北阯、嵩高西麓。斜界玉池、洞開栢谷。紆餘崗澗、連延水木。鬱起旃檀、云／誰卜築。
吾師苦行、清修道場。勵精像宇、專力經堂。金界繩直、椒塗水香。散花有地、栖禪得方。
解空應眞、默識開士。乘盃遊集、振錫戾止。飜譯幽偈、發揮妙理。仙罄感靈、／神雀降祉。
運交土木、代歷周隨。劫火遞起、魔風競吹。法身咸翳、浮國同隳。或聞興復、詎振崩離。
神堯應期、撥亂反正。皇矣覺力、大弘福慶。式遏醜徒、聿快興　／聖。累降　恩旨、兼敷錫命。　高宗時豫、先后卜征。亟迴雕輦、屢倚虹旌。巖題玉札、地振金聲。珍符荐至、在物斯呈。　我皇龍興、有典咸秩。懿茲上界、式／儲神筆。雲搖大圍、鸞迴少室。草垂仙露、林昇佛日。護持八正、毎候能仁。跋陀降德、稠公有鄰。厥後眞侶、更傳了因。辯才高行、無替清塵。倬焉梵衆、代有明哲。今我諸公、／蘊彼禪悅。芳越蘅杜、淨踰永雪。遠締津梁、無非苦節。潁上靈岳、山間寶殿。秀出梵天、孤標神縣。芥城可竭、桑田有變。貞石永刊、靈花常遍。開元十六年七月十五日建。

すこぶる長文の碑であるが、標題の下に「銀青光禄大夫・守吏部尚書・上柱国・正平県開国子裴漼文幷書」とあるように、撰文ならびに書が、吏部尚書の要職にあった裴漼の手になるので、文末に記された「開元十六年七月十五日建」の十一字を除く全文は、『全唐文』巻二七九の裴漼の項に、やはり「少林寺碑」と題して収録されている。裴漼の本伝は、『旧唐書』巻一〇〇と『新唐書』巻一三〇とに見える。それらによって、彼は名族たる聞喜の裴氏の一員であり[11]、開元年間（七一三―七四一年）に高官を歴任し、特に親友であった張説の推輓によって吏部尚書に抜擢され、ついで太子賓客に転じ、開元二十四（七三六）年に七十余歳で卒したことがわかる。

碑の本文は、まず仏教への讃仰から筆を起こされ、ついで北魏の孝文帝によって開創されて以降の少林寺の寺史が語られる。すなわち、この地は洛陽に近く、天下の中心と目されてきた陽城の福地にあり、天竺の人たる跋陀がこの寺に住して舎利塔と翻経堂を造って以後、勒那三蔵や稠禅師といった高僧たちが住持となった。北周の武帝が建徳年間（五七二―五七八年）に衛元嵩の進言を納れて仏教と道教とを弾圧し、率土の伽藍はみな廃毀されたが、後を継いだ明皇帝つまり宣帝は、大象年間（五七九―五八〇年）に初めて仏像と天尊像とを復活させ[12]、両京に孝思にちなんで命名した陟岵寺を一つずつ置いた。その洛陽の陟岵寺が、この寺なのである。隋の高祖が禅譲をうけると、寺名は旧来通り、少林寺と呼ばれ、開皇年間（五八一―六〇〇年）に仏道二教が復興され、少林寺に栢谷の屯地一百頃が賜与された。大業年間（六〇五―六一七年）の末年に、群盗が跋扈すると、この寺も山賊の焼き打ちに会い、堂宇はたちまちのうちに潰滅したが、天神の加護によってか、霊塔だけは巋然として残存した。寺の西北五十里の地に栢谷墅があり、晋代には塢、北斉時代には郡となっていた。王充つまり王世充は轅州と名づけ、この険要の地によって、まさに少林寺を手に入れようとしていた。時あたかも唐朝が興起し、太宗皇帝は太原より出発して広武に陣し、幕府を開いていた。僧の志操・恵瑒・曇宗らは、時勢の潮流を察し、衆を率いて偽師たる王世充軍に抵抗し、姪の王仁則を執えて、唐朝に帰順した。太宗は、この功績を嘉賞せんと、頻りに璽書を降して宣慰するとともに、地四十頃と水碾一具とを賜与したのであって、これが柏谷荘なのである。天下が統一されると、偽地にあった仏寺と道観とは尽く廃除されたが、少林寺は、僧の善護が朝廷に上表して、特別に置立することを許された。高祖の武徳年間（六一八—六二六年）と太宗の貞観年間（六二七—六四九年）には白雀が現れるという瑞祥がみられたし、高宗天皇と則天武后とは格別な庇護を与え寄進を行なった。

裴漼撰の本文には、歴朝の、とりわけ唐朝の諸皇帝による尊崇が以上のごとく綴られた上で、執筆当時の今上皇帝たる玄宗が、碑額の七字を御書して、開元十一（七二三）年冬に、恩旨を降して僧の一行に付し、少林寺に賜って鐫勒させたことと、先頃明勅が出されて、天下の仏寺と道観の田荘は一切括責されたが、玄宗は、この寺地と碾とが先聖つまり太宗の賜与せしものにかかり、嵩岳少林寺は由緒のある存在という理由で、特に寺衆に還して官収の分には入れなかった次第とが、特筆されている。この個所については、次節であらためて検討を加えることにするが、碑文の方は、それにつづけて、跋陀をはじめとして、この寺に住した幾多の高僧たちの事蹟を記録する。すなわち、跋陀の弟子の恵光・道房・稠禅師ら、恵光の弟子たる僧達・曇隠・法上法師らの十大徳、また達摩禅師とその弟子の恵可禅師らがこの山に住したこと、北周朝で廃仏後の大象年間に仏寺が初めて復興し、一二〇人の菩薩僧が置かれた際、恵遠法師と洪遵律師とがその中に含まれていたこと、唐朝に入っては、貞観年間以後、明遵・慈雲・玄素・智勤律師、また法如大師と弟子の恵超らがおり、中宗の景龍年間には中岳少林寺に大徳十人を置き、欠員あるごとに寺中より補充されるに至ったことを述べる。そして、嵩岳少林寺につき、「法界の幽賛かれの如く、皇家の福応これの如し」という結論を下した上で、「詞曰」として、寺史が歌われているのである。

文末には、「開元十六年七月十五日建」という十一字が、やや小さめの字で刻されていて、建碑の年月日が開元十六（七二八）年七月十五日であることがわかる。ただし、この十一字は明らかに本文とは異筆とみなされるので、吏部尚書の裴漼が撰文ならびに書を行なったのは開元十六年であると速断することはできない。この点に関しては、裴漼の吏部尚書としての在任時期を、諸種の史料にもとづいて、開元十一（七二三）年夏から開元十四（七二六）年までで、十四年の冬には宋璟が吏部尚書の後任になっている、と考証した厳耕望は、この碑にみえる開元十六年七月十五日について言及し、撰書はそれ以前になされ、この日に至って始めて上石しただけで、この時になお在任していたのではない、と述べていたのである(13)。

ところで、唐代の京兆府銅人原、現在の西安市の東郊、灞河の東に位置する洪慶村の三〇五号墓から出土した「大唐故成王妃慕容氏墓誌銘幷序」の拓本写真が、中国科学院考古研究所編著『西安郊区隋唐墓』（科学出版社、一九六六年）に図五七として掲載され、その

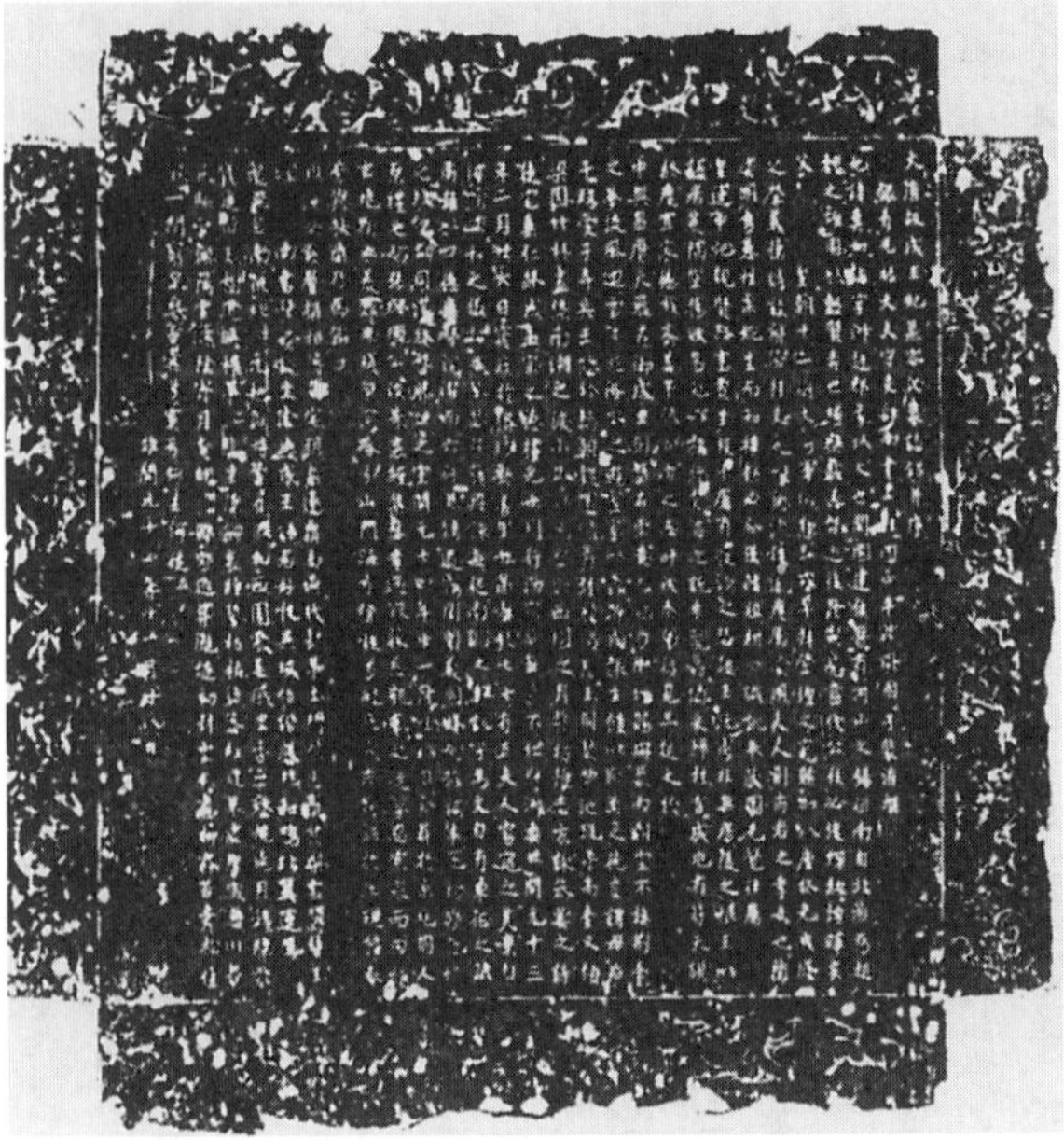

図11　成王妃慕容氏墓誌銘拓本（『西安郊区隋唐墓』より）

移録と考釈とは九八・九九頁に見える。その拓本写真を複写した図11からも読みとれるように、この墓誌銘は「銀青光禄大夫・守吏部尚書・上柱国・正平県開国子裴漼撰」であり、「維開元十四年十一月廿八日」の日付が刻されているのである。書者の名は記されてはいないが、裴漼自身である可能性が強い。この新出文物の墓誌により、開元十四年十一月二十八日の時点で裴漼が吏部尚書の任にあったこととともに、ここに記された官銜、つまり銀青光禄大夫（従三品の文散官）、吏部尚書（正三品の職事官）・上柱国（正二品の勲）・正平県開国子（正五品上の爵）が、少林寺碑のと全く同一であることが確認されるのである。そして少林寺碑が成王妃慕容氏墓誌銘とほぼ同時期たる開元十四（七二六）年頃の撰書であったとすると、碑の二十七行目末から二十八行目にかけて、景龍中（七〇七―七一〇年）に、中岳少林寺に勅し、大徳十人を置き、それから「星霜ほとんど二紀に周ねく」と書かれていた文言とも、齟齬しないことになろう。ちなみに、『西安郊区隋唐墓』の「考釈」では、最後に撰誌者の裴漼について触れ、『唐書』に伝があることを指摘した上で、「誌文に記す所の漼の散階・勲官と爵位とは、史伝に未だ載せざる所なり」と述べているだけで、嵩岳少林寺碑の撰書者であることに気づいてはいない。

裴漼撰書の少林寺碑に対する一往の解説を了えるに際し、この碑に関して清・顧炎武が『金石文字記』巻三で述べている見解に触れておきたい。この碑の内に刻されていた「王」の字のほとんどが鐫去されていることについて、『金史』巻五の海陵本紀・正隆二年二月癸卯の条に、

親王以下の封爵の等第を改定す。置局に命じて、存亡の告身を追取し、公私の文書の但そ王爵の字ある者は、みな限を立てて毀抹せしむ。墳墓の碑誌と雖も、並びに発き

て之を毀つ。（改定親王以下封爵等第。命置局追取存亡告身、公私文書但有王爵字者、皆立限毀抹。雖墳墓碑誌、並発而毀之。）

とある記事を引用した上で、

則ち前代封爵の碑に王の字ある者、多く此の時に毀仆せらるるを知る。しかるに此の碑は梵力を以て独り存す。乃ち其の間の王宮・夏王・王言・育王等の字、亦た従いて鐫去す。完顔の文義に通ぜずして、肆まに無道をなす、勝げて歎ずべきや。（則知前代封爵之碑有王字者、多毀仆於此時。而此碑以梵力独存。乃其間王宮・夏王・王言・育王等字、亦従而鐫去矣。完顔之不通文義、而肆為無道、可勝歎哉。）

と述べている点は、確かに肯綮にあたった意見である。しかしながら、そのつぎに、

唐の碑、帝号に遇えば、必ず三字を空にす。此の碑に紀す所の宇文周の事、明皇帝の皇の上に三字を空にする有り、隋高祖の祖の上に三字を空にする有り。而るに前の周武帝に却って空にせざる有り。けだし緇流の古今に通ぜざる者の為す所なり。（唐碑遇帝号、必空三字。此碑所紀宇文周事、有明皇帝皇上空三字、有隋高祖祖上空三字。而前有周武帝却不空。蓋緇流不通古今者之所為也。）

と断じている点は、いかがなものであろうか。緇流つまり仏教徒にとって、そして特に少林寺の寺衆にとって、北周の武帝は、衛元嵩の妄説を納れて廃仏を断行し伽藍を廃毀させ

た最も嫌悪すべき皇帝であるのに対し、明皇帝（宣帝）と隋の高祖とは、仏教を復興させて陟岵寺を置いたり、柏谷の屯地一百頃を賜与してくれたりした恩義ある皇帝たちなのであった。この碑で、北周の明皇帝と隋の高祖の個所には、唐朝の諸皇帝に対するのと同じく三字分を空格にしたにもかかわらず、北周の武帝に対しては一字をも空格にしなかったことにこそ、むしろ古今に通じた緇流たちの抗議の心情を読みとるべきであると考える。この点に関する限り、顧炎武の見解は当を失したものと言うほかはあるまい。

六　寺領荘園の安堵――建碑の縁起

開元十六年七月十五日建立の嵩岳少林寺碑には、秦王時期の唐太宗による「世民」二字の親署と、碑額に玄宗による「太宗文皇帝　御書」七字の親筆とが刻されていたので、この碑は「一挙にして二天子を擒にす」と称され、注目を集めてはきたが、何といっても長大な碑であったために、碑陽と碑陰の両面に対して総合的に詳しく考察されることはほとんどなかった。本稿では、前節までにおいて、内容の年代順に、碑陽上截の教書碑、碑陰上下截にわたる文書群、碑陽下截の裴漼撰書の碑文をそれぞれ正確に移録するとともに、新出土の隷書体秦王教書碑と裴漼撰「成王妃慕容氏墓誌銘」をも援用しつつ、必要な限りでの解説を施してきた。碑陰上截に刻された開元十一（七二三）年十一月四日付の内品官陳忠牒と、下截に刻された同年十二月二十一日付の麗正殿修書使牒との内容を熟知し、それを踏まえた上で、碑陽下截に刻された裴漼撰書の少林寺碑を読み通すと、前節で検討を約束しておいた、二十一行目から二十四行目に至る、以下に引用の個所こそが、建碑の縁起を探求する上で、最も重要な関鍵であることは明らかであろう。

皇上……此の寺に先聖締搆の跡あるを以て、碑額七字を御書し、十一年冬、ここに恩旨を降し、一行師に付し、少林寺に賜いて鐫勒せしむ。……さきごろ明勅あり、天下の寺観の田荘をして、一切括責せしむ。皇上、此の寺の地および碾、先聖光錫して、多く年所を歴し、名山を襟帯し、霊跡を延袤し、羣仙ここに宅して羅閲の金峯をめぐり、上徳ここに居りて育王の石室をおおうを以て、特に寺衆に還して官収に入れず。すなわち是れ国土崇絶し、天人帰仰し、もとより名の諸境に冠たり、礼の恒刹に殊なるを以てなり。（皇上……以此寺有先聖締搆之跡、御書碑額七字、十一年冬、爰降恩旨、付一行師、賜少林寺鐫勒。……日者明勅、令天下寺観田荘、一切括責。皇上以此寺地及碾、先聖光錫、多歴年所、襟帯名山、延袤霊跡、羣仙是宅、邁羅閲之金峯、上徳居之、掩育王之石室、特還寺衆、不入官収。曾是国土崇絶、天人帰仰、固以名冠諸境、礼殊恒刹矣。）

開元十一年冬からみての日者の「明勅」とは、『唐会要』巻五九・祠部員外郎の条に、開元十年正月二十三日。祠部に勅し、天下の寺観の田は、宜しく法に准じ僧尼道士に拠りてまさに給すべき数の外は、一切管収し、貧下の欠田の丁に給せしむ。その寺観の常住田は、僧尼道士女冠の退田を以て充つるを聴す。一百人以上は十頃を過ぐるを得ず、五十人已上は七頃を過ぐるを得ず、五十人以下は五頃を過ぐるを得ざれ。（開元十年正月二十三日。勅祠部、天下寺観田、宜准法拠僧尼道士合給数外、一切管収、給貧下欠田丁。其寺観常住田、聴以僧尼道士女冠退田充。一百人以上、不得過十頃。五十人已上、不得過七頃。五十人以下、不得過五頃。）

と著録されている、開元十（七二二）年正月二十三日に出された祠部への勅を指すことは明らかである。しかもこの勅を出した正月二十三日乙丑には、『冊府元亀』巻五〇六・俸禄の条に、

乙丑、有司に命じて内外官の職田を収め、以て逃還せる貧下の戸に給せしむ。その職田は、正倉の粟畝ごとに二升を以て之に給す。（乙丑。命有司収内外官職田、以給逃還貧下戸。其職田以正倉粟畝二升給之。）

と著録されているように、内外官の職田を収めて、逃還してきた貧下の戸に給するように命じているのである[14]。この時点で、仏寺と道観の田荘を官収ないし管収するばかりか、内外官への職田の廃止さえ断行したのは、前年の開元九（七二一）年二月から開始された宇

文融の括戸政策を一層推進させる上からも、貧下の欠田の丁、とりわけ括戸による逃還貧下戸への給田を行なうための、供給源が必要だったからである。

武徳四（六二一）年四月三十日付の秦王教書を踏まえる八年二月の秦王教書によって、田地四十頃と碾磑一具とを賜与された少林寺には、その事実を確認する貞観六年六月二十九日付の牒文が存在し、「世民」の親署をも刻した隷書体の「大唐太宗文武聖皇帝龍潜教書碑」がすでに建てられていたことでもあり、普通に考えれば、あらためて新たな教書碑を建立する必要などなかったと思われる。それにもかかわらず、つてを求めて内廷に働きかけ、僧の一行を介して、玄宗親筆の碑額の下附を強く懇願したのは、開元十年正月二十三日の祠部への勅によって、天下の寺観の田荘が一切括責された際には、玄宗の特別の配慮で少林寺には還附を許され、官収を免除されることができはしたが、宇文融の主導にかかる括戸政策は依然として進行中ではあり、今後も再び生起するであろう寺領荘園の没収という非常事態に備えて、あらかじめ安堵のための最善の手段を構じておきたかったからであろう。この少林寺碑を建立した意図は、常盤大定が「柏谷塢の荘の勅賜ありしを表彰せんが為である」と述べられたがごとき、柳田聖山が「一行禅師の入内を記念するものである」と論ぜられたがごとき、悠長なものではなく、もともとは勅賜にかかる寺田つまり寺領荘園を安堵するための橋頭堡の建設であったと考えられる。

仏僧としてよりもむしろ天文暦数学者として有名な一行（六八三―七二七）が、二十一歳の時に両親を失って厭世の志を抱き、出家して僧となるや、嵩山の普寂禅師に師事したのであった。その一行を宮中に召し入れるよう玄宗に薦めたのは、張説（六六七―七三〇）であった。[16] 開元十一年の十一月から十二月にかけて、宮中に伺候していた一行の尽力で、太宗の教書一本と玄宗の御書碑額一本とを下賜せられるまでに漕ぎつけ、中書令であった張説が長官を兼任していた麗正殿修書使から正規の牒文を受領した少林寺主の慧覚らが、その碑文の撰書者として、張説の親友であり腹心である吏部尚書の裴漼に白羽の矢をたてたのは、あらゆる情況を勘案した上での判断であったに違いない。

当面する宇文融主導の括戸政策から寺領を護り、将来における荘園の安堵を意図して、少林寺碑の撰書を依頼された吏部尚書の裴漼が、張説の側近であったがために、宇文融の政敵となっていた点は、この際には特に注目されねばなるまい。張説は、宇文融の括戸政策に、一貫して反対の立場をとりつづけていたからである。少林寺主への御書碑額の下賜と伝達が行なわれていた開元十一年十一月末には、張説の建策にもとづいて、形骸化していた諸衛の兵士を募兵に頼ることにし、兵士を募集する詔勅が出された。この兵士たちは、十三年二月には、彍騎と命名される。この兵制の改革に呼応する形で、括戸政策の方も転換され、客戸の合法的な存在が確定する。括戸が一段落を告げ、彍騎が出現した十三年の十一月、玄宗は泰山で封禅の礼を行ない、太平を天下に告げた。この封禅の儀式を行なうよう前年末に提案していたのが、吏部尚書の裴漼であった。[17] そして張説は、『東封儀注』などを撰し、礼儀使の大役をつとめるとともに、個人的に親しい中書門下の胥吏たちに要職をふり充て、儀式に参加した者にのみ論功行賞をして、内外の反感を買ったのである。

安禄山の背景を見極めるための一環として、この時期における中央政界の動静についての詳細な研究を行なったエドウィン・プーリィブランクは、「安禄山の叛乱の政治的背景（上）」（『東洋学報』三五―二、一九五二年）の宇文融の節において、

このことは人々の感情を甚しく害し、かねて彼〔張説〕と快くなかつた宇文融は、公明を期するため吏部を十銓に分けて選事を典るやうに密奏した（従来の制度では官吏選任の事は三銓即ち吏部の尚書と二員の侍郎の手にあつた。この時誰がこの職にあつたか知る由もないが、張説によつて任命された者であつたとすれば含蓄する所があらう）。宇文融の提案は暫くの間用ひられたが翌年廃止された。張説が上奏して宇文融一派を抑へたのである。（一〇五頁）

という見解を提示していた。[18] この時に宇文融によって人事権を奪われた吏部尚書こそ、じつは裴漼だったのであって、『唐会要』巻七四・論選事の条によると、当時、

員外郤題銓裏牓　員外　郤って題す銓裏牓

尚書不得数中分　尚書　数中分を得ず

という牓詩が作られたそうで、そこには「尚書は裴漼、員外郎は張均」という原注が施されている。少林寺碑の撰書を引き受けた裴漼が、渾身の力を振るった背景には、このような当時の政界事情が存在していたのである。

前節で論じたごとく、裴漼が吏部尚書として在任したのは、開元十一年夏から開元十四年冬までの期間であったから、碑額が下賜されてから三年以内には、裴漼の撰書は完成していたはずである。ところが実際には、一連の公文書類を網羅して碑陰の上下截に刻するという用意周到な新碑が建立されたのは、開元十六年の七月なのであった。これだけの規模の巨大な石碑であってみれば、完成までにこの程度の年月は必要であったのかもしれない。ただ、建立された日が、七月十五日、つまり少林寺における盂蘭盆会の当日であったのは、碑額下賜の際の功労者であった一行が、前年の十月八日に四十五歳で示寂していた史実に鑑みると、僧一行の初盆の日を期して新碑の除幕式が挙行されたからであると推測するのは、あまりにも穿ちすぎであろうか。最後に、建碑の準備中であった開元十五年二月、宇文融と張説とは、朋党の廉《かど》で同時に中央政界から追われ、一年後に相前後して復帰はするが、宇文融による括戸政策も一旦は頓挫してしまっていたことを附記しておこう。

注

（1）少林寺にある石碑のうちの代表的なものを通覧するには、清・葉封撰『嵩陽石刻集記』が便利であり、また現存の二二七座におよぶ墓塔については、楊煥成・湯文興「我国最大的〝古塔博物館〟——少林寺塔林」（『中原文物』一九八六年二期）に一覧表が載せられている。

（2）『支那文化史蹟』二「解説」の五五頁。この個所は、関野貞・常盤大定共著『支那仏教史蹟評解二』（一九二六年）一三六頁の説明を踏襲しているので、本来ならば、元版の方を引用すべきなのであるが、そこには分担個所の明示がなされていない。また後者には、碑陽の下截と碑陰上下截の移録もなされているが、拓本に依拠したものではなく、誤字が多い上に、句読点も信を置きがたい。なお、『支那文化史蹟』は、法藏館より一九七五・七六年に復刊された際に、『中国文化史蹟』と改題された。

（3）少林寺にある歴代の線刻画の代表作を集録した、蘇思義・劉笠青・楊暁捷編『少林寺石刻芸術』（文物出版社、一九八五年）にも見えない。

（4）この拓本写真では、碑陰の額は圭形ではなさそうに見えるが、じつは碑陽と同じく圭額なのであって、最頂部が採拓されていないだけである。

（5）『金石萃編』巻七四・少林寺賜田勅の条に附された王昶の按語の後半に、「然其請牒刊石之由、碑不復詳記。則寺僧之庸可知矣。且此牒又尚有可疑者。貞観六年距武徳四年祇十一年、係太宗及身之事、寺有翻城之功、太宗親賜教以告諭、朝廷豈無人稔知之者。何以牒内有詰問、当時因何不早陳論之語、似係事隔多年、因而反覆弁詰。然牒実是貞観六年所給、而請而刻石在開元十一年。相距又九十二年何耶。是皆不能明者、姑存而不論云」。
（6）常盤大定『支那仏教史蹟踏査記』（支那仏教史蹟踏査記刊行会刊、一九三八年）に掲載された「行歴日誌」によれば、十一月六日から八日にかけて、少林寺に滞在している。
（7）拙稿、池田温『中国古代籍帳研究――概観・録文』に対する書評（『東洋史研究』三九―一、一九八〇年）。
（8）拙著『唐代政治社会史研究』（同朋舎出版、一九八六年）の「序論」参照。
（9）仁井田陞『唐宋法律文書の研究』（東方文化学院東京研究所、一九三七年）八三二頁。
（10）池田温「盛唐之集賢院」（『北海道大学文学部紀要』一九―二、一九七一年）、および陳祖言『張説年譜』（中文大学出版社、一九八四年）参照。
（11）聞喜の裴氏については、清・顧炎武「裴村記」（『顧亭林文集』巻五）、竹田龍児「唐代士人の郡望について」（『史学』二四―四、一九五一年）、矢野主税「唐初の貴族政治について」（『東方学』九、一九五四年）・同「裴氏研究」（長崎大学学芸学部『社会科学論叢』一四、一九六五年）、毛漢光「従士族籍貫遷移看唐代士族之中央化」第十節、河東裴氏（『中央研究院歴史語言研究所集刊』五二―三、一九八一年）を参照。なお、本稿の概報たる拙稿「裴漼「嵩岳少林寺碑」」（京都大学人文科学研究所『人文』二七、一九八三年）で述べたごとく、宇文融の括戸政策の際、判官の一人に任ぜられた裴寛は裴漼の従祖弟で、嵩山に縁の深い、熱心な仏教信者であり、のちに東都洛陽の知事たる河南尹になった。
（12）塚本善隆「北周の宗教廃毀政策の崩壊」（『仏教史学』一、一九四九年、のち『塚本善隆著

作集』第二巻、大東出版社、一九七四年に再録）参照。
(13) 厳耕望『唐僕尚丞郎表』（中央研究院歴史語言研究所、一九五六年）五〇四・五〇五頁。
(14) 唐代の職田制については、大崎正次「唐代京官職田攷」（『史潮』一二—三・四合併号、一九四三年）、谷川道雄「唐代の職田制とその克服」（『東洋史研究』一二—五、一九五三年）、小西高弘「唐前半期の公田（職田・公廨田）について」（『福岡大学研究所報』二八、一九七七年）を参照。
(15) 宇文融の括戸政策については、拙稿「唐の律令体制と宇文融の括戸」（『唐代政治社会史研究』第Ⅲ部第二章）・「両税法制定以前における客戸の税負担」（同第三章）を参照。
(16) 春日礼智「一行伝の研究」（『東洋史研究』七—一、一九四二年）参照。
(17) 『冊府元亀』巻三六・封禅二の条に「玄宗開元十二年閏十二月辛酉。文武百官吏部尚書裴灌等、上請封東岳曰、……」とある。『唐会要』巻八・郊議の条にも同文が見えるが、もともと原闕の部分で、『冊府元亀』によって補われた個所に当たる。
(18) 榎一雄・本田実信両氏の訳。単行本に纏められた『安禄山の叛乱の背景』（オックスフォード大学出版局、一九五五年）では五〇、五一頁に当たる。Pulleyblank, E. G., *The Background of the Rebellion of An Lu-shan*, Oxford U. P., 1955.

玄秘塔碑考

はじめに――唐代石刻官文書

京都大学の文学部東洋史研究室と人文科学研究所東方部に所蔵されている中国石刻拓本のなかから、特に歴史資料として注目される三十点を選んで、文学部博物館の平成二（一九九〇）年春季企画展に公開展示された際、唐代の漢文のみの拓本としては六点を選びだした。六点とは原石そのものが同博物館に所蔵される段会墓誌（六五二年）と崔府君夫人鄭氏合祔墓誌（八一七年）のほか、太倉銘甎（六三四年）、少林寺柏谷塢荘碑（七二三年）、憫忠寺宝塔頌（七五六年）、それに勅内荘宅使牒（八五一年）であって、これら六点の歴史資料としての意味については鮮明な写真をともなった『中国石刻拓本展出品図録』（京都大学文学部博物館、一九九〇年）で一往の簡潔な解説がなされた。そして、安史の乱の最中に史思明が唐に一時帰順する直前という微妙な時期に建てられた憫忠寺（北京の法源寺の前身）の宝塔に関して、史思明の幕下にいた節度掌書記張不矜が撰し蘇霊芝が書した憫忠寺宝塔頌は中国仏教図書文物館編『法源寺』（法源寺流通処、一九八一年）に譲るとして、墓誌二点については拙稿「京都大学所蔵の唐墓誌」（唐代史研究会編『東アジア古文書の史的研究』刀水書房、一九九〇年）でやや詳しく紹介し、太倉銘甎は旧稿「隋唐時代の太倉と含嘉倉」（『東方学報　京都』五二、一九八〇年）で含嘉倉の遺址から新出土した銘甎と比較しつつ検討を加えていたし、裴漼撰書の少林寺碑の碑陰上截にみえる石刻官文書たる「少林寺柏谷塢荘碑」については、前稿「嵩岳少林寺碑考」（川勝義雄・礪波護編『中国貴族制社会の研究』京都大学人文科学研究所、一九八七年。のちにP. A. Herbert 博士によって補注が施された上で英訳された。*The Shaolin Monastery Stele on Mount Song*, ISEAS, 1990.）のなかで全文を移録しつつ説明しておいたので、やはり唐代の代表的な石刻官文書たる勅内荘宅使牒の説明だけが課題として残されていることになる。

この石刻官文書たる勅内荘宅使牒は、陝西省博物館の西安碑林第二室に陳列されている柳公権の書で有名な大達法師玄秘塔碑（図1）の碑陰の上截に刻されており、中截には比丘正言疏、下截には「綱紀重地」という極大の四文字が二字ずつ二行に刻されている（図2）。つまり、この石碑の碑陽には奉仏の政治家として知られる裴休によって執筆された

図１　玄秘塔碑碑陽（陝西省西安碑林博物館蔵）

図２　玄秘塔碑碑陰（陝西省西安碑林博物館蔵）

大達法師端甫（七七〇—八三六）の業績とその埋骨塔である玄秘塔の縁起を刻し、碑陰に端甫の弟子の僧正言が内廷から土地と家屋の払い下げをうけた次第を証明する官文書などを刻している。この体裁は、前稿「嵩岳少林寺碑考」で取り上げた石碑が、碑陽の下截に裴漼の撰と書にかかる少林寺の寺史を記述し、碑陽の上截の秦王告少林寺主教と碑陰の上截の少林寺柏谷塢荘碑、下截の少林寺賜田勅がいずれも石刻官文書であったのとほぼ軌を一にしているのである。

ところで、唐代中国において、仏教教団は国家権力との間に、おおよそ三度にわたって緊張した関係をもたされた。第一回目は唐朝の成立期たる高祖・太宗の治世、第二回目は玄宗の開元年間、そして第三回目は「会昌の廃仏」として知られる武宗の会昌年間、つまり八四〇年代の前半である。この三回にわたる仏教教団の危機的情況を証言する石碑こそ、これら少林寺碑と玄秘塔碑なのであって、いずれも碑陽には仏教史にかかわる文章を記し、碑陰に寺領荘園ないし寺地の収得事情の正当性を保証する官文書を刻しているという共通点をもっている。前稿で説いたごとく、少林寺碑が第一回目と第二回目の国家権力からの圧力を防衛する対策として建立されたのに対し、玄秘塔碑は第三回目の会昌の廃仏に密接にかかわる石碑であるとみられる。そこで、前稿にならって「玄秘塔碑考」と題し、碑陽と碑陰を一体のものとして総合的に検討するものの、全文を移録した上での詳細な吟味は別の機会に譲り、今回は概要を述べるに止めたい。

一　裴休撰の大達法師玄秘塔碑

王昶撰『金石萃編』巻一一三に「元秘塔碑」と題して収録されている大達法師玄秘塔碑

銘は、顔真卿をつぐ晩唐の書家として著名な柳公権、字《あざな》誠軒（七七八―八六五）の楷書の代表作として、その拓本写真は書道全集には必ず掲載され、書跡名品叢刊といったシリーズ企画には単独で選ばれ、その際には「唐　柳公権　玄秘塔碑」と題されるのが常であった。「唐故左街僧録大達法師碑銘」なる三行各四字の篆額と、二十八行、毎行五十四字の本文がともに柳公権の書であり、『旧唐書』巻一六五の本伝に「当時、公卿大臣家の碑板、公権の手筆を得ざる者、人もって不孝となす（当時公卿大臣家碑板、不得公権手筆、人以為不孝）」と記されていた評判通りの書法作品であるから、無理からぬことなのであるが、歴史資料として碑銘の内容を重視する立場を取る以上は、撰者の裴休（七九一―八六四）の名をこそ掲げることになる。なお裴休の生卒については、『アジア歴史事典』（平凡社、一九五九年）でも「七八七？―八六〇？」と書かれていたが、吉川忠夫の雄篇「裴休伝――唐代の一士大夫と仏教」（『東方学報　京都』六四、一九九二年。）の出現により、確定されることになった。

玄秘塔碑は、宋代に採られた拓本においてさえ、すでに碑文の上から十字目、十一字目あたりに左右に断裂があり、五十字あまりの文字が欠けているが、宋・姚鉉の編纂にかかる『唐文粋』巻六二に収められた裴休「上都大安国寺大達法師玄秘塔碑」によって欠字を補うことができ、黄洋考訂補正『柳公権書玄秘塔（無欠字本）』（中国書店、一九九二年）といった書物が北京で出版されたりしている。この碑石は現に西安碑林の第二室で展示され、螭首方座で高さ三八六センチ、広さ一一〇センチという寸法を示しているが、碑文の第一行目に「唐故左街僧録内供奉三教談論引　駕大徳安国寺上座賜紫大達法師玄秘塔碑銘幷序」とあることからも明らかなように、元来は長安城の左街の安国寺の境内に建立されたものであった。第二行目には撰者である裴休の官銜、第三行目には書者の柳公権の官銜を書きつらねた後、第四行目から「玄秘塔なる者は大法師端甫の霊骨の帰する所なり。云云」という序文が書かれ、端甫は十七歳のとき比丘となって安国寺に所属して以降、経律論の三蔵に通じて天下に有名となり、徳宗の知遇をえて宮中に出入し、儒者・道家の代表者と三教論衡をなし、憲宗のときには詔を与えられて仏の真骨を霊山つまり法門寺より宮中に迎える役を勤めるといった次第が記された後、開成元（八三六）年六月の入滅と、三百余粒の舎利をえた荼毘の模様が述べられる。序文の終わりに、

門弟子の比丘・比丘尼は約そ千余輩、或いは玄言を講論し、或いは大寺を紀綱す。禅を脩め律を秉り、分れて人師と作るもの五十、其の徒は皆な達者たり。於戯、和尚は果して出家の雄ならんか、然らずんば何ぞ至徳殊祥かくの如く其れ盛んなるか。承襲の弟子の義均・自政・正言らは、克く先業を荷い、遺風を虔守し、大いに徽猷の時ありて堙没するを懼る。而していま閤門使の劉公は法縁もっとも深く、道契いよいよ固

く、亦た以て請を為し、清塵を播かんことを願う。休かつて其の藩に遊び、其の事を備う。随喜讃歎して、蓋し愧辞なし。銘に曰く、（門弟子比丘・比丘尼約千余輩、或講論玄言、或紀綱大寺。脩禅秉律、分作人師五十、其徒皆為達者。於戯、和尚果出家之雄乎、不然何至徳殊祥如此其盛也。承襲弟子義均・自政・正言等、克荷先業、虔守遺風、大懼徽猷有時堙没。而今閤門使劉公、法縁最深、道契弥固、亦以為請、願播清塵。休嘗遊其藩、備其事。随喜讃歎、蓋無愧辞。銘曰、）

と書かれ、四字四十句からなる銘が刻され、最終行に「会昌元年十二月廿八日建」とあって入滅後五年半のちの会昌元年の年末に建碑されたことが明記されている。ちなみに、最終行の下部に小字で「刻玉冊官邵建和并弟建初鐫」とみえる刻者名について触れるならば、柳公権書の敦煌本金剛経と符璘碑の刻者が邵建和であることは知られていたが、一九八六年十一月に西安で新たに出土した令狐楚撰・柳公権書の「大唐迴元観鐘楼銘并序」（図3・図4）の文末に「開成元年四月廿日立　　邵建和刻」とあり（馬驥「西安新出柳書唐迴元観鐘楼銘碑」『文博』一九八七年第五期）、書者の柳公権と刻者の邵建和兄弟が、当時最高の組み合わせであったことを補強する出土文字資料と言えよう。

なお、唐代の高僧たちの伝記集として知られる宋・賛寧撰『宋高僧伝』巻六の「唐京師大安国寺端甫伝」の条は、ほぼ全文が裴休撰の玄秘塔碑の序文をそのままに敷写したもの

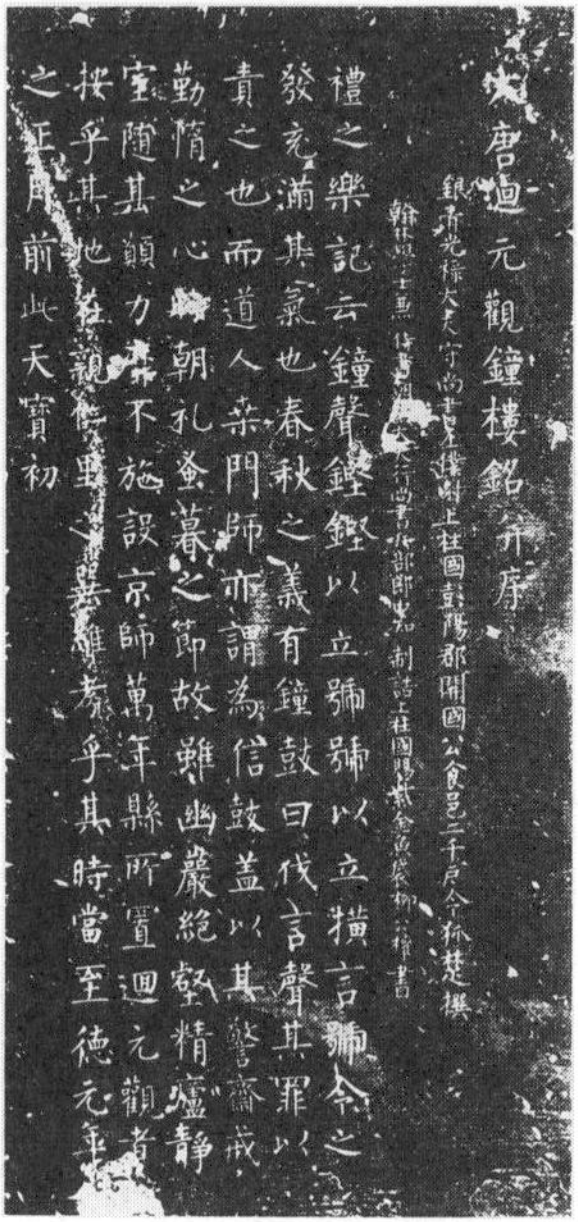

図３　大唐迴元観鐘楼銘拓本首部（陝西省西安碑林博物館蔵）

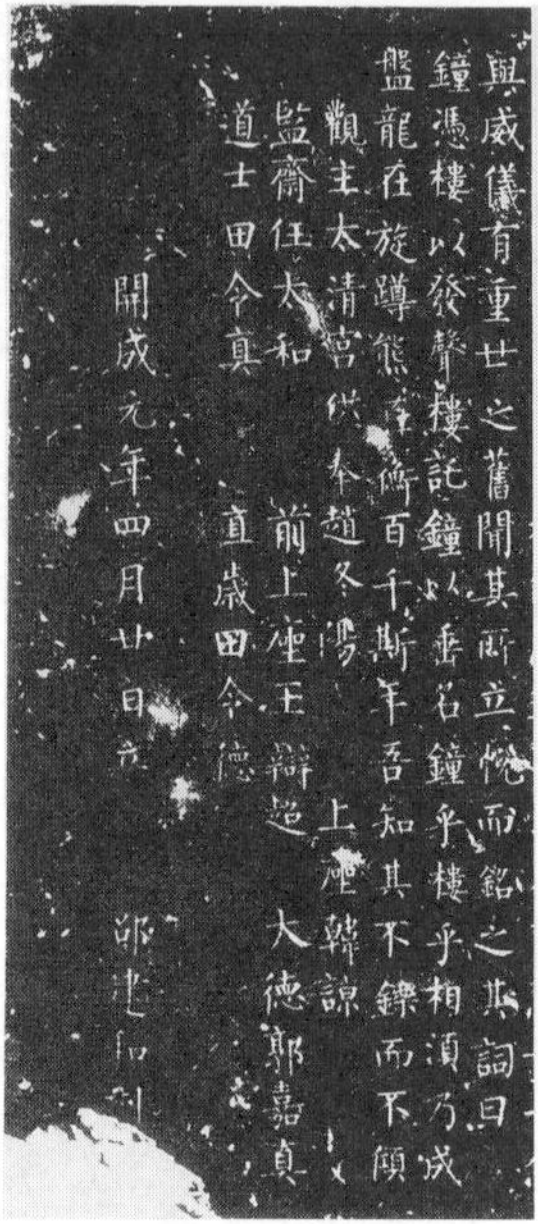

図４　大唐迴元観鐘楼銘拓本尾部（陝西省西安碑林博物館蔵）

であり、『宋高僧伝』の編纂過程を考察する上で貴重な事例を提供することを附記しておきたい。

二　勅内荘宅使牒と比丘正言疏

裴休撰・柳公権書の玄秘塔碑が建てられた武宗の会昌元年十二月二十八日から十年ばかり経過した時点になって、この玄秘塔碑の碑陰の上半部に二通の文書が追刻された。一通目は宣宗の大中五（八五一）年正月十五日の日付のある「勅内荘宅使牒」（図5）で、二通目は翌大中六（八五二）年四月二十五日の日付をもつ「比丘正言疏」（図6）である。ところで、玄秘塔碑のような伝世の石刻文字資料について考察する際にまず繙くのは、楊殿珣編『石刻題跋索引（増訂本）』（商務印書館、一九五七年）であるが、この玄秘塔碑の碑陰に関する情報には戸惑わされる。この索引の五六三頁には、大中五年正月の「勅内荘宅使牒」の諸項につづけて、やはり大中五年正月の「比丘尼正言疏」の諸項があり、それらとは別に大中五年の「唐安国寺産業記（大達法師碑陰）」の項が見える。そして最近に陝西金石文献叢書と銘打って刊行された陝西省古籍整理辦公室編『陝西石刻文献目録集存』（三秦出版社、一九九〇年）においても、「勅内荘宅使牒」「唐安国寺産業記」「比丘尼正言疏」

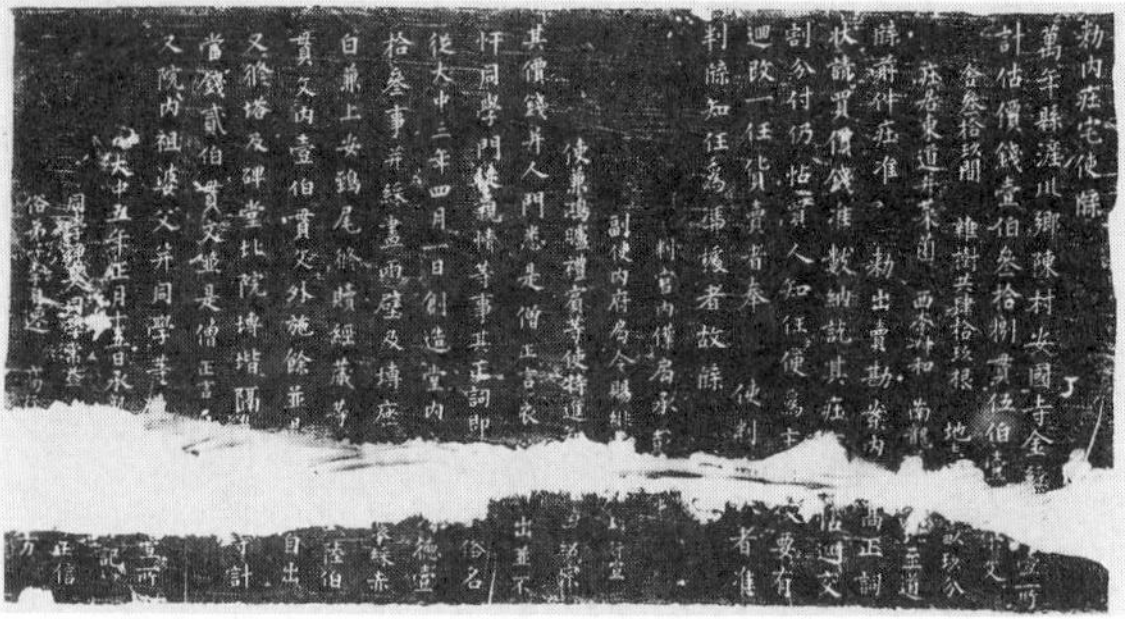

図 5　勅内荘宅使牒拓本（陝西省西安碑林博物館蔵）

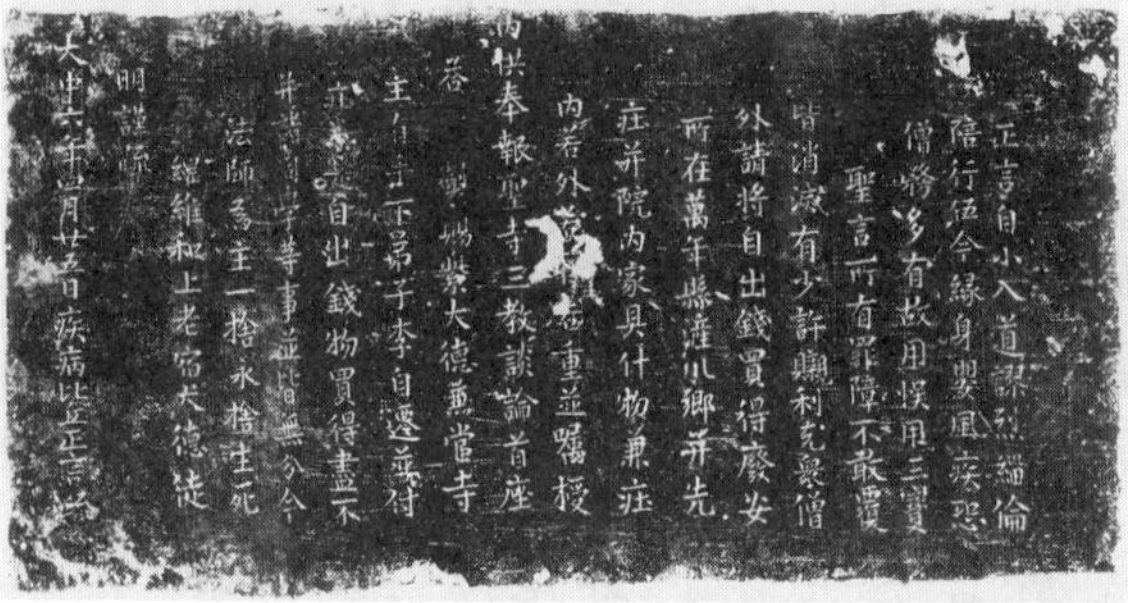

図 6　比丘正言疏拓本（『寺院経済』より）

の三条を掲げて、それぞれの文献を列挙している。しかし実際は、「勅内荘宅使牒」と「唐安国寺産業記」は同一のものであり、前節で引用した裴休の序文の文末に見える端甫の承襲の弟子の正言は、比丘であって比丘尼ではなかった。『西安碑林書法芸術』(陝西人民美術出版社、一九八三年)の附録に収められた「西安碑林蔵石細目」に記すように、蔵石編号六二三の玄秘塔碑の碑陰には、「勅内荘宅使牒」と「正言疏」および明の左思明が書した「綱紀重地」の四字が刻されている。碑陰の上截に刻された「勅内荘宅使牒」の拓本は、京都大学の文学部と人文科学研究所にも所蔵され、北京図書館金石組編『北京図書館蔵中国歴代石刻拓本匯編』第三二冊(中州古籍出版社、一九八九年)に写真が収録されているが、中截の「比丘正言疏」の拓本は見当たらず、管見の限りでは、国立北京大学法学院中国経済史研究室編『中国経済史料叢編　唐代篇之三　寺院経済』の図版十に収められた繆荃孫旧蔵の拓本の写真がある(図6)。「勅内荘宅使牒」には、碑陽と同じく、上から十三字目ないし十五字目に横の断裂があって、この場合には脱字を補う方法はない。

大達法師端甫と弟子の正言が住した安国寺は、長安城の街東(左街)の第四街第一坊、つまり北は城壁を隔てて大明宮に接し、東は十六王宅に隣している長楽坊(延政坊)の半ば以上の境域を占める広大な寺院で、大安国寺とも呼ばれ、もともとは睿宗の在藩時期の邸宅であった。大安国寺については小野勝年『中国隋唐長安・寺院史料集成』(法藏館、一九八九年）に譲るとして、「安国寺産業記」とも称された「勅内荘宅使牒」と「比丘正言疏」は、断裂による脱字のために十全を期することは不可能であるが、おおよその意味として、病中の比丘正言が、安国寺のために私財を投じて万年県滻川郷陳村の官有地であった荘宅を払い下げてもらった次第を証明する官文書たる「勅内荘宅使牒」を石刻にし、その間の事情を説明する疏を書き加えたものと考えて大過あるまい。

内荘宅使とは、関連史料を博捜した加藤繁「内荘宅使考」（『中国経済史考証』上巻、東洋文庫、一九五二年）が明らかにしたごとく、宦官が任じられた内諸司使の一であって、荘宅をはじめとして碾磑・店鋪・車坊・園林などのあらゆる種類の官有不動産を管理した。『金石萃編』巻一一四所収の「勅内荘宅使牒」により、加藤は内荘宅使の下に副使・判官などが置かれたことが窺われるとされたが、牛僧孺撰の『玄怪録』巻三・王国良の条（『玄怪録　続玄怪録』上海古籍出版社、一九八五年、一一一―一一三頁）が、

荘宅使巡官の王国良は、下吏の兇暴なる者なり。宦官に憑恃し、常に人を凌辱するを以て事となす。云云。（荘宅使巡官王国良、下吏之兇暴者也。憑恃宦官、常以凌辱人為事。云云。）

と書き出されているように、宦官の威勢を笠にきた荘宅使の巡官の存在が、当時の人びとにとって不愉快なものであった情況を知ることができるのである。

三　会昌の廃仏――建碑と追刻

裴休の玄秘塔碑の序文などによると、端甫はつとに徳宗によって宮中に招かれ、皇太子時代の順宗とは兄弟のように親しくし、寝起きまで共にした。憲宗が即位するや、左街僧録・内供奉となり、「論仏骨表」を書いた韓愈の反対をも押し切って憲宗が元和十四（八一九）年正月に鳳翔の法門寺から仏骨を宮中に迎え入れた際には中心的な役割を果たした。文宗の開成元（八三六）年六月一日に入滅し、七月六日に長楽の南原で荼毘に附された。それから三年半後に文宗が崩じ、宦官同士の権力争いの果て、皇太子を廃して文宗の弟の武宗が即位する。時あたかも外廷では牛僧孺・李宗閔と李徳裕をそれぞれ領袖とする牛李の党争が激烈を極めていた。武宗が即位した一年後に会昌と改元され、さらに一年近くのちの会昌元年十二月二十八日に、閤門使の劉公の尽力により、裴休撰・柳公権書の玄秘塔碑が建てられた。閤門使も内諸司使の一であるから、劉公も有力な宦官だったのである。

大安国寺に玄秘塔碑が建てられた頃、日本からの入唐僧円仁が長安に滞在し、建碑の翌年に当たる会昌二年になると、道教びいきの武宗による仏教教団への規制が始まったことを『入唐求法巡礼行記』のなかで記録している。されば、吉川忠夫が前掲の「裴休伝――

唐代の一士大夫と仏教」一五五頁で、玄秘塔碑の立碑の目的が、端甫の弟子たちが「大いに徽猷の時有って堙没せんことを懼れ」たからであると記されているのも、あるいは廃仏への危機感の表現であったとすべきであろうか、と述べられたのは、正鵠を得ているといえよう。ともあれ、三武一宗の法難の第三回目たる会昌の廃仏が大々的に断行された会昌五年には僧尼二十六万五百人が還俗させられ、四万余の招提蘭若つまり小寺院と四千六百余の寺院が廃棄され、寺田数千万頃が没収された。大安国寺も例外ではなかったはずである。

会昌の廃仏は永続はせず、翌年四月に武宗が崩じて宣宗が即位すると、仏教復興の政策が採用される。宣宗の復仏にあたって主導的な役割を果たした人物こそ裴休であった。安国寺も復興された。史書には、清禅寺を改めて安国寺とした、とあるので、かつての大安国寺がそのまま復活したのか、あるいは長楽坊の東南に当たる街東の第五街第二坊の南門に近い場所にあった清禅寺が安国寺と改称したまま継続したのか、断定は差し控えたい。いずれにせよ、私財を投じて内荘宅使から官有の荘宅の払い下げをうけた比丘正言が、再び廃仏の嵐が吹きあれることがあっても、没収されないように、「勅内荘宅使牒」と病中をおしてみずからしたためた疏を玄秘塔碑の碑陰に追刻してもらい、防風林の役割を期待したに違いない。かの嵩岳少林寺碑の建立の意図と軌を一にするのである。この正言の疏は『全唐文』巻九二〇に「病中上寺主疏」と題して収められている。なお巻八〇二の苗紳「正言上人碑銘」はこの正言と同一人物であろうが、『全唐文』がどこから採録したのか、残念ながら詳らかにしえない。

初出一覧

Ⅰ

文物に現れた北朝隋唐の仏教
『仏教史学研究』第四八巻第一号、二〇〇五年八月。のち『隋唐仏教文物史論考』法藏館、二〇一六年四月。

天寿国と重興仏法の菩薩天子と
『大谷学報』第八三巻第二号、二〇〇五年三月。『隋唐仏教文物史論考』法藏館、二〇一六年四月。

魏徴撰の李密墓誌銘——石刻と文集との間
『東方学』第一〇三輯、二〇〇二年一月。『隋唐仏教文物史論考』法藏館、二〇一六年四月。

Ⅱ

法琳の事跡にみる唐初の仏教・道教と国家
吉川忠夫編『中国古道教史研究』同朋舎出版、一九九二年二月。『隋唐の仏教と国家』中公文庫、一九九九年再録。『隋唐仏教文物史論考』法藏館、二〇一六年四月。

唐中期の仏教と国家
福永光司編『中国中世の宗教と文化』京都大学人文科学研究所、一九八二年三月。『唐代政治社会史研究』同朋舎出版、一九八六年。『隋唐の仏教と国家』中公文庫、一九九九年。

唐代における僧尼拝君親の断行と撤回
『東洋史研究』第四〇巻第二号、一九八一年。『唐代政治社会史研究』同朋舎出版、一九八六年。『隋唐の仏教と国家』中公文庫、一九九九年。

Ⅲ

嵩岳少林寺碑考
川勝義雄・礪波護編『中国貴族制社会の研究』京都大学人文科学研究所、一九八七年三月。『隋唐仏教文物史論考』法藏館、二〇一六年四月。

玄秘塔碑考
永田英正編『中国出土文字資料の基礎的研究』京都大学文学部東洋史学研究室、一九九三年三月。『隋唐仏教文物史論考』法藏館、二〇一六年四月。

※本書収録には、「唐中期の仏教と国家」「唐代における僧尼拝君親の断行と撤回」は中公文庫版を、その他は弊社刊『隋唐仏教文物史論考』を底本とした。

あとがき

一九六〇年一月に京都大学文学部に提出した卒業論文を手直しし、翌年七月に「三司使の成立について——唐宋の変革と使職——」を『史林』第四四巻第四号に発表して以降、隋唐五代の政治制度史や財政都城史に関する論考を執筆してきた私が、一九八一年九月に仏教史にかんする論文「唐代における僧尼拝君親の断行と撤回」を『東洋史研究』第四〇巻第二号に公表するまで、二十年の歳月を閲しました。この間、京都大学人文科学研究所で行われた仏教護法の文献集『広弘明集』と敦煌写本の会読をする二つの研究班に参加して、難解な仏教文献の読解力の涵養に努めました。

本書『文物に現れた北朝隋唐の仏教』は、それ以後に執筆してきた論考を集積したもので、既刊の論文集『唐代政治社会史研究』（東洋史研究叢刊之四十、同朋舎出版、一九八六年）の「第Ⅳ部　仏教と国家」所収の二篇と、『隋唐仏教文物史論考』（法藏館、二〇一六年）所収の六篇の合せて八篇の論文を、ⅠⅡⅢの各部に分属させせました。

Ⅰに配分した「文物に現れた北朝隋唐の仏教」「天寿国と重興仏法の菩薩天子と」と「魏徴撰の李密墓誌銘――石刻と文集との間――」の三篇は、いずれも大谷大学に縁のある場所で行った講演に基づいて執筆した論考です。

まず「文物に現れた北朝隋唐の仏教」は、二〇〇四年十月二十三日に大谷大学で開催された佛教史学会の学術大会での講演を、そのまま翌年一月刊の『佛教史学研究』に掲載したものです。その際、房山石窟についての先学の業績を特筆しましたが、平凡社刊の『書藝』の〈内藤湖南先生追悼号〉と銘打った第四巻第九号に、藤原楚水の「図解書道史（四六）六朝時代の書道（一〇）」として「仏教の石経」について詳しく述べているのを失念していました。また石刻の拓本に模刻からの拓本があることに注意を喚起しましたが、最近の中国で、関心が高いようです。『敦煌学輯刊』二〇二二年第一期に掲載の馬振穎「辨偽存真与去粗求精――以武威碑志中偽刻与精拓為例」が最新の論文です。

「天寿国と重興仏法の菩薩天子と」は、木村宣彰氏が大谷大学の学長に選出された際、同窓の方がたが開かれた祝賀会の席で話した内容を、かなり手直しして『大谷学報』に寄稿したものです。「魏徴撰の李密墓誌銘――石刻と文集との間――」は、一九九六年十一月四日に東本願寺の宗務所で開かれた東方学会の全国会員総会で、日本史の青木和夫氏と講演したものに基づき、二〇〇二年一月に『東方学』に寄稿したものです。

Ⅱに配属した「法琳の事跡にみる唐初の仏教・道教と国家」「唐中期の仏教と国家」「唐代における僧尼拝君親の断行と撤回」の三篇は、広報誌に載せた概説風の史論「隋唐時代の中国と日本の文化」を冠して、一九九九年一月に『隋唐の仏教と国家』と題して、〈中公文庫〉として上梓しました。

解説は心友の井波律子さんが、見事な文章を寄せて下さいました。この解説は、井波律子『書物の愉しみ』（岩波書店、二〇一九年）に再録されています。そこで井波さんは私の研究方法を「一点突破、全面展開」を図るという言葉で捕らえられていいます。「一点突破、全面展開」というのは、かつて学生運動で全共闘の諸君が掲げたスローガンでした。

『隋唐の仏教と国家』は江湖に好評で受け入れられました。松岡正剛氏は〈千夜千冊〉の一四三六夜で詳しく紹介して下さり、「本書には井波律子の短いけれども要訣をえた解説が付されているのだが、井波は、中国史にひそむ宗教と国家のせめぎあい、すなわち王法と仏法の相克と癒着と激しい攻防は、本書によってみごとに浮き彫りにされたと指摘した」という文章で締めくくられた。最近では大津透氏は〈私の好きな中公文庫〉として、「奈良時代、天平文化に憧れる人へ」と題して、青木和夫『日本の歴史3　奈良の都』、澤瀉久孝『萬葉古徑』とともに三冊の一つに挙げて下さり、純粋な学術論文であるが、全体として文庫として読めるところが驚きである、と推奨して下さいました。

「法琳の事跡にみる唐初の仏教・道教と国家」は、京都大学人文科学研究所の共同研究班の成果報告書に寄稿したものです。その主たる史料として検討を加えた『法琳別伝』について、大槻信ほか「『新撰字鏡』序文と『法琳別伝』」(『国語国文』八二―一、二〇一三年)において、現存最古の漢和辞書と知られる『新撰字鏡』序文の冒頭部分が、禁書の『法琳別伝』の序文と酷似していることを指摘された。『法琳別伝』が『新撰字鏡』の編纂時(九〇〇年頃)までに、日本に伝来していたことになるわけで、誠に驚きでした。

「唐中期の仏教と国家」も同研究所の「隋唐の思想と社会研究班」の席で一九七四年の十月下旬と十一月初旬の二回に亙って行った予備発表に基づき、七六年の夏に脱稿したものです。〔附記〕で触れたように、出版されたのは八二年三月でした。『全唐文』所収の詔勅文の史料源として最も重要な『冊府元亀』の諸テキストを吟味することによって、通説に修正を迫ることが出来ました。仏教史を対象に取り上げても、研究の手法としては慣れた制度史研究の範囲に限ることにしたので、いささか説得力をもちえたと思います。

「唐代における僧尼拝君親の断行と撤回」は、外来宗教たる仏教が中国社会に受容されて以来、国家権力と仏教勢力との対決ないし拮抗関係を象徴する、王法と仏法をめぐる論争、いわゆる礼敬問題の通説を訂正し、宋金の時代まで公式には僧尼の不拝王者が貫かれたことを実証せんとしたのです。

Ⅲの「嵩岳少林寺碑考」と「玄秘塔碑考」の二篇は、書道史で古来有名な嵩岳少林寺碑と玄秘塔碑を、碑陽のみならず碑陰に刻された官文書をも総合的に考察することによって、両碑とも、将来の唐朝による仏教弾圧から護るべく建碑されたと、結論しました。

「嵩岳少林寺碑考」は、京大人文研の共同研究班の私が編集した報告書に掲載したものです。アントニノ・フォルテ博士のご配慮で、ペニー・ハーバート博士による英訳の単行本が、京都のイタリア国立東方学研究所から一九九〇年に出版されています。また韓昇教授の編訳になる華訳『隋唐仏教文化』が、上海古籍出版社から二〇〇四年に上梓され、中公文庫『隋唐の仏教と国家』を上編「隋唐時代的仏教文化与国家政策」と改題し、下編を「仏教文物」と題して「嵩岳少林寺碑考」「玄秘塔碑考」の外に、「唐代の過所と公験」を収めています。この華訳「嵩岳少林寺碑考」を参考にしたのが、李雪梅「唐開元十六年《少林寺碑新探》」（社会科学文献出版社『唐宋歴史評論』第六輯、二〇一九年）です。

擱筆するに当たって、本書の出版を企画し、順調に進行してくださった法藏館編集部の今西智久君と、緻密な校正をしてくださった小林久子さんに深謝いたします。

二〇二二年十二月八日　臘八・成道会

礪波　護

人名索引

た

は

ま

や

ら

事項索引

礪波　護（となみ　まもる）

1937年、東大阪市生まれ。八尾高校をへて、60年、京都大学文学部史学科東洋史学専攻卒業。同大学大学院博士課程を了え、京都大学人文科学研究所助手、神戸大学文学部助教授、京都大学人文科学研究所教授、同大学大学院文学研究科教授を歴任し、2001年、停年退官。京都大学名誉教授。その後、大谷大学文学部教授、同大学博物館長を勤める。文学博士。専門は中国の政治・社会・宗教史。
著書に『唐代政治社会史研究』（同朋舎出版）、『地域からの世界史② 中国　上』（朝日新聞社）、『世界の歴史6　隋唐帝国と古代朝鮮』（共著、中央公論社。のち中公文庫）、『馮道――乱世の宰相』『唐の行政機構と官僚』『隋唐の仏教と国家』『唐宋の変革と官僚制』（いずれも中公文庫）、『京洛の学風』（中央公論新社）、『隋唐佛教文物史論考』『隋唐都城財政史論考』『敦煌から奈良・京都へ』『鏡鑑としての中国の歴史』（いずれも法藏館）があるほか、編著・監修・解説多数がある。

文物《ぶんぶつ》に現《あらわ》れた北朝《ほくちょう》隋唐《ずいとう》の仏教《ぶっきょう》

二〇二三年一月一五日　初版第一刷発行

著　者　礪波　護
発行者　西村明高
発行所　株式会社　法藏館
京都市下京区正面通烏丸東入
郵便番号　六〇〇-八一五三
電話　〇七五-三四三-〇〇三〇（編集）
〇七五-三四三-五六五六（営業）

装幀者　熊谷博人

印刷・製本　中村印刷株式会社

ISBN 978-4-8318-2644-2 C1122

い-1-1

地獄

石田瑞磨著

古代インドで発祥し、中国を経て、日本へとやってきた「地獄」。その歴史と、対概念として浮上する「極楽」について詳細に論じた恰好の概説書。解説＝末木文美士

1200円

く-1-1

王法と仏法
中世史の構図

黒田俊雄著

強靱な論理力で中世史の構図を一変させ、「武士中心史観」にもとづく中世理解に鋭く修正を迫った黒田史学。その精髄を示す論考を収めた不朽の名著。解説＝平　雅行

1200円

な-1-1

折口信夫の戦後天皇論

中村生雄著

戦後「神」から「人間」となった天皇に、折口信夫はいかなる可能性を見出そうとしていたのか。折口学の深淵へ分け入り、折口理解の新地平を切り拓いた労作。解説＝三浦佑之

1300円

あ-1-1

禅仏教とは何か

秋月龍珉著

仏教の根本義から、臨済宗・曹洞宗の日本禅二大派の思想と実践までを体系的に叙述。難解な内容を、簡潔にわかりやすくあらわした入門書の傑作。解説＝竹村牧男

1100円

ほ-1-1

増補
宗教者ウィトゲンシュタイン

星川啓慈著

ひとつの孤独な魂が、強靭な理性と「神との和解」のはざまで悩みぬく。新発掘の二つの『日記』等をめぐる考察を縦横にもりこんだ、宗教学からの独創的アプローチ！

1000円

ア-1-1·2

評伝 J・G・フレイザー
その生涯と業績　上・下（全二冊）

R・アッカーマン著
小松和彦監修
玉井　暲監訳

大著『金枝篇』で世界に衝撃を与えた人類学者の画期的評伝。研究一筋の風変わりな日常から、出版をめぐる人間模様、悪妻とも評された妻との結婚生活まで。未公開書簡や日記も満載。

各1700円

さ-3-1

ブッダとサンガ

〈初期仏教〉の原像

三枝充悳著

一人のブッダから多くの仏が生まれたのはなぜか。サンガはどのように成立したのか。仏教の根本問題を論旨明快な叙述で解きほぐす、恰好のインド仏教史入門。解説＝丸井　浩

1100円

し-1-1

ポストモダンの新宗教

現代日本の精神状況の底流

島薗　進著

一九七〇年代以降に誕生・発展した「新新宗教」の特徴を読み解き、「新新宗教」を日本・世界の宗教状況とリンクさせることで、現代宗教論に一つの展望を与えた画期的試み。

1200円

や-2-1

〈方法〉としての思想史

安丸良夫著

安丸史学が対峙し、目指したものとは――。自身の研究や経験を回顧した論考・時評等を中心に収め、その思想的格闘の軌跡を示した歴史学徒必読の名著。解説＝谷川　穣

1300円

ア-2-1

英国の仏教発見

フィリップ・C・アーモンド著
奥山倫明訳

19世紀の英国人らによる仏教表象を分析し、西洋近代において、仏教が称賛や蔑視を交えながら「創造」されていく過程を、オリエンタリズムと宗教をめぐる観点から解明。

1300円

か-1-2

改訂

祇園祭と戦国京都

河内将芳著

創作物を通じて戦国期の祇園祭に託された「権力に抵抗する民衆の祭」というイメージは実態に合うものなのか。イメージと史実を比較し、中世都市祭礼・祇園祭の実像に迫る。

1000円

ブ-1-1

儀礼と権力　天皇の明治維新

ジョン・ブリーン著

日本の「近代」創出に天皇がはたした身体的役割とは何か。天皇はいかにして「神話の体現者」となったのか。従来とは異なる儀礼論的アプローチから迫ったユニークな試み。

1300円

も-1-1

仏教王朝の悲劇
梁の武帝

森三樹三郎著

皇帝菩薩と呼ばれた武帝の餓死、王朝の滅亡は、仏教溺信が招いた悲劇だったのか。類い稀な皇帝のドラマチックな生涯とその時代の精神を描出した不朽の傑作。解説＝船山　徹

1000円

む-1-1

天平芸術の工房

武者小路穣著

正倉院や東大寺をはじめとする花やかな天平芸術の創造にたずさわった工人たちの盛衰を明らかにしていくなかで、古代国家の文化の形成基盤の全体像を考察。解説＝山岸公基

1200円

た-3-1

改訂
歴史のなかに見る親鸞

平雅行著

数少ない確実な史料を緻密に検証することで、歴史研究者として親鸞の事蹟の真偽を究明する一方、民衆の苦難と自らの思想信条とのはざまで悩み苦しむ親鸞の姿をも描きだす。

1100円

す-1-1

東洋の合理思想

末木剛博著

インド仏教、中国仏教、中国古典に形式論理を見いだし、西洋思想とは異なる、非自我的な「楕円思考」を東洋の合理思想の根幹として解明する。野矢茂樹氏の解説も再録。

1200円

か-3-1

増補
菩薩ということ

梶山雄一著

迷いと悟りの世界を生きる菩薩の存在は、大乗仏教の真髄である。大乗仏教がめざした人間像を探究しつづけた著者が最終的に到達した菩薩像と、その生き方とは。解説＝桂紹隆

1000円

キ-2-1

ウィトゲンシュタイン・文法・神

アラン・キートリー著
星川啓慈訳

ウィトゲンシュタインの「文法」概念を宗教研究に応用し、自然主義・相対主義・還元主義をのりこえる視点を提供。そして「本物の宗教」に迫らんとする、宗教哲学の好著。

1200円

か-4-1

死と運命
中国古代の思索

金谷治 著

「このっぴきならない生命とはいったい何なのか」。孔孟、老荘、荀子等の言葉をてがかりに、中国古代における死、運命、欲望に関する思索を討尋する。解説＝中嶋隆藏

1100円

よ-1-1

劉裕
江南の英雄 宋の武帝

吉川忠夫 著

劉裕は微賤な武人に生まれながらも、卓越した行動力と徹底した現実主義によって皇帝となった。だが、即位後その生彩に翳りが――。南朝の権力機構の本質を明らかにする好著。

1000円

か-5-1

一遍語録を読む

金井清光
梅谷繁樹 著

一切を捨てた「捨聖」一遍。その思想的背景と生涯を法語から読み解き、巻末では一遍の和讃「別願和讃」を『節用集』『日葡辞書』などを駆使して詳論する。解説＝長澤昌幸

1200円

な-1-2

祭祀と供犠
日本人の自然観・動物観

中村生雄 著

動物を「神への捧げもの」とする西洋の供犠との対比から、日本の供養の文化を論じ、殺生・肉食の禁止と宗教との関わりに新たな光を当てた名著が文庫化。解説＝赤坂憲雄

1500円

さ-4-1

ラジオの戦争責任

坂本慎一 著

戦前最強の「扇動者」、ラジオ。その歴史を五人の人物伝から繙き、国民が戦争を支持し、また玉音放送によって瞬く間に終戦を受け入れるに至った日本特有の事情を炙り出す。

900円

は-1-1

明治維新と宗教

羽賀祥二 著

近代「神道」の形成と特質を仏教までもを含んだ俯瞰的な視野から考察し、「国家神道」に止まらない近代「神道」の姿をダイナミックに描いた、日本近代史の必読文献。

1800円

か-6-1

禅と自然　唐木順三著

近代という無常が露わになった時代をどう乗り越えるか。その克服の可能性を、逆に無常を徹底させる中世の禅思想のなかに見出した卓異の論考を精選。解説＝寺田透・飯島孝良

1100円

ひ-1-1

無神論　久松真一著

「絶対的自律」へ至る道を考究し続けた稀代の哲人・久松真一。その哲学の核心を示す珠玉の論考と自叙伝的エッセイ「学究生活の想い出」を収録。解説＝星野元豊・水野友晴

1000円

た-4-1

聖武天皇　瀧浪貞子著

「天平の皇帝」とその時代

高い政治力を発揮し、数々の事業を推進した聖武天皇。「天平の皇帝」たらんとしたその生涯と治世を鮮やかに描写。ひ弱、優柔不断といった旧来の聖武天皇像に見直しを迫る。

1300円

し-1-2

精神世界のゆくえ　島薗進著

宗教からスピリチュアリティへ

なぜ現代人は「スピリチュアリティ」を求めるのか。宗教や科学に代わる新しい思想を網羅的に分析し、「スピリチュアリティ」の興隆を現代精神史上に位置づけた宗教学の好著。

1500円

よ-2-1

日本人の身体観の歴史　養老孟司著

日本の中世、近世、そして現代哲学の心身論から西欧の身体観まで論じる。固定観念を揺さぶり、常識をくつがえし、人と世界の見方を一変させる、養老「ヒト学」の集大成。

1300円

ぎ-1-1

現代語訳

南海寄帰内法伝　義浄撰　宮林昭彦・加藤栄司訳

七世紀インド仏教僧伽の日常生活

唐の僧・義浄がインドでの10年間にわたる留学生活で見た7世紀の僧侶の衣・食・住の実際とは。戒律の実際を知る第一級資料の現代語訳。原書は、鈴木学術財団特別賞受賞。

2500円

と-1-1

文物に現れた北朝隋唐の仏教

礪波護著

隋唐時代、政治・社会は仏教に対していかに関わり、仏教はどのように変容したのか。文物を含む多彩な史料を用いスリリングに展開される諸論は隋唐時代のイメージを刷新する。

1200円